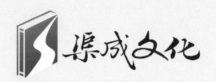

生命逆光而來

張思源 Guno Sutiono　著

大時代漂泊下的千千闕歌，總有自己的圓舞曲。
做生命的舞者，與光共舞；做生活的主人，與光同塵！

澳門培正中學校長高錦輝×CCTV3開門大吉歌手王籽懿×全球創業人物實錄　真摯推薦

張思源

謹以此書獻給

將一生奉獻給家庭，我最敬佩的偉大母親。

張思源（Guno Sutiono）

學歷：

出國前就讀於澳門培正中學

加拿大滑鐵盧大學數學碩士

加拿大滑鐵盧大學副修音樂學士

經歷：

資深軟體工程架構師

九鑫聯盟聯合創始人

認證金融規劃師 CFP®

特許金融教育師 CFEd®

特許金融顧問 ChFC®

特許壽險顧問 CLU®

國際大學升學顧問

曾擔任一家財富 500 強公司亞太區總監

曾創辦一家科技公司被成功收購

擁有數項軟體開發專利和數據處理發明

2016 年獲得世界拉丁舞蹈錦標賽冠軍

2017 年獲得三藩市東灣好聲音歌唱比賽亞軍

百年漂泊的家族，浮沉中不變的是對夢想的渴望與對光明的追求，心始終在路上，風雨兼程，堅守初心！曾經的輝煌是昨日的星光，今天的輝煌只因生命再次逆光而來，他對藝術孜孜以求，對科技潛心鑽研，對商業見解獨到。

　　他一路向更廣闊的世界走去，不達巔峰，誓不甘休！在職場中，他是打工皇帝；在藝術世界，他是朝聖者；在商業領域，他是引領者！與光共舞，逐夢未來！他有一個溫暖、大愛的名字——張思源！

　　《生命逆光而來》這本書是他的歷程與思想，也是對過去的追憶與對未來的期許！

微信 ID：guno_cfp
電話 +1-650-455-4820
郵箱：gsutiono@gmail.com

CONTENTS

篇 章 一　　時代風華，家族史詩

篇 章 二　歲月無聲，親情無價

CONTENTS

CONTENTS

篇章七 夢想不休不止，腳步永不停歇

CONTENTS

推薦序

洪豪澤
暢銷書作家／國際級演說家
跨國企業家／教育／金融／科技
全球創業人物實錄自媒體平臺／創辦人

在我眼裡的張思源 Guno 是一位大齡陽光大男孩、是一位善良正直勇敢的男性、是一位成功的創業家、是一位多才多藝並在舞臺上光芒四射閃耀的人。他有著非常強的感染力，以及演講天分，是名副其實的超級演說家。

但如果仔細瞭解他的個性，又可以說他是一位內斂沉穩的人。

他是一位高材生，為人謙和，做事極度認真負責，非常精准，並且善用數據，當然也非常值得信賴。

或許有人會覺得我把他描述的太好了，好像他是一位極度完美的男人，一米八的身高、帥氣的外形、漂亮的學歷、文武雙全、事業家庭雙豐收，但這一切其實都只是我們看到的表象。

如果認真閱讀這本書，大家就會知道，其實他這一路都在披荊斬棘，就猶如這本書的書名一樣，生命逆光而來！

他熱愛生活，這份熱愛，讓他把喜歡的事情也做到極致，他喜歡跳舞，就跟專業的老師刻苦學習，還獲得過專業獎項，他喜歡唱歌，就請專業的老師指導，任何事情都用心對待！

以上所有的描述，就如同我們往往都只能看到事情的一面或者是表面，但事情的另外一面跟裏面可能是辛苦的、艱辛的，就像他的出生背景，可以用顛沛流離來形容，又可以用多彩多姿來感受。或許他的經歷現在看起來非常光鮮亮麗，但那都是在歷經挑戰、困難、挫折、壓力之後的破繭成蝶。

我相信這本書會帶給所有想讓自己面對壓力仍然能夠輕鬆化解；面對困難能夠輕鬆突破；面對問題仍然能夠談笑自如的朋友，視為人生與生命的寶典！

幾十年來，我穿梭在各個國家舉辦各種不同的演講；出版了幾十本書；並且給很多企業家及創業者授課；自己也經營企業幾十年，我很少看到一位這樣有為的「學生」，他從名校畢業幾十年，在我的課程活動當中，被所有同學稱之為學霸！他謙虛認真學習的狀態、努力堅持的表現，已經成為我眾多企業家學生的楷模，很多人把他視為男神，因為他總是第一個交作業並且保持最高的作業品質。

一個成功的人一定是熱愛學習並且總是更謙卑的，他就是如此！

《生命逆光而來》，講述了作者從出生到留學、從留學到創業、從創業到再創業……以及如何從他所遭遇到的磨難中爬起來的點點滴滴。

這本書絕對是創業者及想創業的人，以及渴望成為人生贏家的人生勝利組的百科全書和人生字典。我非常推薦大家能夠把這本書收藏、轉閱、傳閱並認真細品閱讀，這本書一定會幫助你擁有精彩的生命狀態，對你的家族命運也會有深刻幫助，我鄭重推薦！

高錦輝
澳門培正中學校長

天光雲影共徘徊

斗杓南指,光陰不待。回頭還感覺到昨日嚴冬,轉眼已身處於今天的盛夏。

那天,久疏音問的老同學張思源,突然傳來自傳稿目錄,要我寫幾句話放在前頭聊當序言,我不好意思拒絕,硬著頭皮勉為其難答應下來。

這並非是我矯情,實在與老同學多年不見,對他的印象還停留在近半世紀前的記憶裡。如果把人生比作旅程,我只是陪他坐了一趟只有幾年的青春列車,之後,我留在了澳門站,他將自己的旅程駛往楓葉國與美麗國,最終在異國他鄉站穩腳根,開花結果。

雖則只有短短數載,畢竟是拏雲的少年心事,更何況我們還是第一屆培正中學排球隊的隊員,一起馳騁球場,揮灑汗水,書寫青春。初中時的思源兄,矮矮的,胖胖的,身上實在找不到一點適合打排球的可能性。並且,他的排球還真打的不好。可他很努力,總有一股不向命運低頭的倔犟脾氣在那裡撐天撐地——也不曉得是不是因此感動了上帝,思源兄在升高中的暑假,像雨後的春筍一般拔高,高大、結實、威猛。球技也迎來了「質的飛躍」,學習成績更突飛猛進,真是動靜皆宜、文武雙全。

思源兄好交朋友,家離校不遠,時常招呼同學到他家喝汽水,加上

他為人正直，好打不平，深受同學愛戴。

以上這點點滴滴，是我搜索枯腸而得的零光片羽記憶。慚愧所知有限，僅此而已。所以當我看到思源兄的《生命逆光而來》，異常興奮，他把自己這一甲子故事娓娓道來，對生活的感悟也不吝金針度人，像極了我這種苦口婆心的教育工作者，但字裏行間，可以體會到他只是單純地渴望與大家分享他對美好生活的追求，以及在細品百味人生中的所得所思，而不是板着臉好為人師，盛氣凌人。

不知大家有沒有覺得，當下是一個浮躁而淺薄的時代，我們的感情泰半是擾嚷現實上的浮光掠影，飄風驟雨，輕易來去，少有積累。我們缺乏一種「沉重的」、具有時間深度的感情。我們缺乏歷史感，最多只是在生活的縫隙間，略窺荒謬錯亂的歷史劇，嬉笑怒罵，但求一快，過水無痕。

有一位長者曾經說過：「一個人的命運啊，當然要靠自我奮鬥，但是也要考慮到歷史的行程。」思源兄不甘於「但求一快，過水無痕」的虛無主義，他要「飲水思源」、「探本尋源」，以自己六十年的歲月來探尋生活的意義、生命的真諦。書從家族史說起，談到了夢想與成長，也省思了社會、學校與家庭如何形塑自己的「三觀」，以便觀照自己，活出最好的自己——這是一種「榜樣」的力量，更是一種「人格」的魅力。

我喜歡用三個「業」字來歸納人一生奮鬥的三個階段，那就是學業事業德業，年輕時攻學業，壯年時闖事業，老年時修德業。彈指一揮間，思源兄與我，已到了「修德業」階段的門檻前。都說人生如戲，壯年時闖事業，我們都要努力將各種社會角色扮演好。我始終深信，在平衡各種角色中實現自洽，才是獨立的人應追求的目標。如威廉‧德雷謝維奇（William Deresiewicz）所言：「一個人之所以有意思，是因為他大量閱讀，習慣思考，放緩腳步，投入深度對話，並為自己創建一個豐滿的內心世界。」我想，思源兄，庶幾近之。

好友
印象

籽懿說：Guno 是一位溫文爾雅，熱愛生活，外表風流倜儻，但做事有韌性，遇逆境可以乘風破浪，逆流而上，不忘初心的男人！

好友王籽懿

CCTV3 開門大吉歌手

資深歌唱評委導師

自 序

　　世界紛紜複雜，「光」是世界最精確的注解。當萬物被照亮時，我們將不再迷茫。

　　太陽之光能照亮芸芸眾生，無有遺漏者；月亮之光，能照臨每一位心中有愛的人。惟心與境和，方能契心合意成其雋永。然而，孤獨的人發現不了那光中隱藏的至美，有私心的人也發現不了光中的圓融與通達。

　　人生，匆匆而來，匆匆而去，與光共舞，才能體驗星辰般的精彩。

　　像向日葵一樣有所追求，向陽而生，自然璀璨在身；和光同塵，創造出自己的精彩。眸中有星光，心中有溫暖，讓生命有力量，有一份光，發一份光；有一份熱，發一份熱，逆光而來，卻追光而去，向陽而生。像一個生命的舞者，始終與光共舞。像一闋生命之歌，唱出紙短情長，也唱出歲月靜美。

　　人生，要有自己的追求，就像每一束光都有自己的方向。

　　夢想或許如同遠方的星光，然而，希望卻是近旁的篝火，心中有夢想與希望，有所追求，並為之付出不懈的努力，再遠的目標也能到達，再艱難的歲月，也能過得雲淡風輕。人生最可貴的，就是讓自己活成一

束光。

有溫暖一切的境界，有照亮一切的格局，也有持續利他的宏願。

人生若沒有光，就會讓自己的心一直在黑暗中沉默，沒有追求，渾渾噩噩地過日子，那便是虛度人生。時光最寶貴，人來到世上，一定是帶著使命而來，一萬年太久，只爭朝夕。我們來到人間，要欣賞花怎麼開，水怎麼流，雲朵怎樣美，星光怎樣璀璨，同時，我們也要去開創一個更有愛、更美好的未來。

無悔的人生，才是光芒萬丈的，一切的奮鬥，是為了每一個夢想都不落空。

世界精彩無限，永遠沒有統一的答案。成功的路不只一條，我們要做一個勇敢的探索者，追光而行，有光的地方，路一定走得正。向陽而生，一定繁花滿地。做自己應該做的事，愛自己應該愛的人，成就自己嚮往的未來。

心懷感恩，飲水思源，種善因，結善緣，得善果。

一顆種子種在心田，需要經歷孤獨及黑暗，逆光而來。成長是痛苦的，也是快樂的，正心、正念，發芽、破土、茁壯成長，直到開花結果，讓生命活出不一樣的精彩。

逆光而來，不懼挫折、不懼陰霾、不懼一切艱難險阻，心中始終相信黑暗過後就是曙光。破曉的時光，耐得住性子，不負時光、不負他人、也不負自己。

像追趕太陽的夸父一樣，追趕著時光，不讓每一分每一秒虛度。

黑夜落下的太陽，必在別處升起。每一顆微小的星辰，都是一輪照亮一切的太陽。

人生就是一場修行，也是一支舞蹈，是一支與時光的共舞，也是一支與星光的共舞。

宇宙有星，四季有花，心中有夢。面朝大海，向陽而生。

與塵世相宜安好，與時光相伴而行，就會看到人生的星光在前路上閃爍；人生路漫漫，不畏風雨，風雨兼程，雨後的彩虹是生命折射出的美妙色彩。

人生的路上，一路歡歌，逆光而行、衝破黑暗、與光共舞，終能活成一道耀眼的光。

篇章一

時代風華，家族史詩

第 1 章

大時代的百年漂泊

在民族與國家的歷史長河裡，個人與家族的興衰，不過是滄海中的一滴水而已。然而，這一滴平凡的水裡，卻折射出家族之中每一個人的喜怒哀樂與悲歡離合。

我是 1964 年 11 月 22 日，出生於印尼，出生地是印尼的首都雅加達。三歲的時候，由於眾所周知的「印尼排華」事件，而離開雅加達。雖然我在那邊出生，但是幾乎所有對出生地的印象都來源於父母的講述，我只知道那是我父母親相遇、相愛的地方，除此之外並沒有更多印象。

我對自己出生地的感情是非常複雜的，我在那裡出生，並且成長到 3 歲，然而，那裡又是排斥我們華人的地方。好在我對那裡並沒有印象，所以，我不愛它，也不會刻意恨它，只是把它作為略顯黑暗的歷史存放在我的記憶之中。

溫暖與愛，需要經歷過才會懂；同樣，黑暗與恨，也需要經歷過才會懂。

我們這個大家族，百年間，始終在漂泊。最初是我的太祖父隨著「下南洋」的熱潮來到印尼，在印尼一個叫棉蘭的地方定居。其實，我們家族的祖籍是在山東，輾轉去了廣東，又由廣東一路南下來到印尼，可以說，我們整個家族都隨著大時代的變遷，輾轉騰挪，為了生存而四處漂泊。我們都有一顆漂泊的靈魂，所以，心中對於故土的眷戀，比任何人都深。

我的爺爺就是一個典型的愛國華僑，無論走到哪裡，無論過了多少年，他心中對祖國的愛是永遠也不會改變的。我爺爺沒有明說，但是，我們後輩從種種跡象看得出來，他其實一直在為祖國做事，有著深厚的紅色背景。

我印象很深的事情是，1976年周恩來先生離世的時候，舉國悲慟，而我們遠在澳門，得知這一消息，爺爺熱淚盈眶，要求全家人為周先生戴孝。那一年，對於我們這樣的愛國華僑來說，是一個多災多難的一年，唐山大地震，加上三位重要領導人的相繼離世，一次又一次的打擊，讓我們覺得整個天都是灰色的。

爺爺一輩子都非常愛國，他的身體一直往外走，他的心卻一直往祖國而去。我的兩個伯伯受爺爺的影響，直接想方設法回國，支援國內建設去了。

當時，我爺爺是在隸屬英國的渣打銀行就職，他英文非常好，應該是做到經理級別。而我的父親則跟著我的爺爺做事。那時，他比較年輕，應該就是做一個普通文員。我媽是一個大家族的小女兒，很多兄弟姐妹，她最小，是最受寵的那個。她沒吃過什麼苦，但在我父親生意破產後，卻讓我看到了她無比堅韌的一面。

大時代之下，每個人的命運都更加跌宕起伏，像是一滴水在汪洋大海中感受時代的巨浪。

媽媽讀到初中，就沒有讀書，她就到雅加達，去投靠一個姓鄧的老先生學裁縫手藝。那時，媽媽大概只有十幾歲的年紀，就已經開始學手藝，開始謀生，而且，就住在簡陋的裁縫店裡。剛好，那家裁縫店就在我爸住的那條街上面，他們就成了鄰居，命運就這樣讓他們相遇了。

我是父母的長子，我算是第三代在印尼出生的華僑。我太祖父是清末時期的人，他是最早一批「下南洋」的中國人。清朝末年，那個時候

國內經濟不太好，很多人都要出外打工，而那時，我太祖父就被「賣豬仔」，就是被騙過去到了印尼。一些中間商會說南洋工作很賺錢之類，把人騙過去，結果是幹一些苦力的活，收入也非常少。但是，我們中國人像是堅硬的種子，不管落在哪裡，都能生根發芽。我們家族就這樣，在印尼艱難地生活，艱苦地奮鬥，最終打出自己的一片天地。我出生的時候，我已經可以說是「富二代」或「富三代」了。

命運其實沒有絕對的好壞，命運會如此安排，一定有它的深意。

當初，我的太祖父是因為被騙，人家跟他說南洋有「金礦」，讓他過去挖黃金，結果，卻是幹苦力。但是，經過我們幾代人的努力，我們倒真的在南洋挖到了「金礦」，只不過，這「金礦」並不是在土地裡的，而是在我們堅強的意志裡、在我們的智慧與執著裡。我爺爺那一輩人，不僅通過自己的勤勞與智慧，改變了整個家族的命運，而且還在暗中幫助新中國的建設，成為備受國人尊敬的愛國華僑。

我們中國人不論走到世界任何角落，都能憑藉自己的勤勞和智慧得到很好的發展，也正因如此，當地人也會感受到來自中國人的競爭，所以，也有不少國家會有排華的現象。那時候，印尼排華非常嚴重，而我們家族又多多少少有紅色背景，為了安全起見，爺爺就決定帶著全家人去澳門。

我爺爺是非常愛國的人，所以，他一輩子的努力都與身後的祖國有著千絲萬縷的關聯。那時，爺爺是整個家族的大總管，而我爸爸那時才剛剛成年，20 幾歲，剛剛結婚不久，所以，也跟著爺爺，帶著全家人來到澳門。

其實，我們是先逃去香港。1967 年的時候，人跑到香港的時候，發現香港也特別暴亂，到處炸彈，十分危險，而且，我們在那裡也沒的落腳的地方，也沒有熟識的人，於是，爺爺就決定，轉投澳門去了。這就是

我們家族與澳門的緣分，紛亂的大時代，哪裡都不安全，但那時的澳門，算是一片可以安身之地。

澳門是一個小城市，那裡最著名的是賭場，賭場是它的經濟命脈。但當時的澳門卻是一個很不發達的地方，有點像農村。這裡是我長大的地方，澳門跟香港不一樣，我很討厭香港，卻很喜歡澳門，我討厭香港的繁榮，我討厭香港的快，我喜歡澳門的空氣，我喜歡澳門的寧靜，澳門夏天的蟬叫，澳門的人間煙火氣，都是我心儀的，也是我的童年回憶。可以說，從某種程度上，澳門這個地方，塑造了我最初的性格。

在澳門生活的時候，我喜歡在澳門海邊撈魚，釣海裡的魚，我喜歡騎自行車，到處走，小小的澳門，半個小時就可以走完，小小的城，孕育著我大大的夢想。

澳門吃的東西也非常非常美味，我敢說澳門的東西比香港的東西好吃，因為它有它自己的特色，不是吃廣東菜那麼簡單，因為它的文化融匯了中國、葡萄牙、印尼、越南及緬甸，而飲食習慣上也做到了相容並包。各國文化在這裡慢慢滲透，融會貫通，形成了別具一格的特色。

我想，澳門這種相容並包的文化，也影響了我思維方式，使我也具備一顆開放與包容的心。

祖輩的一生看似都在漂泊，其靈魂卻始終守在原地。當他們坦露自己的內心，勇敢追求自己喜歡的生活方式和大情懷，這份從容與坦蕩是很多人都不具備的，這是從祖輩那裡得到的另一種啟示。

沒有自由和舒適、沒有平靜和安閒，生存就如滾滾洪流，壓得人喘不過氣來，但這一切，也塑造了祖輩的大的格局與博大的家國情懷。

漂泊將近百年過後，到我這一輩已經能在這個精彩的世界上找到自己應有的地位。但在我們內心深處的大時代背景與動盪的時代，那時匱

乏的物質反而造就了那個時代精神的亢奮和對信仰的執著，而我也從中汲取著生命的養分與精神的共振。

生命逆光而來，而我也展開了與自己祖輩不一樣的漂泊之路。

大時代的漂泊是一個人在社會中，面臨無數變化和挑戰時所經歷的一種跌宕起伏的人生。在新的時代中，人們也同樣會面臨工作、家庭和社交關係等方面的變化，需要不斷地適應和調整自己的生活方式和態度。

奇妙的 DNA 科學已經能夠證明我 90% 是中國人血統，其中最明顯的血統是來自廣東，其次是來自山東，百年的漂泊卻還能保留大部分純正的中國血統也是一個不可思議的傳承。

走了一百年，我們依然在大時代之中，我們依然在漂泊，心一直在追光的路上。

在追光的路上，人們經常感到自己不知道該往哪裡去與該做什麼，感到無助和孤獨。同時，大時代的漂泊也帶來了一些好處，例如在豐富的社會資源和人際關係中增強了適應能力，「落地生根」，不斷開拓。

大時代，賦予我使命；大家族，賦予我責任；大情懷，賦予我夢想。

第 2 章

大時代的避風港

　　澳門當時是一個殖民地地區，在很多年前，是由葡萄牙管轄。那個時期的澳門已經開始逐漸發展成為一個中西合璧的城市，葡萄牙和中國文化、印尼、越南及緬甸等國文化在這裡融合成了一種新的文化風格。

　　在那個時期，澳門的經濟主要依賴於旅遊業和賭場。當時澳門的旅遊業也非常發達，吸引了大量外國遊客，而這些蜂擁而至的外國人，也帶來了各地的文化，讓我們開闊了眼界。

　　除了經濟方面的發展，那時的澳門也逐漸出現了一些社會問題。例如，不良的風氣和社會不安定因素開始增多，對社會治安和公共安全帶來了一定的威脅。當然，作為普通的居民，並沒有受到很大的影響，總體來說，那時的澳門就是一個大時代的避風港。

　　澳門，是一個中西文化交融的城市，擁有獨特的經濟和社會環境，它是一個包容的小城市，大家友善，鄰里和睦，總體來說，是一個比較宜居的城市。

　　那時候，我們是住在澳門的主城區，那裡現在金碧輝煌，發展壯大了，但在那時，並沒有那麼發達，所以，還是有一點農村的感覺。我喜歡那種寧靜與慢節奏，成長，就是一點一滴慢慢長大的，像是澳門的榕樹一樣，從很不起眼的小樹苗，最終長成參天大樹。

　　澳門有一條街叫荷蘭園，上面有一些大炮台，還有歷史遺留下來的

炮彈，彷彿在訴說著澳門的曲折歷史。澳門的名字也有一段來歷，據說，幾百年前，葡萄牙人到澳門經商，上岸的時候，不會說當地的話，就比劃著問當地人這是什麼地方？當地人就用廣東話回答說是：「媽閣廟」，諧音過去就成了葡語的 Macau。澳門這個地方，它的歷史和人一樣，也是屬於漂泊。

爺爺選擇澳門也是有他的道理，澳門真是一這個大時代的避風港。

那時，父母只會講一些廣東的方言，不善長講粵語，他們也是在澳門慢慢學會的，因為他們在印尼時是講普通話。而我們這些孩子也不會講粵語，也全部都是現學的，因此，我們講話的口音非常重，語調在當地人聽來奇奇怪怪的，就常常被取笑。

我不是土生土長的澳門人，但在當地上學後，認識了很多當地人，漸漸就融入了澳門當地的生活。

童年的經歷對我來說，是一個很大的影響，因為我的家族就是到處漂泊，就像一個「現代的遊牧民族」。我覺得原生家庭對我的影響也很大，我父親有很強的個性，他很幽默、很會搞氣氛，而且很會打扮。所以，雖然我們像是「現代的遊牧民族」，但是，我們的日常注重儀表與注重禮儀，總感覺有一種優雅的氣質藏在我們的骨子裡。也正是因為這樣，從小到大，不管環境如何變化，我都會讓自己做事保持得體，不管是衣著、談吐，還是言行等各方面，因為我覺得這些基本的禮儀，都是對他人的尊重，也是對自己的尊重。

在澳門，因為環境的關係，有些人會沉迷賭博，雖然大家都知道賭博肯定輸，但有些人就經不起誘惑。這也讓我明白一個非常重要的道理：「人生，有所為，有所不為。」也就是說，人生是因為你不去做一些事，你才有能力把另一些更有價值的事情做成功。在澳門生活，從小到大都會有非常多關於賭博的誘惑，連路邊的小賣店，都會有那種抽獎的機器，

實際上也就是一種「賭」，我有個同學，他就是因為沉迷賭博的緣故，把自己的整個人生都毀了，而我恰巧相反，我沒有喜歡上賭博這種行為，也非常慶幸我的父母從小在這方面給予我正向的教育。人生就是這樣，從我們做任何選擇開始，人生的方向就已經悄然在路上，而在這條路上，能禁得住各種誘惑，才是有可能安然到達終點。

這個世界上誘惑其實無處不在，大到名利的誘惑，小到美味的誘惑、享樂的誘惑，然而經不住誘惑的人往往就很容易偏離自己人生的軌跡，甚至走向萬丈深淵的泥潭。

人生在世，不管世事怎樣變遷，能堅守自己的本心，非常重要。

人生如樹，本心是根。根正樹壯，才會枝繁葉茂、才會果實鮮美。對於一個漂泊的人與其身後的家族來說，只有堅守住本心，根基才能堅實，才能堅定朝著未來的方向前進。

人心不足蛇吞象。人人有欲望，欲望要適度。否則，它就會像野草一樣，不除就會瘋長；就像洪水一樣，不堵就會氾濫。人之心胸，多欲則窄，寡欲則寬。一時抵禦不住誘惑，就會讓人失去到達遠方的機會。視野只盯著眼前一點享受，就無法發現遠方的夢想之地。

我從小相對比較內向，但也因此習慣不斷向內看，懂得自省。在誘惑面前，我養成一種自省的能力與一種自我覺察的能力，覺察自己的本心是什麼、覺察什麼東西是自己真正想要的，而什麼東西不是自己想要的。這些能力，在我人生的每段選擇中，都發揮了重要作用。

我的童年，與澳門這座小城一起成長。澳門是一個小城市，上個世紀六十年代，它還不是很發達，人們的生活相對簡單，社會文化和風俗習慣比較傳統，但這一切最後都成了我的生命底色。那時，大多數人騎自行車或走路上班，汽車還比較少。澳門主要的街道和人行道都是由葡式碎石鋪成的，街上除了自行車，也有一些麵包車和計程車提供公共交通

服務。澳門的住房條件也比較簡陋。很多人居住在小巷和低層數屋村裡，這些地方環境較為擁擠而不容易通風。雖然有些較富有的居民住在別墅裡，但絕大多數人居住在老舊的公寓裡。當時的澳門美食文化已經開始發展，但與現在相比還比較簡單。當時的人們主要食用海鮮、蔬菜和米飯，豆腐和麵食也很受歡迎。澳門特色小吃如葡式蛋撻和豬排豬仔包等也已經出現。而且，上世紀六十年代的澳門是一個文藝氛圍濃厚的城市，很多人喜歡聽歌、看電影和戲劇。而我從小也非常熱愛藝術，或許就是潛移默化中受到了影響。

這些，在我依稀的回憶中，成了我童年的「澳門印象」。

一座有故事的濱海小城，在大時代中成了我們家族的避風港，也成了我童年的溫情記憶。

第 3 章

心向祖國，南光之光

　　我的名字是爺爺幫我取的，第一是飲水思源的意思，爺爺是 20-30 年代民國期間上海交大金融系畢業的，而上海交大的校訓是「飲水思源，愛國榮校」，這一觀念，爺爺把它用在我的名字裡了；第二是他希望我成為一個懂得思源、懂得感恩的人。這是一種價值觀，也是一種極好的家族精神的傳承，就是不要忘本，不要忘記自己的祖國。即便身在他鄉，也不要忘記自己從哪裡來，不要忘記自己是一個中國人。我的印尼名字，則是因為印尼政策突變，我們為了避險，不得不依據政府的要求而起的，但是，我的印尼名字依然從發音上，隱藏著我的中文名發音，再危險的環境，再艱難的處境，我們也從來沒有忘本。

　　印尼想融合我們，但是，中國人很聰明，雖然換了名字，卻也換不了我們的心，其實，我們的印尼名字裡面也是暗藏玄機的。

　　印象中，我的爺爺是一個又高又帥的人，看起來非常有魅力，一米八一的大高個，比較健壯，而且很有才能，身上有一種領導風範。他的英文非常好，人際交往能力也很強，一看就不是一般人。我從小就很欽佩爺爺。

　　爺爺不僅生意做得出色，而且，他是體育健將，年輕的時候在印尼還是羽毛球冠軍。

　　爺爺能講一口流利的英語，在印尼工作的時候，服務於隸屬英國的

渣打銀行，屬於銀行裡面的高級經理。憑藉著自己的勤奮與好學，他在事業上取得了不俗的成績。可以說，正是因為爺爺的成功才改變了我們整個家族的命運。

爺爺在語言上很有天分，不僅能說一口流利的英語，而且還能講日語及印尼語，因此在銀行工作時，他就能大展拳腳，不斷開拓業務，取得了很高的職位。

小時候，我跟爺爺一起睡一間房間，我和爺爺關係親密，我小小年紀就成了爺爺的「跑腿」之一。那時，爺爺是歸僑總會的幹部，每個月中國國家畫報《人民畫報》出版後，他要負責給各家各戶的華僑送去，我那時就會幫忙去送畫報。

後來，到澳門之後，爺爺在一個叫作「南光公司」的地方上班，南光公司就等於是一家有濃鬱「家國情懷」的集團。爺爺等於是在為祖國做事，爺爺去那裡上班之後，也把我爸介紹進去，所以，我爸跟爺爺那時都服務於南光公司。

大概過了兩年，爺爺就拿到了國貨的總代理權，跟我父親一起創立了一家國貨公司——中建行。我們就變成澳門的總代理，所有的門店都要從我們公司拿貨，滅火器、電話機、電線或輪胎，各種各樣的東西，這些生意都是都是我們來做，我們成了管道的源頭。我們家的生意由此就越做越大了。

所以，我們都猜測爺爺一定是有深厚背景的，不然，怎麼會這麼快拿到總代理權？所以說，我有時候懷疑他是「長江一號」之類的角色，或是怎麼樣，當然，我也沒有去細細深究這件事，但有一件事是千真萬確的，那就是爺爺首先是一個愛國者，其次才是一個商人。

「南光公司」其實是之前的南光（集團）有限公司。公司成立於1949 年，秉承根植澳門、繁榮澳門的發展思路，實業報國，惠澤澳門是

老一輩南光人的奮鬥目標。六十年代和七十年代初，大力發展南光的碼頭倉庫、車隊及貿易業務，同時還創辦了旅行社。為了切實推動澳門本地工商業的發展，一代又一代南光人不忘初心，牢記使命，銳意進取，砥礪前行，走過了一段艱苦，但在不斷發展壯大的創業之旅。

就是在這樣的大背景下，我爺爺就出來肩負重任，成為南光在澳門的總代理，其實，就是本著一顆「實業報國」的心。

爺爺除了為祖國做事之外，也協助為澳門當地做了不少好事，當時，澳門糧食供應告急，為了穩定民心，即時組織鄰近地區的大米貨源，組織砂車不停搶運，並想方設法增加租用協議倉庫，擴大庫存，以穩定市場，平抑物價，保障了澳門當地的民生。

「保障供給，穩定物價」是六十年代南光公司提出的方針，所以，作為南光公司的總代理，大部分貨源主要來自祖國，隨著製衣和建築業的發展，紡織面料及建築材料也大部分從祖國組織貨源。這樣不僅打開了澳門市場，繁榮了市民生活，也大大提高了南光的知名度，同時，大大支援了祖國的建設與發展。

我知道爺爺在做大事，而我與爺爺關係親密，他也交給我一些力所能及的事做，比如幫他去送《人民畫報》之類的，在做事的過程中，我也體驗到了做幹部是為人民服務的道理，就是體驗到了一種「服務精神」，不管自己的位子多高，也要本著一顆服務大眾的心。

爺爺有非常強烈的愛國之心，對我的影響非常大。小時候，我的爺爺要我去讀一所「紅校」，而我爸爸極力反對，爸爸讓我去讀一所很有名的基督教學校。為此，他們還吵過架。爺爺很愛國，但在教育方面，他並沒有用語言的方式教育我們愛國，而是用身體力行的方式，使我們深受教育。言傳永遠比不過身教，家族精神的傳承都是在耳濡目染與潛移默化中完成的。

小時候，我看爺爺睡中國傳統的那種陶瓷枕頭，那時，我很不解，覺得這麼硬的枕頭，怎麼睡呀？我覺得爺爺，就像是一位古人一樣，他的生活中也帶著一點古樸的感覺。一個小小的枕頭，背後彷彿就是一段深厚的文化歷史。現在，才明白那其實那是爺爺對於中國傳統文化的堅守，也是為了讓自己始終不忘本。這也是爺爺為我取名「思源」的原因，那就是永遠記住自己的根在哪裡。

　　我跟爺爺最後一次見面，是在多倫多，那時我人在多倫多，我爸送爺爺到多倫多玩，爺爺就跟我住了一個月。他就幫我煮飯，很照顧我。他跟我說了一段話，讓我很感動，讓我體會到爺爺除了高大的一面，也有柔情的一面。他跟我說：「以後我走了，我肯定留一份給你。」他說的是財產，因為那時候家族中已經開始爭家產了，所以，爺爺才會這麼說，證明爺爺從來都是把我放在他心裡很重要的位置的。

　　我對奶奶的印象，則模模糊糊，好像她一直在生病。但她和媽媽之間發生一件「有趣」的事情，讓我印象深刻，就是她們兩個人因為我鬧彆扭。記得那是我上小學的時候，有次媽媽在輔導我作業時，因為我作業沒有達到要求，媽媽就責罵了我，奶奶看不過去，說了一句：「你不能這樣教孩子，不能罵他。」

　　媽媽沒有反駁奶奶，而是生悶氣鬧彆扭就跑出家門，「離家出走」了一天，家裡人都很擔心。現在想來，那天媽媽就像個小孩子一樣，不過當時我也有點不成熟的小心思：原來「離家出走」可以讓家人這麼在意自己。不過長大之後，我當然明白，這不可取。

　　這個小故事告訴我，再親密的關係，都會矛盾存在，都有可能發生衝突，都需要我們悉心去呵護。

　　爺爺是受人尊敬的愛國華僑，擁有堅定的愛國精神，他身上有著源於中華文化的韌性和堅守，無不印證了中國文化的生命力與強大活力，

也無不印證了中華民族的凝聚力與一脈相承的家國情懷。爺爺為人處事，點滴細微之處，無不彰顯著做人、做事的格局，無不彰顯著華僑的「實業報國」情懷。

華僑是中華民族撒播向世界的「光」，他們關心祖國的發展和國家大事。華僑愛國情懷激蕩在心胸，對祖國熱愛與牽掛，在各種形式的愛國行動中積極發揮作用。而我的爺爺就是愛國華僑中的一抹星光，他的一言一行，都令人動容和感動。

爺爺為祖國默默奉獻力量，在熱愛祖國的同時，也在海外宣傳中國文化，推廣中國的好形象，並以身為一個中國人而自豪。在傳播中華文化、推動中華民族精神傳承與弘揚愛國主義等方面也發揮了獨特的作用。

愛國精神與家國情懷，像星光一樣，通過爺爺的努力，在我們家族代代傳承。

第4章

我又敬又怕的「香哥哥」

　　我對父親的情感比較複雜，他總是有種威嚴，讓我又敬又畏。他的教育方式比較傳統，小時候我經常被他體罰，或許是因為我是家裡唯一男孩子又是長子的關係，首當其衝成為父親「打擊」的首要目標。父親雖然嚴格，但他身上有很多值得我學習的地方，就像他非常善於社交，非常地風趣幽默，大家都特別喜歡跟他交朋友，而他天生就有一種好客的性格。

　　可是私下他話又不多，做起事情來更是不苟言笑，小時候我經常做錯事情，他一個眼神就能讓我很害怕。

　　有個成語叫儀表堂堂，用來形容父親再合適不過，這個跟他特別喜歡打扮有關係，無論走到哪裡，他都很注重儀表，加上他酷愛古龍水，大家都稱他為「香哥哥」，還戲說他到處留香。父親也常常會把他小時候這些有趣的故事講給我們聽，我都會暗自覺得他就像小時候電視裡看的「楚留香」一樣。

　　大油頭，是父親的標誌，在他那個年代比較流行，他一直保持著一絲不亂的大油頭造型，走在流行時尚的前沿。除此之外，他還有一輛很酷的摩托車，但那個開著摩托車穿梭在澳門大街小巷的少年，已經不在了，我很想念他。

　　小時候我雖然很怕父親，但他在我心裡一直是很厲害的形象存在。他非常喜歡唱歌，天生一把好嗓子，他沒經過任何科班的訓練，但一開

口唱歌就很有專業水準，他彷彿天生就有這方面的藝術細胞，我想他骨子裡應該是個很浪漫的人，因為他總喜歡唱情歌，事實上他跟母親確實算得上是浪漫夫妻，經常「背著」我們去過二人世界。

從藝術細胞這一點上來說，我想我應該是遺傳了他，我對音樂及舞蹈有著天生的熱愛，而對藝術的熱愛也讓我受益匪淺。藝術可以薰陶人的情感、可以讓人的情感走向純粹、可以讓人找到自己。

從某種程度上來說，藝術也需要先天條件，父親的藝術天分比我好，他不用練，不用學，就可以靠自己琢磨，唱到專業水準，而我雖有一定天賦，但做不到像父親那樣，我在音樂和舞蹈上面收穫的成績，都是靠持續努力學習和練習而來。

父親平時工作很忙，交際也多，小時候不常見到他在家，更多時候我是跟媽媽在一起，所以，這也是為什麼我對媽媽有一種依賴，對父親有一種懼怕。

我小時候有一點「過動症」，喜歡在家裡到處玩鬧。小孩子雖然都是迷迷糊糊的，但通常都有一顆好奇心，什麼東西都想「解剖」開來研究一番，不小心打爛很多東西，弄壞家裡的很多物件也是常有的事，每次這種情況，通常迎接我的就是父親的一頓揍。後來，兩個妹妹出生了，大妹雖然年紀比我小，但她經常「欺負」我，而我會轉頭「欺負」小妹，但小妹卻比較依賴我，就這樣我的童年在溫情的打鬧中度過。

我理解父母所處的那個年代，他們每天忙著創業，奔波在社會的長河中很辛苦，壓力也非常大，家裡孩子多，難免都有顧不過來的時候，而我是家裡唯一的男孩子，又是長子，他們對我的期望不言而喻，對我嚴格教育，中間有著非常複雜的原因，有傳統的原因、有壓力的原因，但更多的是期望。但我對這樣的教育方式並不認同，可我對現在孩子「快樂教育」的方式也不認同，因為教育本身就是要立規矩，不能一味放任，

太放任和太嚴格都不是好的教育方式，好的教育方式，最重要還是平衡，掌握那個「度」很關鍵。

我想，父母對每個子女的愛肯定都是一樣的。但因為他們對每個孩子期望不一樣，所以，對我們的態度也有天壤之別。父母對我很嚴屬，因為我的調皮，經常都是被打罵的對象，但小妹卻從來沒有被打過，也沒有被罵過。小妹在我們家就是一位「受寵的公主」，所有人的寵愛都在她一個人身上，包括我的寵愛。大妹偶爾也會被責罵，可她畢竟是女孩子，當然不像我這麼嚴重。我不懂父母他們傳統思維裡的教育觀念，但我知道他們對我嚴格的背後，肯定也是望子成龍。

父母在事業上可以引領行業、引領潮流，但在教育上卻超級傳統，可能這就是不可避免的屬於那個年代的印記吧。

父親也是排行最小，他上面有兩個哥哥、一個姐姐，還有一個哥哥，出生後夭折了。父親非常非常地受寵，或許這也塑造了他比較自我的性格。爺爺什麼都關照父親，這是父親的幸運，但同時也是父親的不幸，因為時間久了，問題就隨之而來。從小到大，爺爺一直都把父親當小孩子看待，即便父親成家立業了，爺爺也沒有從成年人的角度看待他，因此，他們之間的矛盾就開始慢慢滋生，最終也成了家族生意破產的根本原因。

父親希望自己更加獨立，能獨當一面，去開創自己的一番事業，爺爺則不捨放手，兩個人已經無法繼續同頻。

初到澳門時，父親一開始做過的士司機，也算是從底層開始立業。後來，他跟著爺爺進了南光公司，一段時間後，他們一起成立了自己的公司，他們之間的交集就更大了，但因為他們始終是不同頻的兩個人，很多隱藏性的問題也慢慢開始積累。

公司創辦過程中，很多東西都是由父親一手操辦，裝修、招人及運營等等，都是父親親力親為。公司能順利辦起來，父親在其中起到了關

鍵性的作用。他有超強的執行力，這一點我欽佩他，當然我也傳承了他這方面的優勢，我也是一個執行力超強的人，這對我後來的事業也有很大的裨益。

這些都是我印象中的父親。我覺得我與他之間，似乎少了很多溫情的東西，這或許都是因為各自的性格的關係。父親從不刻意表露他對我的愛，我也從來沒有刻意表露我敬佩他的那些地方，但如果我們能表露一點自己的真實內心，或許屬於我們之間的記憶更溫暖。

一個人的天性可能會帶給他很多優點，同時，也會帶給他很多缺點，可見我跟父親確實都不是完美的人。列夫托爾斯泰寫過一個句子：「每個人都會有缺陷，就像被上帝咬過的蘋果，有的人缺陷比較大，正是因為上帝特別喜歡他的芬芳。」所以，我又敬又怕的「香哥哥」有這麼多的優點，也會有各種各樣的缺點，同樣我也是。

人無完人，你擅長的，別人可能不會，別人擅長的，你未必精通。我們身上有優點，可以通過分享的方式，讓彼此受益；我們身上有缺點，可以通過包容的方式，彼此體諒。人生哪有十全十美的？接受不完美，這或許是我從父親身上得到的啟示。

人無完人，希望每個人都能活成最真實的自己。

第5章
腳踏實地，才能心向遠方

人生的路很長，需要我們一步步去丈量，其中經歷了多少風雨、多少坎坷與多少荊棘，我們都得堅持走下去。每一步都有每一步的意義，每一秒鐘都有每一秒鐘的價值。不經歷風雨的洗禮，怎能見到彩虹的絢麗？所以，人生寶貴的不僅僅是成功與鮮花，也有苦難與艱辛。

人生的精彩，不只在轟轟烈烈之間，平淡之中見奇蹟，平凡之中蘊藏偉大，腳踏實地做事才是生命的常理。追求得太多，做得太少，是不能成功的。

人，永遠是矛盾的主體，常常被夾在單行道上，走不遠，也回不去，只有一步一步走得更踏實，才能真正到達想去的遠方。腳踏實地，才能心向遠方。這也是父親教會我的人生密鑰。

我與嚴父之間，也有一些有趣的事情。我小學的時候，父親讓我在自家公司打雜，還出一點小小工資，就是利用假期去打工的意思，我以為父親是想鍛鍊我，其實，他是想讓我當「監工」現在想起這件事，還是覺得很有意思。我也不知道，自己小時候算不算富二代，但畢竟身後有家族企業，還是感覺有點自豪。

我跟公司裡的職員一起去送貨，做一個小小的搬運工，除了搬運工作，父親還讓我監視那些職員有沒有偷懶或搞鬼的現象。幹完活回去，父親就會問我這些職員的表現，我當時還是小孩子，哪裡有什麼城府，

就如實都說了。

這是我第一次體驗到工作不是那麼容易的事。雖然是在自家的公司裡打工，但還是一樣能夠體會到那種辛苦，體驗到大人創業的艱辛，體驗到員工們為生活奔波的勞碌，更加理解大人身上所承受的壓力。

尤其通過這件事，讓我看到父親不一樣的另一面，他在公司的狀態和在家裡的狀態完全不一樣，原來他也有溫情與有趣的一面。之前我特別怕他，主要是他很嚴肅、很神秘，但從那之後，我發現他其實也沒那麼可怕，有時甚至有可愛的一面。

通過觀察父親如何工作，我從中也學會了不少東西。

父親非常能幹，總是能把公司的事處理得井井有條。那個年代，還沒有電梯，所以，有大型貨物的時候，就需要指揮得當，才能完成搬運，既能做到不傷到人，同時還要兼顧到貨物不受損傷，每次上卸貨的時候，只要父親在場，人家心裡就特別有底，因為有他在一旁指揮，一定能做到萬無一失。

父親雖然從小一直受寵，但他也是在逆境中與命運對抗，堅守創業信念。他患有先天性心室肥大症，本來醫生不看好他能長大成人，而他30多歲的時候，又患上了鼻咽癌去治療，命運雖然沒能給他一個強健的體魄，但他卻用實際行動證明瞭：「生命不息，奮鬥不止」我很幸運，也很難得，我從小就跟在他身邊學習，我想我的堅韌，都是他的言傳身教和耳濡目染，也是他的基因影響著我。

但父親脾氣也很火爆，有次在公司，見他發脾氣大力拍桌子，能把桌上的玻璃都打碎，手下人對他都很敬畏。

不過，他身上也總有開拓精神，也樂於接受新鮮事物，這一點，我也與父親很像。不久後就給公司安裝了運貨電梯，解決了上卸貨的大問題。

直到我上大學，我對父親的印象又再次改觀。當時我鼓起勇氣，拿著加拿大留學申請報名表回去跟他商量想要出國留學，沒想到他直接就答應了，我有點意外。

我沒想過父親會答應得那麼爽快，而且整個留學準備的過程中，也是他一直陪著我辦理各種手續。記得那時候為了辦簽證，凌晨兩點就要起床排隊，也是他陪著我，去見加拿大學校的負責人，也是他陪著我，到了加拿大買房安頓，也是他陪著我……。就這樣，我們的交流變多了，深入瞭解他之後，讓我看到了父親不一樣的一面，通過和他的交流，我發現原來他內心有很多自己的人生感悟和生命哲理。

他告訴我說：「我跟你媽有個共識，如果我們對小孩的教育有意見分歧，不一致的時候，也不能當面吵架，尤其不能當著孩子的面吵架，只能私下討論，這樣不會影響到孩子。」父親的話，第一次讓我感受到自己之前的錯判，其實他對我的愛一點不少，只是他沒有把這份愛掛在嘴邊。

父親是個自愛，自強，有原則的人，同樣他也希望我們做子女的不管身處何地都能自愛，堅守原則。印象很深刻，在我出國的時候，他說：「你出國留學，我最擔心的就是你去到外面，千萬不能吸毒，吸毒毀一生。有些事，一次都不能嘗試。」

正因為父親的嚴厲、嚴格與嚴謹，直到現在我們三兄妹，身上也完全沒有任何惡習，懂得自愛，哪些事可以做，哪些事絕對不能做，這桿秤一直在我們心裡。

我印象中，最深刻的一句話，是父親的一句金句。這句話是他中風痊癒之後寫下的感悟。他說：" Everything taking easy, step by step." 就是「一切一步一步，才能進展順利。」的意思。

這是父親寫下人生獨白，也是對我的教益，讓我受益終生。腳踏實地，才能心向遠方。樸實，又真切。

我想，父親也有屬於他自己的委屈，他只是不願意向別人提及，他的人生道路，也有風雨，也有崎嶇，當繁雜瑣事糾結於心，他也會苦悶，但是，他會勸慰自己，人生的路要一步一步來，每一步都要腳踏實地。最後，他把自己寶貴的人生心語教給我，確實讓我少走了很多彎路。

　　面對逆境，不要怨天尤人；順境也不要沾沾自喜，無論是順境還是逆境，終有一天會過去，踏實走好每一步，珍惜每一秒鐘的時光，這才是人生的常態。只因人生苦短，我們輸不起、傷不起、賭不起、也等不起，踏實走好每一步，才能讓事情越來越順利。每一秒鐘的心安與努力，都有其非凡的價值。

　　時間會讓你懂得，有些東西你抓得越緊，流失得越快，只有一步一步踏實地往前走，才不會辜負時光的饋贈。做該做的事、愛該愛的人、成該成的事，穩穩的心安、穩穩的幸福，就是成功的人生，也是幸福的人生。

　　記得三毛說過：「我來不及認真地年輕，待明白過來時，只能選擇認真地老去。」是啊！人活著最重要的是過程，而不是結局。過程就是要一步一步，腳踏實地去走。一萬年太久，只爭朝夕，心踏實，步伐才能堅定。夢想在遠方閃爍，追夢的過程就是一種無上的快樂。

　　每一步都踏實、每一秒都不辜負、問心無愧、步步生風，就能活成最真實的自己。

第 6 章

做一個讓人放心的人

我去加拿大留學兩年之後，回到家與父親交流時，我問了他一句話：「你為什麼放心我自己去？」。

他說：「如果是你妹妹，我肯定不放心。但因為是你，所以我就放心。因為我懂你。」

「因為我懂你」，這句話讓我很感動，我與父親第一次有了這麼深的默契，也許這份默契早就存在於我們之間，只是我們一直沒有發現而已。

父親這句話，對我無疑是非常大的肯定，我常說這句話對我的影響深入骨髓。從小到大，我只覺得他對我很嚴厲，從沒想過，原來在他心裡，我這麼讓他放心，這也讓我堅定了一個信念：「這輩子，我都要做一個讓人放心的人。」。

做一個讓人放心的人，讓人放心，有能力上的放心還有品性上的放心，我覺得「讓人放心」是對一個人非常高的評價。然而，父親不經意的一句話給了我莫大的鼓勵，更是一種認同，我與父親第一次有了「同頻共振」的感覺，我很感觸。這句話，在我的生命中也是舉足輕重。

其實，在我心裡，父親一直也是一個讓人放心的人，因為他很有原則，而且信守承諾，他說過的話一定兌現。比如，他說帶我們去海灘玩，或者他對我們承諾某件事，他就一定會做到。他從不輕易許諾，也不是信

口開河的人。君子一言，駟馬難追，在他這裡體現得淋漓盡致。從信守承諾這一點來說，我覺得父親身上有一種「古君子」之風，有他的諄諄教誨、誠信，讓人放心，這些我當然銘記在心。

雖說是家族企業，但父親和爺爺之間經常也會產生一些不同觀點，或許有些矛盾一開始察覺不到，可一旦爆發出來之後，就變得有一些水火不容。創業期間，他們也是「分分合合」。

我小學四年級的時候，父親想要另立一家公司，開拓自己的事業，於是就創辦了一家公司叫華源行，是用他的名字和我的名字命名的。後來，這家新公司又合併回爺爺的中建行，好像爺爺承諾了父親很高的股份。但是，來來回回，最後關係還是破裂了。

那時候，父親主張在商言商，想在公司賣其他國家的貨，利潤高。但是，這樣國貨的比例相應就會下降，這在爺爺那裡是絕對通不過的，他堅決不同意。這件事，成了他們鬧矛盾的導火線。父親是純商業的角度，想賺大錢，想在經濟上發展，而爺爺則希望繼續做國貨，他覺得愛國就必須做國貨，兩個人都沒錯，只是看待問題的角度不一樣，這是兩代人的矛盾，是兩種理念的矛盾，或許也是時代變遷後產生的矛盾。

事情越演越烈，原本爺爺答應父親的股份最終因為矛盾衝突，也沒兌現，父親就氣急敗壞，直接甩手不幹了，自己的公司也關閉了。公司的事情都是父親經手的，爺爺很少參與，所以，這樣一來公司的業務就受到影響，整個公司開始走下坡路，最後只能以破產收場。

這件事，對我造成了很大的負面影響。父親對於我來說，我覺得他的原則性、正直與守信，這些都值得我學習；從另一方面來說，他的衝動行事，他的火爆脾氣，又讓我覺得千萬不要發生在自己身上，我一定要避免這些缺點。

如果父親當年平心靜氣地處理這件事，那麼，整個家族也不會因為

他的衝動之舉而受到波及，如果當初他能夠理性溝通解決問題，這間公司說不定後來能做很長時間。

在這個負面的影響裡，也讓我知道凡事必須要未雨綢繆。父親不應該那麼自私，大家都希望他振作起來，但是，開始自暴自棄，父親沉迷賭博，整個家敗得精光。

家族破產對我媽的影響非常大，我媽從來沒有工作過，因為家族企業破產，沒了經濟來源，她不得不出來工作，也因此熬壞了身體，導致她現在癱瘓了。她的癱瘓也是因為那個時候熬壞的。另外，妹妹那時還小，我後來才知道，那個時候我妹妹沒飯吃，在校園裡面暈倒幾次。

所以，這就是父親壞脾氣的連鎖反應，因為父親一個人的壞脾氣，沒把事情處理好，導致公司破產，間接導致所有人的命運都跟著改變，所有人都因為他而受苦。

我們家族的家道中落，很大部分原因是因為父親，因為他的固執、壞脾氣和一意孤行。

後來，父親中風了，躺在床上十幾年，從四十七歲到六十四歲，最後帶著遺憾走了。那麼多年的病痛，他其實也很辛苦。但是，他是在承受自己犯下的過錯。我的媽媽沒做錯什麼，為什麼她也要一生受苦？其實，命運就是這樣，沒有明確的道理，也沒有完全的公平。

都說「打虎親兄弟，上陣父子兵」，家族企業一開始的優勢是大家都是親人，彼此都是對方最放心的人，大家能擰成一股繩，自然凝聚力是非常強的。當家族企業發展壯大以後，每個人都會有自己的想法，大家漸漸想不到一起去，而且，也無法通過一個人的強制命令來統一意見，這樣就會產生很大的矛盾，最終造成公司無法繼續經營下去。

在家族企業初期，充分利用家族企業凝聚力優勢，如果能未雨綢繆，

打造可持續發展的企業文化。深入發掘家族企業的凝聚力優勢，探索家族企業內部的文化通識與共同價值觀，努力建設企業文化，通過企業文化的力量，來實現共識，那麼，這樣的家族企業尚有勝算的可能。但是，遺憾的是我們家那時沒有未雨綢繆，並沒有這麼做。

與親人共事，會讓家族企業陷入「小家文化」理念，把「企業的事」變成為「家裡的事」，然而，清官難斷家務事，最後矛盾變得很難講清楚，問題會越變越大。

家族企業是一種特殊的企業管理形式，過於傳統，要與時俱進。家族企業有自己的優勢，但是，當企業做大以後，由於家族企業當中，企業的命運與個人的命運深度綁定，這樣，讓企業經營的風險徒然上升，風險指數太高了。

現在，全世界還是有大量的家族企業，我覺得為了更好的實現家族企業在現代市場經濟環境下的健康發展，建議企業要充分發揮家族企業的凝聚力優勢，著重建設企業內部文化，形成良好的文化氛圍，更重要的是，要同時保持一種開放的心態，不斷引入外部的力量參與企業管理，提升家族企業競爭力。

家族企業有一定狹隘性，就是不放心「外人」，但是企業要發展壯大，並實現可持續發展，要保持開放心態，借助內、外部一切力量來發展自己。

站在更高的格局之上，才能看到更遠的世界。

做一個讓別人放心的人，源於慎獨；做一個讓自己放心的人，源於自律。

第7章

生命是奇蹟，母愛是神蹟

人世間，母愛是最初、最深與最純粹的愛，偉大、無私且雋永。

母愛，是每個孩子生命中最初的陽光。

無論是誰，擁有完整的母愛，就是人生之幸；反之，則是影響一生的缺憾。詩人但丁說：「世界上有一種最美麗的聲音，那便是母親的呼喚。」

我要說：「世界上有一個最美麗的名字，那就是：母親。」

母愛，是我們生命的源頭，也是人生的源動力。母親，用她的愛，教會我們怎樣去愛，母愛是沒有「休止符」的愛的讚歌。

弗洛姆的《愛的藝術》認為：愛是一門藝術，要求人們有這方面的知識並為之付出努力。

母親，是教會我們知識的人，更是教會我們怎樣去愛的人。

我的母親是典型的賢妻良母。母親是在一個大家庭長大的，她是家裡最小的孩子，她最大的兄長，好像比她大二十歲。母親長得很漂亮，讀書不多，只讀到初三，但是她很有知識，也很有文化底蘊。從小到大，都是母親幫我們幾個孩子溫書，她關心我們的功課，關心我們的成長。小時候，每天母親都督促我們背生字，耐心解答我們的問題。

母親非常能幹，她學過裁縫，而且她廚藝也非常好，很會料理家務。

一家人的飯菜都是母親做的,她每天去買菜,每天做飯,週而復始,天天辛苦地為一家人的生活忙碌著。母親似乎什麼菜都會做,印尼菜她會、廣東菜也會、客家菜也會,什麼菜都會做得很好吃,每天就這樣照顧家裡人。母親雖然沒有出去工作,但每天在家裡操持家務,把家裡收拾得一塵不染,十分辛苦,她是典型的賢妻良母。

我們家創辦公司,創業的時候,母親有時候也會去幫忙。當大家出去送貨,沒人看鋪,她也會在店裡看鋪。為了看鋪,母親有時就住在店裡,就是那種上下鋪,條件非常艱苦。當時,我們開的是國貨行,就是那種下面是鋪,上面就是睡覺的地方,地方不大,條件也比較簡陋。

母親是一個很文靜的人,她不怎麼說話,但是她年輕時候很喜歡跳舞,年紀大的時候,她偶爾也會跳舞,就是跟一些老太太一起跳舞。母親也非常喜歡唱歌,但是她很少唱,因為一直都在忙,也沒有心思唱。

母親熱愛文藝,但她並不文弱,當我們家道中落的時候,母親就一個人出來工作,獨自撐起這個家。為了有好一點的收入,她那時每天坐船去上班,因為澳門跟大陸就隔個小海灣,她白天到大陸上班,晚上就坐船回來。那些日子,母親過得很辛苦,有時候天氣不好,風浪非常大,也是很危險。母親其實挺勇敢的,一個人為了全家的生計,獨自跨海去大陸打工。

爸爸中風之後,家裡的經濟都是由我母親一個人獨自支撐,她柔弱的雙肩在那時挑起了全家人的希望。長年的奔波,母親真的很辛苦。高強度的工作,熬壞了母親的身體,心臟也開始有問題,所以,母親為全家人做出了很大的犧牲。

教育方面,母親不太講說教的話,她和爸爸是兩種不同的風格。孩子做錯了事情,爸爸是打罵,媽媽也打,但會輕很多,也會少很多。母親對孩子的愛,並沒有表現出來,但是,都自然流露在她的一言一行之中。

母親的脾氣，也有剛烈的一面。有一次，母親在教我功課時，因為我老做錯，她就發了脾氣，奶奶聽見了，就出來制止，就說不能罵孩子，母親聽了，就很生氣，說孩子不能太寵，我在教孩子，如果我教得不對，那你來教……。母親那一次很生氣，就離家出走，她只離家出走一天，因為掛念家中的孩子，一天之後，就主動回來了。

「離家出走」這件事，成了我的反面教材，我的概念是「離家出走」這一招挺厲害的。我後來就把這一招用在我小妹妹身上，我覺得這個是嚇唬人的話。所以，有時候大人做什麼，小孩子就跟著學了，小孩子是大人的一面鏡子。

但是，這件事對我來說，也是一種傷害。原先，我一直認為家裡人應該和和氣氣，沒想到最親的人之間也會有衝突，在當時，我很不理解，大人可以罵小孩，可以打小孩，沒想到大人與大人之間也會有吵架，甚至發生衝突，在當時，對我的觀念是一種衝擊。

母親給我印象最深的是她餵飯的方式，當她給小妹妹餵飯時，會先把飯含在自己的嘴裡，確保不太燙了，再吐出來，餵到小妹妹的嘴裡。現在想起來，會有點噁心，但是，那個時候我覺得挺溫馨的，因為在我的印象中，中國傳統的媽媽全都是這樣餵飯的。我想，當我還很小的時候，母親大概也是這樣一口一口給我餵飯的吧？

我喜歡跳舞，還拿了舞蹈比賽的冠軍，這方面的天賦大概也是遺傳自母親。母親很會跳舞，她常常說，小時候她很會跳舞，跳民族舞，都是那種高難度的舞蹈。反正都還蠻有藝術天賦，爸爸也愛唱歌、跳舞，所以，我們家充滿了藝術的氣息，而我耳濡目染之下，也對藝術非常沉醉，深入學習過藝術。

母親溫柔賢慧，像普通家庭婦女一樣，有平凡的一面，但她又有浪漫的情懷，熱愛藝術，而當家庭遇到困難，她又能挺身而出，跨海去工作，

她平時話也不是很多，但是她心裡藏著對這個家、對孩子們極致的愛。她成熟、穩重與內斂，把自己對藝術的愛也深深封存在心裡。

人生苦短，母愛情長。母親就像大江大海一樣，對孩子的愛是那樣深，對家的愛是那樣博大，她用自己全部的力量付出和給予，只求家庭的幸福與孩子的快樂，她用她一生的時光陪伴孩子成長，她的愛是那樣無私。孩子的一聲「媽媽」，成為了母親一生的羈絆；孩子的笑容與淚水、一顰一笑，都左右著母親的心情。不管你貧窮或富有、成功還是失敗，在母親心裡，你永遠都是長不大的孩子。世界上只會有一個人，無時無刻關心你，無微不至地呵護你，那就是母親。

對母親而言，孩子是她的軟肋，為母則剛，當家庭與孩子遇到困境，母親就會化身聖鬥士，挺身而出，用她柔弱的雙肩，一個人默默扛下了所有，不讓孩子受到任何傷害。

母愛，是世界上最偉大的力量，她是每個孩子力量的源泉，也是愛的源泉。

《道德經》中講：「有物混成，先天地生。寂兮寥兮，獨立而不改，周行而不殆，可以為天地母。」老子在《道德經》中多次將「道」與「母親」放到並列的位置，道擁有無窮的能量，母愛也有著無窮的力量。如果說「道」是萬物的本源，那麼，母愛就是一切愛的本源。

我聽過一個震撼心靈的舊事，唐山大地震時，一對母子來不及衝出高樓，被壓在了廢墟的最深處，母親的身體被重物壓的無法動彈，緊緊的護著七八個月大的孩子。幾天後，救援人員找到母子倆時，母親才不捨地緊閉雙眼，咽下最後一口氣。救援人員抱起孩子的時候，發現孩子一直吮吸著母親的食指。再看母親的手，發現食指只有半截。原來，這位母親為了救下自己的孩子，在吸乾乳汁後，拼盡全力咬斷自己的手指，讓孩子吸吮鮮血維持生命。

這是真實的故事，也是天下億萬母親的寫照。

我常常覺得天下每一位母親都是無比偉大的。有時候，我會覺得驚訝，為什麼世界上會有那麼多偉大的人？我想，這都是因為愛。因為愛，讓我們變得無私；因為愛，讓我們變得勇敢；也是因為愛，讓我們變得卓越。

女本柔弱，為母則剛。

為了能讓孩子過上無憂無慮的生活，母親願意放棄自己安逸的生活，去做男人做的工作，也願意放棄令人羨慕的身材，去出賣苦力，她嘗盡各種艱辛，吞下所有委屈，只為了身後的孩子與家庭能多一點幸福。

母親曾是大家庭裡的富家小姐，她也曾是十指不沾陽春水，是受盡整個家族寵愛的柔弱的小女孩，也曾天真浪漫，也曾無憂無慮，也需要人來保護，但是，當她做了母親，一聲「媽媽」卻讓她變得無所不能，她似乎什麼事都會做，身上有著無比強大的力量。

貝多芬說：「我很幸運有愛我的母親。」。的確如此，這世上每一個有母親的孩子都是幸運的。

生命是奇蹟，母愛是神蹟。

第 8 章

母愛無盡，
願以「無盡時光」相配

　　誰言寸草心，報得三春暉。每一個人內心都有一處柔軟的地方，每一個人呼喚起「母親」這兩個字，都會觸動心腸。古月照今人，母愛從來似海深。

　　「天下的媽媽都是一樣的」。正如惠特曼所說，全世界的母親是多麼的相像。她們的心始終一樣，每一個母親都有一顆極為純真的「赤子之心。」

　　亞伯拉罕 · 林肯說：「無論我現在怎麼樣，還是希望以後會怎麼樣，都應當歸功於我天使一般的母親。我記得母親的那些禱告，它們一直伴隨著我，而且已經陪伴了我一生。」

　　喬治 · 赫伯特說：「一位好母親抵得上一百個教師。」

　　青春會逝去、愛情會枯萎、友誼的綠葉也會凋零，而一個母親內心的希望比它們都要長久。

　　《詩經 · 邶風 · 凱風》云：「凱風自南，吹彼棘心。棘心夭夭，母氏劬勞。凱風自南，吹彼棘薪。母氏聖善，我無令人。爰有寒泉？在浚之下。有子七人，母氏勞苦。睍睆黃鳥，載好其音。有子七人，莫慰母心。」

　　母愛無盡，願有無盡的時光，能與之相配。

我的母親，她的愛有時也很細膩，因為我的小妹妹年紀小，所以，母親對她特別關愛，總是把她一刻不離地帶在身邊照顧，母親一邊忙家務，一邊照顧小妹妹。母親整天都在幹活，非常辛苦，但是，當小妹妹哭的時候，母親會立刻放下手中的活，去抱小妹妹，哄她，直到重新看到小妹妹臉上露出笑容，此時，母親才會放心地去做其他事。

　　母親就是這樣，無私地愛著家裡的每一個孩子，肯定不會丟下任何一個人。在她的身體裡彷彿充滿了無限的愛的能量，有取之不盡的愛，不管怎樣付出，那些愛永遠不會枯竭。

　　我們家道中落之後，爸爸又中風，家裡經濟就一塌糊塗，母親也不得不出去工作來支撐家裡的生計，她的辛苦可想而知，她透支了生命，損害了自己的健康。

　　那個時候，妹妹們上中學，我讀大學，孩子們都還沒有工作，家裡的負擔很重，母親不得不出去打工，還要跑內地，既辛苦又奔波。那時候是八五年，經濟的大環境也不好，因此，在那個時代，母親獨自一人為全家的生計打拼就更加艱辛。

　　母親一輩子都在不斷變換自己的角色，一開始她是大家閨秀，出嫁之後成為家庭主婦，後來，又參與到家族的創業中來，家道中落之後，又獨自一個人像男人那樣去打拼，她每一次角色的變換，都是因為愛，也都是為了愛，為了身後的孩子們與身後的家庭。

　　那時，單靠母親一個人的薪水養不活一家人，所以，母親求助很多人借錢，但是親戚朋友因為看到我們家道中落，那個時候沒人願意借錢給我們，想必那時的母親是非常無助的，她嘗盡了世間冷暖，也受盡了他人白眼，她的身心都沾染了無盡的風霜。在最艱難的日子裡，我們家所有的財產就是五百塊錢，在這樣窮途末路的至暗時刻，母親也沒有倒下。為了愛，她永遠不會放棄，她咬牙堅持，為了全家人負重前行。

因為那段艱辛歲月的摧殘，母親的身體每況愈下，越來越不好。其實我不知道，因為我一直在國外，沒回去。母親也不跟我說，她總是報喜不報憂，家裡的真實情況都是我妹妹告訴我的。母親就是怕我一個人在國外會擔心，而且當時不容易溝通，越洋的長途電話很貴，我覺得我對母親的關心與愛太少太少了。

　　我爸在 2002 年走了，其實，這對我媽是一個釋放和解脫，從 2003 年開始，我媽開始走出國門，到處玩，她也來過美國遊玩，我因此有機會陪伴自己的母親。後來，我又去美國，我的孩子是 2004 年在美國出生的，母親那時也在美國待了幾個月，幫我帶孩子。那時，我看母親的狀況，我並沒有發現有什麼問題，而且她 2003 年開始旅行之後，很積極，很愛運動，游泳之類的都不在話下，每天充滿活力，我覺得她非常健康。

　　但是，後來，我從妹妹那裡得知母親其實一直在吃藥，她的心臟已經出現問題，而且，問題很嚴重，我因此就特別擔心。我也很自責，責怪自己太後知後覺了。

　　當我再次回到澳門，看見母親，母親已經發不了聲，躺在床上，很痛苦的樣子。我看了，心如刀絞。她出不了聲，她看著我，很奇怪的眼神，有一點哀求的那種眼神。那時，我基本上知道她想講什麼，她自己經歷過，她知道自己的身體狀況，她的意思是懇求我們放她離去。但是，我們這些做兒女的怎麼可能答應她，我們會努力到最後一秒鐘，會抓住任何可能的希望，無論如何也要把她留住。因為有母親在，家才在。

　　公立醫院是不用付費的，後來，花費已經超出公立醫院的預算，醫院就會用各種方法說他們沒辦法救了，就說帶她回去好好的安置。醫院是這樣對我們說，但是，我們那時怎麼可能聽醫院的？於是，我和妹妹就把母親轉到一家條件不錯的私立醫院繼續治療，只要有一線希望，對我們來說都要極力抓住。

經歷我們的努力，母親終於搶救過來。當然，母親現在的身體還不太好，整天躺著，但是比剛剛發病時好很多了。醫生都說我母親是積勞成疾，母親現在講不了話，吃飯也是插鼻管，灌流食，這樣的狀況，已經十年了，母親過得一點也不好，她之所以會是現在這樣的狀況，都是為了孩子們，為了身後的家庭做出的犧牲。

　　我們請了三個傭人，一個是印尼來的，兩個是越南來的，三個傭人二十四小時輪班照顧我的母親。家裡的環境，也為母親做了改造，以便母親活動，讓她能更快康復起來。經過悉心照顧，母親現在可以久坐了，身體漸漸有所好轉，每個禮拜，我們要送母親去醫院做物理治療，因為她不能動，醫院裡有人協助她動作，做物理康復。其實，她現在也開始有了力氣，站起來一分鐘沒問題，久坐也沒問題。她的大肌肉是肯定沒辦法，小肌肉還可以，看電視，給她個遙控器，她可以換台。現在，母親還是不能說話，但她的精神狀況還不錯。

　　經歷了這麼多事，我現在的人生觀變得很簡單，能做就做、能燦爛就燦爛，因為你健康隨時都可能出問題，身體不行，尤其最近我的青光眼也急劇惡化，什麼時候盲了都是個問題，生命是無常的，所以，更要倍加珍惜。你不知道明天和意外哪個先來。

　　母親對於孩子的愛大抵皆是如此，你的每一件小事都是她生命中的大事。天涼了，為你添衣；夜深了為你蓋被；就算是偶爾罵你，那罵中也帶著愛意，母親這樣照顧自己的孩子，但她自己倒下的時候，我們心裡會有一種危機感：「樹欲靜而風不止，子欲養而親不待」。這種危機感，時刻煎熬著我們。

　　從出生那天起，我們這些孩子就變成了母親生命中最重要的部分，有母親在的時候，我們永遠都可以當孩子。天下母親有千千萬萬，但母愛總是這樣令人心靈震撼。

我多麼希望時間能慢些、再慢些,拖住母親衰老的腳步。多麼希望生命的活力,重新注入母親身體;生命之火,重新在母親的身體裡點燃。有母親在的日子,我們還依然是那個長不大的孩子;有母親在的日子,我們會時時停下遠行的腳步;有母親在的日子,我們的心依然會有港灣,我們的靈魂依然會有歸宿,而我們的精神依然也會有愛的支柱。

　　人世間,如果有一個人最偉大、最溫暖、最值得感恩,這個人一定就是——母親。

　　《遊子吟》說:「慈母手中線,遊子身上衣。臨行密密縫,意恐遲遲歸。誰言寸草心,報得三春暉。」這幾句詩,說出了天下遊子的心聲,世上所有孩子長大後,都要遠行,母親的愛卻永遠與孩子同在,無時無刻,始終如一。

　　母親,生我養我;母親,愛我疼我,無怨無悔,只有付出,不求回報。無論什麼時候,母親都是最牽掛我們的人。她的愛,是我們永遠也回報不完的。

　　世事無常,時光無盡,母愛無盡。但是,我們卻無力留住時光。

　　要珍惜與母親相處的時光,因為世事無常,沒有那麼多「來日方長」。多少人曾在心底向母親許下諾言,相信來日方長,希望以後好好陪伴母親,相信自己功成名就、衣錦還鄉的那一天,可以好好在母親身邊盡孝。然而,歲月從不停留,珍惜母親,就要珍惜眼前時光,抓住當下的空閒時光,多陪陪母親,多跟她說說心裡話,這樣,將來才不會後悔。世事總是無常,人生總是短暫,世間有永遠無法報答的恩情,生命本身脆弱得不堪一擊,所以,我們與母親相處的時光,每一秒,我們都要當作黃金來珍惜。

　　母愛無盡,時光有涯,珍重與母親相處的每一秒鐘。

第 9 章

想到母親，
就像抬頭看見整個蒼穹

　　母親對於我，影響是潛移默化的。母親是我的第一任老師，也是我最好的老師，母親教會我很多知識，也塑造了我與人為善的溫良品性。

　　正是因母親的教育，在人生道路上，我過得很充實，也收穫了很多幸福。母親教會我怎麼去愛，讓我有愛的能力，也有被愛的幸福。母親用她的愛，用所有的言傳身教，和她那剛柔並濟的的性格，為我的生命描繪了絢麗的底色。

　　母親的品性讓我在耳濡目染中受到潛移默化，讓我學會了腳踏實地、讓我學會了寬厚待人、也讓我學會了堅韌不拔，更重要的是母親用藝術的涵養，教會我人生要保持一種平和的心態，吃得苦、吃得虧，也可以扭轉命運，無論遇到什麼困難都滿懷希望。

　　母親對身邊的人、事、物都充滿珍惜和感恩，她的精神也傳承給我們這些孩子，讓我們對生活倍加珍惜，讓我擁有成熟的心性，在人生道路上不斷成長、律己與修身，做人做事有格局、為人處世有氣度。母親用她的愛，不斷彌補我們性格的缺點，讓我們學會以一顆謙遜、溫良和博大的心去待人接物，去開創自己青春煥彩和有滋有味的人生。

　　母親常說：「你們要記住，你們是我們的債。父母對你的愛，你們不需要回報，你們要回饋給下一代。」父母的意思是他們欠上一代的債，還在我們身上，然後呢，他們說不要求你們來回報，往下回饋，不要往

上還。這其實是代代傳遞的愛。

母親叫我們不要報恩，這個深深地放在我的心裡，我覺得我很同意她的觀點，這是愛的代代傳遞。人出生，你的孩子不是你的產物，我很討厭現在很多國人覺得孩子是他們的產物，這是不對的。有些父母，把孩子當成自己的產物，要控制孩子的人生、控制孩子跟誰結婚、控制孩子找什麼樣的工作，其實孩子有孩子自己的人生，關父母什麼事？孩子，只是託管，在十八歲之前託管給父母的。所以，要做曠達的父母，做明智的父母。在我的母親看來，孩子孝順是父母的福氣，不孝順是應該的，只要想通這一點，也就能明白愛的代代傳遞的道理。

在這個美麗的星球之上，人類生生不息，愛也生生不息，代代傳遞，愛的本質不是佔有，愛的本質是無私。

母親是我生命中最重要的人，在我童年的時候，她的照顧，讓我感覺非常安全，安全感就是我一直生活在愛的港灣之中。也正因為如此，我的童年是幸福的，因為有母親在，從小到大，我覺得在這個家生活得很幸福、很安全也很溫暖。母親把對我的所有威脅、矛盾、吵架全都隔絕掉了，所以，在我記憶中，他們沒有吵架，這個我覺得是很重要，對我整個人格與性格的塑造是至關重要的。我的父母，也許也有吵架的時候，但不會讓我們這些孩子看到，怕影響到我們。而且，母親不但能做到這樣，她還常常會秀恩愛，其實，這也是一種愛的教育。

父母結婚後，還會一起出去拍拖，我說我要去，他們就說「你去做什麼？這樣吧，晚上回來就給你帶夜宵吧。」於是我就開始期待夜宵了。其實，這種情境在我的童年經常發生，現在想想也是挺溫馨的。

我們做兒女的，對母親是心懷愧疚的，感覺沒有把她照顧好。我只能說怨上天不公平，為什麼那麼好的一位母親，她要受那麼多苦呢？世界上就是有很多不公平，可能是命數吧，我也不知道，母親那麼柔弱，一輩

子要承擔那麼多，受那麼多苦，而這些苦很大程度上是為我們而承受的。

我是家中的長子，小時候天天和兩個妹妹還有母親相處，我好像對女生的思想比較敏感，我似乎能輕易知道她們的所思所想，就是因為我經常被女人圍著，導致我就會比較容易跟女生交往，就是異性緣會比較好。很多東西是源於能量場，我喜歡的東西也偏向女性化，從小到大就玩女性的東西，比如玩過家家，玩什麼橡皮卷之類。這些使得我的性格中帶著一種女性般的優雅和溫柔，讓我顯得更有親和力，人緣也更好。

我小時候其實非常內向，小時候，沒有朋友，不會社交，有社恐。上學後，也沒有交到朋友。在家裡，我大妹妹會欺負我，因為女生早熟，她長得比我快，比我高大，所以就會欺負我。我的童年是有一點孤獨的，但是，母親成為了生命中的陽光，塑造了我的性格，使我長大之後，有胸懷，也有能力廣交天下良友。

有人說：孩子一旦生下來，父母就不能「退貨」。因此，如何讓孩子健康成長、把孩子培養成才，成為母親最辛勞的一件事。

愛，就意味著犧牲；而母愛，就意味著一輩子的無私付出。

母親是孩子第一任老師，孩子通過觀察模仿會習得與媽媽極為相同的生活習慣，而生活習慣都是要向學習習慣遷移的，好習慣是孩子終生享之不盡的財富，壞習慣則是孩子一輩子也還不完的債務，難怪人們常說「播種好習慣、收穫幸福人生」。

我熱愛文藝、與人為善的性格和習慣，都是傳承自母親的好品性。

親情可貴。轟轟烈烈幹一番事業，實現自己的人生價值，固然是十分重要的。但是，抽時間，平平淡淡地陪孩子長大，陪父母老去，更值得推崇。

只要身體健康，幹事業的機會總是有的；但陪伴親人的時間會越來

越少，有些時光一旦流逝，就再也找不回來了。時光無盡，屬於親情的時光卻是有限的。

生命如歌，母愛如詩。時光有盡，母愛無窮。

我希望世上有一種神奇的語言，可以表達母愛的偉大，也希望有足夠的時間與機會可以回報母親。

母親的身影是我整個成長期，乃至我的一生所有情景中不可或缺的最重要的一部分。在光陰故事的瑰麗風景以及四季交替的似水流年裡，母親給了我生命中最溫暖的陪伴。我人生道路上的快樂、悲傷、堅強、脆弱、成長與超越，一切的一切都願與母親分享。

愛，是最神奇的語言，母親教會孩子說話之前，就先教會他們什麼是愛。

母親內心的善良，讓我們學會用愛交流，學會用心和心去交流，我們一生中熱切期待的就是愛，而母親是一切愛的源頭。

想到母親，就像抬頭看見整個蒼穹。

篇章二

歲月無聲，親情無價

第 10 章
心靈顏值更讓人怦然心動

在這個「顏值」先入為主的時代，我們有多久沒有關注「心靈顏值」？好看的皮囊千篇一律，有趣的靈魂萬裡挑一。

每個女人，都有自己獨特的魅力。「顏值即王道」的時代，久而久之，我們習慣了用外界的眼光來定義自己的美麗，卻極少關注「心靈顏值」。

每一個人都有自己的世界，一人一世界，一葉一菩提。光彩的外表不代表美麗的全部，每一個人都有自己的思想與心靈的魅力。我們都過度沉浸在自己的外在形象，忽略了心靈自身的美好，將注意力集中在外界的評判，而忽略了活出自信的自己才最重要。

不要放下身段，過於討好，美麗不只有一種面貌，美可以是外表的美，也可以是內在的美，是一種自信、和善、真誠與純淨。

自信的女人，靈魂有香氣。她們不會浪費心機和精神去「勵志」給別人看，只求活得開心、活得健康、活得自在。她們也不會花太多時間去做討好別人的事，卻能夠散發源自「心靈顏值」的獨特魅力。

我的大妹妹，她不是「醜小鴨變白天鵝」的故事，她本身就是白天鵝。在人群中，她不是最美的，卻是很多人心中的「白月光」。在她平凡的外表下，有著一顆有趣的靈魂。

我和大妹妹，僅相差一歲半，幾乎是同齡人。小時候，她長得比我高大，還常常欺負我。

作為哥哥，應該保護妹妹，但幼稚園時，有一件事，改變了大妹妹對我的看法，這件事過去這麼多年，我的印象還是很深刻。

有一天，大妹妹哭著跑來跟我說：「在校園裡，有人欺負我，一個大男孩捏我的手臂，把我捏得很痛。」大妹妹跑來跟我說這件事，當然是想請我出面主持正義，去教訓一下那個欺負她的大男孩。

我就跟著大妹妹，找到那個大男孩，我很生氣地對他說：「你為什麼欺負我妹妹？」那個大男孩聽了我的話，一點也不害怕，也沒有愧疚的表情，反而，盛氣凌人地走上前來，捏住我的手臂，把我捏得很痛。我那時和大妹妹是差不多的年紀，被捏痛之後，也哇的一聲哭起來。這樣一來，大妹妹也跟著哭，我們兩個本來是找別人算帳的，結果都不爭氣地在那裡大哭。現在想想，是蠻有趣的一件事。但是，因為這件事，我作為哥哥的形象就此全毀了。

後來，我們就一起去教務處告發那個男孩，借助學校的力量才把這件事解決好。

因為這件事，可能在大妹妹心中形成一個印象：「這個哥哥沒用」，所以，整個童年，我在大妹妹心中，都沒有威信，大妹妹不但不怕我，還時不時欺負我。

我們家人是蠻有藝術細胞的，藝術上我們很出色，但打架我們不在行，所以，我也不過多糾結這件事。我的大妹妹長大後，成為出色的鋼琴老師，她和小妹妹兩個人一起開了一家琴行，這家琴行在澳門還是相當有名氣的。所以，大妹妹和小妹妹也算是做著她們熱愛的事業，把愛好與事業合二為一，這也是一種幸福。

小時候，因為我爸中風之後，大妹妹很快也要開始去幫助媽媽賺錢，所以，她就出去幫人補習，除了幫人補習數學之外，慢慢也拓展到教鋼

琴，因為她在家裡本身就已經深入系統地學過鋼琴，所以，她的鋼琴技藝在那時已經達到很高的水準。之後，大妹妹還考了教師牌照，一所中學聘她做了音樂老師。大妹妹做了好久音樂老師，音樂是她的興趣所在，教課也是她擅長的事，所以，她做得很出色。之後，為了拓展事業，大妹妹就一邊開琴行，一邊教鋼琴課。開琴行之後，又把小妹妹也吸納進來，兩姐妹就一起打拼事業。

大妹妹是一個社交達人，是那種天生就非常有人緣，非常擅長社交的人。大妹妹語言天賦極高，非常會講話，而且，大妹妹身上有一種東西，讓我們全家人都「毛骨悚然」，就是一種狀態的轉換，或者說是「頻道的切換」，她跟家裡人講話是一種狀態，接到外面人的電話，講話就立刻變成另一種狀態──很嗲。聽到她聲音的人，整個身體都會變酥。大妹妹就是有這樣一種本事，上一秒鐘跟人吵架，下一秒鐘就可以變得很嗲、很溫柔。但是，這種轉換不是刻意的，是非常自然的流露。我想，大妹妹天性就是如此，她對人真誠，幾乎所有人都喜歡她。所以，大妹妹就是天生的社交達人。

大妹妹其實是一個非常善良的人，她會給別人買禮物，她對上了年紀的人會非常關愛，她對學生、學生家長都非常友善，當然，在教學的時候，她有時又會變得很兇，因為，她內心是極想讓學生學到更多東西。她的嗲是源於內心的善良，她偶爾的兇，也是源於內心的善良。

我記得，大妹妹十幾歲的時候，有一次，爸爸帶她去香港，一些陌生人，看她一眼，就喜歡她，就跟她攀談。也就是說，不管是誰，幾分鐘之內，大妹妹就可以跟人家無礙溝通，海闊天空地聊，聊得很熟，這是她的天賦，也是她的天性。

大妹妹在小學五年級的時候，已經有很多男生追她，她不是最漂亮的，但她卻成人「萬人迷」，因為她的個性太迷人了，她內在的「心靈

顏值」太有魅力了。

　　大妹妹整天收到一大堆禮物，我就問她：「你收到那麼多禮物，你喜歡哪個男生啊？」她說：「禮物是人家的好意，至於喜歡誰，不喜歡誰，時間還太早了吧？」

　　大妹妹，她這個人就是非常厲害，非常有能量，她本身也是個小太陽，會無形中吸引很多身邊的人，圍繞著她，感受她的熱情，感受她的魅力。我想大妹妹的魅力，不是表面的美麗，而是「心靈的顏值」。

　　大妹妹天真浪漫，從小到大都有一大愛好，那就是喜歡吃。小的時候，她爬到熨斗前，以為那是吃的東西，結果嘴被燙到。吃，是她人生中的一大樂趣，喜歡吃肥豬肉，所以從小到大，她都是胖胖的，很可愛，很有親和力。

　　大妹妹有過三段婚姻，第三任老公是第一段婚姻之前就認識的一個男生，那個男生一直等著大妹妹，即便大妹妹已經結婚了，他還在等她，他苦苦地等待，熬過了大妹妹的兩段婚姻，最終，在第三段婚姻時，與大妹妹走到一起。大妹妹就是有這樣的魅力，我想，這種魅力絕對不是表面的顏值，而是一種來自內在的「心靈的顏值」。

　　生活中，從來不缺發現美的眼睛，美麗的風景、美麗的人、美麗的世界，乃至美麗的宇宙，每個人都在欣賞生活中的各種美。但是，踏遍山川河流，有沒有一處景色最值得一輩子回味的？人不同於風景，當外貌被人誇讚，並不值得沾沾自喜，因為僅有外貌美麗，難免會被有些人稱為「花瓶」。要知道，「心靈的顏值」才是真正不會隨著時間的流逝而衰老的，容貌再美的人也有老去的一天，有趣的靈魂卻具有永恆的魅力。

　　擁有美麗的容顏是天生的優勢，也是別人羨慕不來的。不得不承認，漂亮的顏值讓人賞心悅目，都說「始於顏值，陷於才華，忠於人品」，可見，外在美是由內在美來支撐的，美麗的外表有看厭的時候，而有趣

的靈魂，人人喜歡。

美貌不能伴隨我們一輩子，可愛的個性與善良的天性卻能使人受益終生。

第 11 章

做一個點亮星空的人

　　積極的生活，並一定非得是那種拼盡全力，分秒必爭，張口夢想，閉口未來。積極的生活是一種持續的狀態，是一種不管有沒有天賦，不管環境如何變化，始終向前走，始終向上發展的狀態。我的大妹妹，她的人生就是這樣一種狀態，她積極地生活，生命有溫度、生活有熱情，無意中溫暖了很多人。她自己並不是出色的鋼琴家，卻培養出多位世界級的鋼琴家。

　　我們也許自己做不了太陽，但是，我們可以做那個點亮星空的人。

　　積極生活，並不一定要經歷大風大浪，有時候放鬆地欣賞一首交響曲、閒情逸致地養一缸魚、認真地烹飪一頓美食，也是一種積極生活的狀態。

　　積極生活，源於對人生的熱愛，源於對生活中與世界上一切美好事物的渴望。

　　有時，我們坐在路邊看看人來人往，想一想未來，關心一下世界，關愛一下身邊每一個人，只要是那些能夠讓我們感到充實和滿足的事情，全都是生活中積極的元素。

　　認真生活，積極進取，生命中就不會有一秒鐘曾被虛度。

　　大妹妹，並不是全身都是優點的人，她也有自己的小毛病，但由於她那種積極生活的狀態，使她成了能夠點亮星空的人。

小時候，大妹妹有時會說謊，從小到大，我的父母都非常不信任她。大妹妹似乎把說謊當成一種樂趣，她喜歡編造故事，反正她說的事情，肯定是她捏造的，捏造的目的就是為了掩飾她可能跟人出去玩，或者別的什麼事情。我們家的家教非常嚴，所以，很多事情是不敢跟大人說的，也許這也是大妹妹喜歡說謊的原因。比如，她如果晚一點回家，她就會想出很多藉口，避免自己被罵。

我印象中，大妹妹就是這樣一個率真的，非常真實的人。

大妹妹很會社交，有她自己的魅力，雖然她長相不算特別出眾，但真的很可愛，胖嘟嘟的，是可愛型的。很多人問我，女生怎麼可以吸引男生，我說我很確定的，只要你能夠做到像我大妹妹那樣，說話嗲、會撒嬌，你也可以成為「萬人迷」。因為這種魅力是可以收買人心的，「有趣的靈魂」有時勝過「美麗的外表」。

小時候，我們小孩子玩過家家，大妹妹總是扮演我的姐姐，我反倒成了她的「小熊弟弟」。反正，小時候，我倆的角色反轉了，她成了姐姐，我成了弟弟，她有時還欺負我。

長大之後，我和大妹妹的交集就沒有那麼多了，我們性格上差異很大，就各自玩各自的，我們就有了各自的圈子。長大後，大妹妹的煩惱就越來越多，因為年年都有人追她，一個人的魅力太大了，也會帶來一些煩惱，太受歡迎了，人人都喜歡，也是挺煩惱的。

在鋼琴方面，我的天賦比大妹妹高很多，但是，大妹妹有一個強項，她會教人彈鋼琴，而且，她比我勤奮，肯在鋼琴演奏方面花時間、下功夫，所以，她在鋼琴技藝方面還是挺不錯的，始終在進步，因而能成為一名優秀的鋼琴老師。

小時候，大妹妹本來不想學鋼琴的，她想學芭蕾舞，後來不知道為什麼，媽媽不讓她學芭蕾舞，要讓她學鋼琴，這樣，她才學了鋼琴，學了

一段時間，她就愛上彈鋼琴了，音樂就成了她一輩子的事業。在學鋼琴這件事上，我也是受益人，因為大妹妹學鋼琴，我才有機會也學鋼琴。

任何一件事情，可能你並不一定有很高天賦，但是，你可以通過時間的積累，讓它成為你的一項出色的技能，並且你可以把這項技能發展成自己的事業。我的大妹妹就是這樣，她在鋼琴方面沒有很高的天賦，但因為她堅持去做，每天都在進步，最終成為很優秀的鋼琴老師。

大妹妹的過人之處在於，在鋼琴的學習方面，她懂得用各種不同的方法提高自己，還懂得向高人請教，並且，在教學的過程中，她通過悉心教別人彈鋼琴的過程中，她自己的鋼琴技藝也在不斷提高。教學的過程，就是最好的學習。

大妹妹教的學生中，後來很多都拿到鋼琴大賽的冠軍，有一些成為世界級的鋼琴家。所以，大妹妹在鋼琴教學方面是頗有建樹的。

後來，大妹妹慢慢地就開始經營起一家琴行，不是賣琴的琴行，她這個琴行，做法就是裡面有十家小的課室，每個課室裡面有台鋼琴，然後，大妹妹就在其中教學生彈琴。那時候，學鋼琴的人非常多，大妹妹的事業發展得飛快。

大妹妹就是這樣，一刻不停地學習、精進，她遇到過很多好老師，她自己也在教，在這個過程中，她就不斷吸收、吸收、再吸收，不斷把學到的東西內化成自己的能力，不斷精進，不斷向上發展，不斷增進了自己的鋼琴技藝。

大妹妹開琴行，所有事情，都是由小妹妹操辦，她們倆形成一種優勢互補。所以，從這一點來說，大妹妹也特別會用人，她懂得借助別人的優勢來彌補自己的不足，這也是她成功的一個關鍵。

生命中的很多價值都由「積極生活」創造。積極的生活態度，讓我

們堅持該堅持的，放棄該放棄的。

當我們不知如何選擇的時候，積極的生活態度，總能讓我們選擇那些能讓我們的生命發出光來的正能量的東西。積極的生活，讓我們收穫面臨困難的經驗與磨練，收穫柳暗花明的成功，收穫絢麗的彩虹般的人生。

積極生活的態度，讓我們認識自己，同時願意不斷向所有人、所有事，乃至全世界去學習，保持一顆謙遜、包容的心，在學習中不斷精進自己，讓自己變得更卓越。世界瞬息萬變，積極生活，不斷學習成為最大的競爭力。

積極生活的人，用生命閱讀世界、閱讀人生。這種閱讀，讓人更有創造力，每個人臉上都寫著自己讀過的書、走過的路、經歷過的事。在生命的閱讀中，去過各種各樣的人生，讓一次人生變成無數次人生，讓自己的生命豐盈起來。把自己的愛好富有激情地進行下去，讓自己的生命充滿創造力。

積極生活的人，總是以一顆感恩的心回報曾經幫助過自己的人。回報是兼具感恩和慷慨的一種美德。感恩，在回饋別人的同時，也在成長自己，感恩是一種力量，也是一種積極生活的品格。

積極生活的狀態，可以感染身邊無數人，可使他人受到千千萬萬的恩惠。一顆星辰，它不僅自己閃耀，它也終將點亮整個星空。積極生活的人，願意聆聽、獨立思考、理性分析、自由想像、不偏不倚，他們種種優良的品性，有著巨大的吸引力，使他們成為人群中的光。

積極生活的人，在邁向人生新台階時，也會停下來回望過去，思考過去經歷的意義，確知自己是誰，明白自己想去哪兒，也明白自己要與怎樣的人為伍。而且，積極生活的人擁抱變化，他們回憶過去，更嚮往未來，在變化中尋找機會，在創造中感受快樂。感情、工作和生活就是因為這份瞬息萬變的不確定性帶來些許不安，也帶來無限希望與樂趣，積極面

對一切，才能讓一切值得。

　　積極地生活，走出舒適區，去追逐夢想。人們喜歡待在自己熟悉的領域，因為熟悉會帶來輕鬆，可是也會帶來停滯不前。積極生活的人，不會甘願平庸，不會甘於現狀。

　　人每天在週而復始忙碌的生活中，常常會忘了自己。而當光陰飛逝，再回首歲月時，我們是否實現了當時的夢想？

　　只要積極生活，我們的人生將永遠沒有後悔的時刻。

　　從今天開始，做一個發光的天體，去點亮整個星空吧。

第 12 章
夢想不動搖，未來就更確定

　　哈佛有一條校訓：「你給自己什麼樣的定位，決定了你一生成就的大小。志在頂峰的人不會落在平地，甘心做奴隸的人永遠也不會成為主人。」

　　在學校裡，老師常常會對我們耳提面命：「一分耕耘一分收穫」、「付出總有回報」。

　　但是，命運總是詭譎的，長大後才發現，有人住高樓，有人在深淵；有人光萬丈，有人一身鏽。人與人的區別在於，有的人在困境中堅持夢想，而有的人在命運面前繳械投降。

　　多少人早已將夢想拋在腦後，但是，夢想才是我們的「力量源泉」，越是艱難，我們越要抱緊這個「力量源泉」。

　　我們家，家道中落之後，其實大妹妹和小妹妹她們，尤其大妹這邊過得很辛苦。因為父親中風，他的醫藥費花銷很大，耗光了家裡的錢。大妹妹嘗試申請來加拿大讀書，簽證辦不下來，因為她是一個女生，那個時候不容易辦簽證。所以，大妹妹就留在澳門讀大學。

　　後來，大妹妹又去大陸學鋼琴，繼續深造。大妹畢業於華南師範大學音樂教育系，雖然過程有點曲折，可能就是為了早一點出社會賺錢，可以貼補家用，為家裡減輕負擔，但是總算是畢業了。

　　我想，那時大妹應該是一邊讀書，一邊補習，收學生做鋼琴補習，

通過教鋼琴賺錢。那時，大妹賺的錢可能比我媽賺的錢還要多，因為那時候學鋼琴的人非常多。大妹妹這麼早就出來賺錢，也體現了她內心的善良，她想通過自己的努力，減輕媽媽的負擔。看到媽媽那麼辛苦出去工作的時候，大妹妹主動要求打工賺錢幫助家裡。當然，大妹妹賺了錢，一方面可以幫助家裡，另一方面也可以幫助她自己，教鋼琴賺到一些錢，這樣她就有錢去大陸深造，讓自己的鋼琴技藝不斷精進，這一直以來都是大妹妹的一個夢想，所以，大妹妹即便是在最艱苦的歲月裡，也不曾放棄自己的夢想。

大妹妹的社會適應能力很強，不管在什麼樣的環境下，她都會自己想辦法，她有很明確的目標。比如說，她大學輟學後，她也沒有放棄，一個人去大陸深造鋼琴技藝，她還是想把鋼琴的夢想繼續延續下去。所以，雖然沒有錢，但是她自己打工賺錢，再艱難，她都要把這個專業給深造到卓越的程度，說明她的夢想始終如一，她的夢想像北極星一樣一直引領著她堅定地前行。

我覺得，大妹妹身上的品質，對很多年輕人也有一定的啟發。不管你遇到什麼事情，很艱難，或者很絕望，你在這種情況下，你不應該放棄自己的夢想，因為當你心中有夢想，面對困難的時候，辦法總是比困難多。你有長遠的打算，就會想方設法解決眼前的困難。如果你遇到困難，就退縮，就感覺人生到此為止，那麼這種失敗不是命運給你的，是你自己給自己預設的。因此，不論成敗，其實，都是我們自己給自己的，是一種選擇。堅持，還是放棄，結果就是天壤之別。

大妹妹是天生的「樂天派」，也是一個勤奮努力的人，雖然她的人生不斷遇到困難，但是，她會給自己做規劃，然後在困難的處境下，她還會堅持初心、堅持夢想，沒有放棄，其實，這就是她之所以有那麼強的適應能力的原因。她的心中有夢想，有對未來的嚮往，也有對自己的自信，還有對自己身後家庭的責任，所以，大妹妹才會那麼堅定，不顧一切困

難，勇敢地走在追夢的路上。

大妹妹身上，有的東西我學不了，她的一些優點，的確讓我大開眼界。大妹妹的社交能力那麼強，方方面面的人都對她關照，都喜歡她，老人小孩也都很喜歡她，因為她為人真誠，真心對待每一個人，別人自然以真心相回饋。大妹妹開琴行，她太辛苦了，經營這個事業是她的夢想，她為之付出太多太多，以至於影響到她的健康，挺讓人心疼的。

大妹妹一生的事業都與音樂有關，她女兒也被她訓練成一名音樂家，她女兒現在是管弦樂團的主席。她女兒一出生，就在音樂世界薰陶，直到她走上這條路，由於一直受音樂教育，她女兒不會再看另外一條路，音樂的夢想就這樣代代傳承。

大妹妹是一個懂得融合與平衡的人，她可以平衡自己與家人，可以平衡夢想與謀生，可以平衡藝術與商業，這是件很難的事，但到她那裡就瞬間變得簡單了。大妹妹總是會在千條萬條路中，找到那條通往成功與美好的路，即便這條路再難走，她都會義無反顧堅定地走下去。

夢想，會讓每個平凡的人變得卓越；就像星辰，會讓每個夜晚變得浪漫。

信念不滅，終能成功。劉邦在四十歲的時候連兵馬都沒有，但他沒有放棄夢想，熬出了大漢王朝。姜子牙近八十歲才離開渭水而出山，他也沒有放棄夢想，熬出了周武王的霸業。喬布斯在四十二歲的時候回蘋果接任 CEO，公司負債十億美金，最後讓蘋果用十四年成為全球最偉大、市值最高的公司。只要你不拋棄夢想，心中的信念不滅，夢想永遠不會拋棄你。大人物的成功都是熬出來的。

人生不如意，十之八九，我們唯有常想一二，不念八九，堅定信念，振奮精神，鎖定目標，矢志不渝，有了這麼堅定的意志，我們才能一直走在追夢的路上，直到實現自己的夢想。

經歷磨難，要懂得熬，在逆境中成長，才能變成強者，才能從「山重水複」走向「柳暗花明」。成功都是熬出來的，沒有捷徑。所有的捷徑與投機，往往走向失敗。

鬼谷子說過：「欲張，反斂；欲高，反下。」

水往低處流，人往高處走。上升、發展，當然要耗費力氣，有時甚至要拿命來拼搏。滄海可以變成桑田，瞬息萬變的世界充滿無限的機會，只要不放棄，只要堅定信念，以奮鬥者的豪邁迎向未來，自然能打下一片屬於自己的新天地。

想做大事，先定小目標。想走向高處，先從低處做起。

不管何時，無論何種處境，都不要放棄自己的夢想，成功都是熬出來的。

第 13 章
寵而不驕，才能經得起風雨

寵而不驕，一時有不等於一世有。

曾國藩在研究《易經》時發現：「日中則昃，月盈則虧，天有孤虛，地闕東南，未有常全而不缺者。」世上，沒有十全十美而毫無缺陷之事，萬物皆是虛盈交錯，得失交替。

小妹妹在家族興盛時受盡寵愛，在我們家道中落之後，一樣也要經歷風雨，但是，她不是一個恃寵而驕的人，她的身上的沒有一絲驕氣，更多的是一種來自骨子裡的堅韌與勤奮。多年來，她經歷的林林種種，讓她練就了強大的執行力，使她能打拼出一番事業。

人們在自詡於得到時，或許正在不知不覺中失去。寵而不驕，才能立於不敗之地。

真正的智者，早已洞悉世事，懂得順境中寵而不驕，得而不狂；逆境中失而不怒，靜而奮發。

蘇軾曾說：「人有悲歡離合，月有陰晴圓缺，此事古難全。」接受不完美，做一個有力量的人，去面對人生的風風雨雨。人生本就不圓滿，面對失意與彷徨，失敗與挫折，無需怨天尤人，更不必憤懣滿懷，迷霧總有散盡的時候，倘若遇到不順就抱怨發怒，只會離美好越來越遠。

寵而不驕，寵辱不驚，人生才有「柳暗花明」的一天。

我與小妹妹的交集並沒有那麼多，因為她十歲的時候，我就已經出國留學了，而且，我們的年齡差距較大，所以，在一起交流的機會並沒有那麼多。我只記得，小的時候，我時常欺負我這個小妹妹，就是那種在打打鬧鬧中長大。我們家，大妹妹欺負我，我則欺負小妹妹，兄妹之情就是在打打鬧鬧中，隨著流淌的時光一起成長。

大妹妹欺負我，她那時比我高大，我沒辦法還手，而且她的嘴也太厲害，我也沒辦法反駁，內心就壓抑，就把情緒宣洩到小妹妹身上，那時，有種難得的童真，欺負小妹妹也不是真的欺負，就是特別愛鬧騰，不過，現在想想對小妹妹還是心懷愧疚。

童年，越是打鬧，越是親密，雖然我欺負小妹妹，但是，小妹妹反而很喜歡黏著我。有時，我就帶著她一起玩，我時常把她惹哭，但是，她不記仇，還喜歡黏著我，天天都找我玩。因為我和小妹妹有好幾歲的年齡差距，所以，從她的角度看，我就是她名符其實的大哥哥，而從大妹妹的角度看，我要嘛是她的小弟弟，要嘛就是沒有用的哥哥。因此，兩個妹妹對我是兩種不同的觀感。

小妹妹從小到大受盡各種寵愛，家裡人對小妹妹，打也不捨得打，罵也不捨得罵，全世界的人都在疼她。而且，小妹妹小時候長得特別漂亮、特別可愛，唱歌動聽，又愛逗人開心，所以，她是非常可愛的一個小妹妹，就好像洋娃娃那般可愛。小妹妹的玩具非常多，因為大家都喜歡她，都喜歡送她各種各樣的玩具。家裡人疼愛她，親戚也非常疼愛他，外面的人也非常疼愛她。其實，作為哥哥，我雖然時常欺負小妹妹，但是我和大家一樣，對小妹妹有一種與生俱來的「保護欲」。所以，小時候，我欺負小妹妹，但也時常照顧她。

我們家和鋼琴特別有緣，大妹妹是學鋼琴的，我也學鋼琴，小妹妹小時候也是學鋼琴的。她年齡最小，當然不是跟我們一起開始的，我們

比她早好幾年就學了鋼琴。小妹妹是小學一年級開始學鋼琴，她開始學的時候，我和大妹妹的鋼琴課程已經差不多要結束了，所以，我們沒有和小妹妹一起練過鋼琴。小妹妹學鋼琴很用功，一直堅持學。後來，我們家道中落，小妹妹去讀旅遊，鋼琴彈得就沒那麼勤了。

小妹妹中學的時候，我們家境已經很糟糕，家裡真的沒錢，沒東西吃，小妹妹國中二年級的時候，在校園常常暈倒，原因就是營養不良。直到她讀完高中的時候，我們的家庭的狀況就好轉很多了。因為條件改善了，小妹妹就可以上本地的大學，她就讀了旅遊專業，因為澳門就是旅遊產業發展得好，讀旅遊專業會比較有前景。小妹讀完大學，就在酒店業做事，又在 CTM 澳門電訊做過四年。小妹有挺豐富的職場經歷，直到後來我大妹妹創業做琴行，就帶著小妹妹一起創業。

所以，轉了一大圈，小妹妹終於做回她喜歡的鋼琴領域。

小妹妹做事情有板有眼，什麼事情都搶著做，積極主動，在做酒店業的時候，她學了很多東西，比如行政管理、銷售等等，她都有學。所以，小妹妹的執行力很強，她正好可以與大妹妹互補，後來，她們一起開琴行，很快就把琴行的生意做得很大。

《醒世恒言》中說：「人有逆天之時，天無絕人之路。」

人生之路向來崎嶇，不可能永遠順風順水，也不可能永遠黯淡無光，命運總是起起伏伏，經受得起最壞的，才值得擁有最好的。若因一時的得失，耿耿於懷，或責備自己，或遷怒於他人，放棄了理想與追求，否定了自己的夢想與努力，未來只會失去更多。 所以，順境中寵而不驕，逆境中迎難奮進，才能越來越接近自己想要的成功。

無論何時，把失望拋在身後，把希望放在前方，不停地往前走，就可以看到「破曉時光」。

淡看得失，拿得起，更放得下，寵而不驕，風雨兼程。

子曰：「君子泰而不驕，小人驕而不泰。」

有格局的人，不僅有過人的實力，還有堅韌的品格與自律的作風，謙遜識禮，為人和善，人生從從容容，一切才能盡在掌握。

弘一法師曾說：「失意勿抑鬱失措，得意勿恣意奢侈。」

小妹妹有一種從從容容的作風，順境時也不得意，逆境時也不害怕，一切雲淡風輕，從容做事，身上有一股「靜」氣，這種「靜」氣是在做事過程中磨練出來的沉穩，所以，她最大的優點就是執行力超強。最強的商業模式，不是頂層規則，而是超強的執行力。

有句話說得極好：「沒有永遠無恙的歲月，只有波瀾不驚的心態，這世間真正的平和，來自內心的安寧。」

夢想本來很遠，但是，因為小妹妹超強的執行力與「定力」，讓夢想近在咫尺。

第 14 章　做他人的公主，不如做自己的女王

　　不必去做他人公主，卻一定要做自己的女王，女人的幸福也是靠自己打拼來的。

　　作為家裡的小公主，小妹妹卻深知用自己的努力獲得自己想要的生活。小妹妹總是積極生活，不斷強大自己，用心經營婚姻和家庭、努力實現自我。小妹妹天生長得美麗、可愛，但她也時時用勤奮來保持美麗的自己。

　　人不能長期止步不前，要做他人「解語花」，更要做自己的「解語花」，懂得自己想要什麼，並為之不懈努力。作為家裡的小公主，小妹妹深知如果一個人長期固守在自己的小世界，不去與外界接觸，不去尋求進步，那麼一時的擁有，不代表一世的擁有，一時的寵愛，也不代表一世的幸福。自己想要的，要靠自己去爭取，哪怕是身為家裡的小公主，也是一樣要去經歷人生的風雨。

　　真正獨立的女人，不會受限於任何時代，也不會依靠外界的寵愛，她們有獨立的內在，有著獨自面對這個世界的殘酷的勇氣，與獨自面對未來的定力和信念。

　　她們不會靠運氣，她們憑藉的是自己的實力和努力。

　　小妹妹跟著大妹妹一起經營琴行，小妹妹獲得了用武之地，她有了

施展自己才華的機會。大妹妹也不得不承認，如果沒有小妹妹幫忙，她的琴行不可能經營得那麼好。小妹妹超強的執行力及細緻入微的管理方法幫助大妹妹解決了大問題。

從 2003 年開始到如今，大妹妹和小妹妹經營琴行已經至少二十年了，琴行從名不見經傳，到現在成為澳門最有名的琴行，而且，已經頗具規模，這當中的功勞，很大一部分是屬於小妹妹的。在琴行經營上，小妹妹傾注了大量心血。

小妹妹身上有很多閃光點，而且人又長得美麗，心性又是那麼可愛，所以，她嫁了一個比較有錢的家族，現在生活過得也比較幸福。愛情與事業雙豐收，這是小妹妹一點一點努力換來的。

現在，小妹妹生活環境挺好的，她除了琴行的工作之外，就是半退休狀態，一年去三次日本，去滑雪等等，她生活得頗為自在。小妹妹天性活潑，活動得多，為人也比較樂觀，所以她非常健康快樂。現在，她也過了 50 歲了，但還像年輕小姑娘一樣健康與快樂。

小妹妹也有自己的遺憾，那就是沒有孩子，她沒有嘗到做媽媽的滋味，因為她身體有一些問題，無法生孩子。幾次懷上，結果都沒了，這對小妹妹來說也是一種心理打擊，但她並沒有因此消沉，還是那麼樂天知命。也許，她身體的問題是因為過去營養不良造成的，世上的事就是這樣，一環緊扣一環。為了尋求一點心靈寄託，小妹妹一家養狗，她把狗當她的孩子來養。

小妹妹不能生小孩，但她婆家並不介意，因為她老公是家族裡最小的兒子，家族裡已經有很多孩子了，所以，大家都能理解。因為小妹妹的老公太愛她了，也沒有介意有沒有小孩這件事。

小時候，有時，我覺得小妹妹挺傻，但她聰明起來的時候，又能讓所有人目瞪口呆。她的生命不僅有一種廣度，也有一種深度，她的潛力

有時是驚人的。

　　大人教她學印尼童謠，她唱得最好、口音最標準，但是，在所有的孩子當中，她卻是那個不是在印尼出生的。這一點說明，她真的是很有靈氣，也很有天賦，聽幾遍，就能唱得一模一樣。

　　小妹妹就是我們家的「寶」，她是家裡的「公主」，集全家人的寵愛於一身，而她自己的天賦、品格、心性又是極佳的，配得起任何的寵愛。

　　因為我很早就出國留學了，陪伴小妹妹的時間並不長，我沒有親眼看到小妹妹成長。我跟大妹妹關係好，可以深入地探討各種事情，而和小妹妹就只能淺談輒止。我和小妹妹的交流主要是家庭事務方面的，比如應該什麼時候交錢呢、媽媽調理要多少錢呢、媽媽情況怎麼樣，需要怎樣的照顧、家裡最近情況怎麼樣、經濟條件怎麼樣……等，我和小妹妹都是聊一些家庭瑣事，心靈與人生方面則聊得不多。

　　小妹妹是家裡的小公主，但也吃過不少苦，在學校還暈倒很多次。之後，家裡各種幫忙，大妹也盡力幫助，她就繼續完成學業。之後，從事酒店業積累經驗，再後來，就和大妹妹一起打拼琴行的事業。小妹妹一直在努力成長，她的人生始終在往上走。

　　一位哲學家說：「我承認男人和女人很不同，但這種差異並不意味著別的，既不意味著某個性別的人比另一種性別的人優越，也不意味著某種性別的人比另一種性別的人高明。一個女孩子來到人世間，應該像男孩一樣，有權利尋求她所要的一切，假如她所得到的正是她所要的，那就是最好的。」

　　女人有做公主的權利，同樣，也有當女王的權利。

　　為什麼一定做一個等著別人寵愛的公主？做自己的女王有什麼不可以？若你把自己當作女王，你就會努力地變成更優秀的自己。小妹妹就是

這樣一個非常獨立的人，當她脫離家裡的寵愛，在外面經受風風雨雨的時候，她沒有喊過累，沒有喊過苦，而是積極生活、努力成長，磨礪自己的能力，從一個柔弱的人，變成擁有一顆強大的內心的成熟的創業者。她憑著堅強和勇敢去為自己的人生贏得喝彩。

曾經，「賢內助」是一個褒義詞，可如今，誰在乎做個一事無成的「賢內助」呢？獨立女性會說：「我必須是你身旁的一株木棉，作為樹的形象和你站在一起。」做一名公主，自然有被愛的幸福，做一位女王，卻能擁有自己可以決定的未來。

幸福的方式有很多種，相信每一個女人都是聰慧的女子，能把控自己人生的方向，但這其中，又何嘗不是一種忍痛割愛的取捨？捨棄作為公主的百般寵愛，去經歷女王本應經歷的風風雨雨，幸福是打拼出來的，不是等出來的；幸福，是自己爭取來的，不是別人給的。

一個女人，從荳蔻年華到不惑之年，再到知天命之年，經歷了生活、工作、家庭和婚姻的磨礪之後，就會慢慢成熟及睿智起來。雲淡風輕，總是出現在風雨侵襲之後，原來女人可以通過自己的努力去建立一個屬於自己的王國。女人可以決定自己的未來，也可以決定自己想做什麼樣的幸福。

做他人的公主，不如做自己的女王，公主只能做一時，女王卻能閃耀一世。

第 15 章
人心齊，讓愛成為家的主旋律

《增廣賢文》有詩雲：「兩人一般心，有錢堪買金；一人一般心，無錢堪買針。」

同心同德，對於一個家庭來說，實在是太重要了。歷來，成就大事業的基本條件就是團結，成就一個家庭幸福的根本條件就是：齊心。

一個家庭要有高度的凝聚力，才能避免成為一盤散沙。

一個家族，最核心的競爭力就是「人心齊」。上下擰成一股繩，同心同德，共同進步。柏楊先生說：「一個中國人是一條龍，兩個中國人是一條蟲。」其實他想表達的就是人心不齊難成大業，團結就是力量，心齊就是福氣。對於一個家族，也是如此。自私，各有各的小聰明，勁就不能往一處使，事就不可能成功。心無旁騖，團結一致，才能讓家族走向成功和幸福。

踏實、團結與和諧，這些就是幸福家庭的基本元素。

小妹妹做事踏實、專一，而且專業，她身上總是有一股虔誠的勁，就是特別敬業。她專一、思想不複雜、心性純粹。她是最虔誠的基督徒，所以她的心放在教會比較多。她嫁了老公之後，處理她家庭的事情也多起來，因為畢竟還有老公的家裡的事業，所以，小妹妹一直以來都非常忙碌。

此外，小妹妹還要照顧媽媽，以及兼顧家裡的其他一切事務，所以，在家裡，小妹妹就是「總指揮」。

小妹妹負責打點工人，安排他們每天要做的工作，她負責開車送媽媽去做物理治療，彷彿一切的事都離不開小妹妹。而大妹妹就負責陪伴媽媽，聊天啦、溝通啦。大妹妹與小妹妹就默契地形成這樣一種分工，形成一種優勢互補。

小妹妹執行能力很強，統籌規劃能力也很強，她能把一切事情安排得妥妥當當。

在我們兄妹之間，大家自己察覺到一個道理——競爭也好，團結也好，都要相親相愛。只有相親相愛，才能把家經營好，才能讓自己最親的人獲得幸福。俗話常說：「家和萬事興」，這話是非常有道理的，只有家庭和諧，才能給整個家族帶來幸福。作為兄妹，我、大妹妹、小妹妹，心裡其實跟明鏡似的，不管是困境，還是順境，只有我們團結起來，我們這個家才會變得有力量，才能經得起風風雨雨。

人心齊，泰山移。我們全家人齊心，任何困難都不怕，一切一定會越來越好。

如果家人之間不齊心，不和諧的時候，很多事情就很難做成，不僅會導致失敗，而且也會對家人造成不必要的傷害。不和諧的家庭，在外人看來是一種家醜，在自己的體驗中則是一種傷害。因為不和諧，家庭會失去應有的溫度，只有團結起來，才能讓家庭充滿溫暖和愛。

家庭也是一個能量場，如果大家不團結，不齊心，家庭氛圍不和諧，那麼，家裡面充滿負能量，這就非常不利於個人發展，也不利於家族發展。負能量太多，幸福感就漸行漸遠，只有正能量佔據上鋒，才能帶來幸福感。

我們家族，從父輩開始，他們兄弟姐妹之間並不是那麼團結，也正因為如此，家族事業沒有保住的，導致很嚴重的後果，不僅丟了事業，人也開始出問題。爸爸生病中風，媽媽也生病臥床不起，所有人的命運，一夜之間都改變了。家族事業失敗的根本原因，就是因為大家不齊心，家庭氛圍不和諧，堡壘總是從內部被攻破的。

　　而現在，我們家族情況越來越好了，則是因為大家團結起來了，人心齊了，大家又能從家庭中汲取愛與力量，所以，事事都變得順利，我們家族又重新興盛起來了。

　　所以，一家人，本是同根生，愛，才是家的主旋律。

　　小妹妹的做事風格，給我很大的啟發，就是做事要穩妥，要做個靠譜的人、做個安定的人。現在有很多年輕人，他們喜歡朝三暮四，就是不安定，所以，他們很難成功。而且，做人做事要有格局，家庭要齊心。小妹妹的老公格局就很大，而且，他與小妹妹是齊心的。小妹妹老公是很喜歡小孩的，但是，小妹妹生不了，她老公並沒有嫌棄她，也沒有責備她。因為家庭氛圍和諧，所以，小妹妹與她老公生活過得很幸福。

　　小妹妹自己是一個很靠譜、有溫度、踏踏實實的人，所以，她吸引來的東西，也都是正能量的。小妹妹身上的閃光點，讓她身邊每一個人，都對她關懷備至，這也是一種同頻共振。

　　小妹妹會騎摩托車，一個曾經嬌弱的「小公主」居然會騎摩托車，這讓很多人都很吃驚。小妹妹身上有很多本事，但她從來不炫耀，她是一個「低調做人，高調做事」的人。

　　家庭和睦是幸福生活的基礎，家庭成員各盡其責，互相尊重，以平常心對待彼此的關係，因為相親相愛，因此懂得感恩，瞭解自己對家人的責任。

中國的文化是「家文化」，中國社會是一個「家文化」的社會。家庭作為社會的基本單位，是以每一個家庭成員的幸福、快樂、充分發展作為前提條件的。

家和萬事興。和諧家庭帶給家裡每一個成員情感和物質的滿足，同時也讓家庭生活更有安全感和幸福感。每個家庭成員都是不可或缺的，親情是對生命和價值的延續，愛，讓生活更有意義。

和諧的家庭，家庭成員都樂於承擔家庭責任，營造充滿愛意的相親相愛的家庭氛圍，感恩彼此對家庭的付出，這些正能量塑造了整個家庭樂觀、努力、積極的「家庭文化基因」。

和諧的家庭，家庭成員私心少，把家庭利益擺在至高無上的位置，每個家庭成員都為維護家庭的團結、親密盡到自己的力量。同時，同心同德、風雨同舟，共創家庭的興盛與幸福。

和諧家庭的基礎是互相體諒、互相尊重、優勢互補以及共同承擔家庭責任。在一些不和諧的家庭，有些人試圖將對方塑造成自己想像中的樣子，這種做法基本是徒勞無功的。在和諧的家庭裡，團結是主旋律，溝通是雙向的，既表達自己的需求，也要重視對方的需求。

對於一個家來說，重要的事情，大家一起商量，一起決策，一起實施，也一起分享快樂與憂愁。情同、意合、行穩、致遠。

相親相愛的一家人，人心齊，泰山移。家和睦，萬事興，事事順。

第 16 章
活出真實的自己就是一種成功

　　先讓身心獨立，再讓靈魂自由，活出真實的自己就是一種成功。

　　實際上，女人真正該擁有的，不僅僅是外表的美貌，更應該有謀生的能力與自由的靈魂。判斷一個女人是否獨立，經濟獨立是主導，靈魂自由是根本，觀念獨到是關鍵性因素。姑姑一輩子都堅持靠自己，從來不倚傍任何人，她擁有一顆「自由獨立的靈魂」。

　　人來到世界上，要獨立謀生，要獨立思考，要去過自己想過的生活，去發現屬於自己的美麗人生。人生的精彩，是自己給自己的，不是上天給的，更不是別人給的。女人真正該有的底氣，不是銀行卡裡 1 後面有多少個0，也不是人生路上有多少個追求者，而是由內而外的自信，是一顆「自由的靈魂」，擁有對生活的憧憬，對自我的堅持，以及對未來的主動探索。

　　世俗會給女人規劃好發展路線，年輕時要美麗動人，年齡大了要成熟優雅，而擁有「自由靈魂」的女人不會按照既有的軌跡去成長，她們會依從自己的內心去生活。

　　我的原生家庭是一個大家族，每個人都有每個人的故事。

　　爺爺生了四個孩子，爺爺自己也有好幾個兄弟姊妹，爺爺是家裡的大兒子，肩負著整個家族的命運，應該說是，責任越大，能力越大。一個人心中如果有使命感，那他內在的潛能也會得到全面激發。

　　爺爺本來有五個孩子，有一個夭折了，就是第三個，所以，他的孩

子還挺多的，那個年代有「多子多福」的觀念，所以，家家戶戶都生養得挺多的。

爸爸是最小的一個，排行第四，上面有兩個哥哥一個姐姐，等於說我有兩個伯父一個姑姑。我姑姑跟我們家的關係非常好，姑姑在還沒有嫁人的時候，曾經跟我們一起住過一段時間，所以，我們就更加親密了。

姑姑是一個很強勢的人，她非常獨立，可以說是一個奇女子。姑姑的勇敢，大家會覺得不可思議，同時也覺得非常厲害，非常佩服，為什麼呢？她是我爸爸的姐姐，在家裡面都是壓著我爸爸，她是一個特別優秀的人，方方面面都領先別人。

我小學的時候，突然有一天聽說姑姑人不見了，原來她自己偷渡去了香港，直接從澳門去了香港。我爺爺知道後，很生氣，但是，人已經跑了，一時之間也沒有辦法。

姑姑覺得澳門沒有發展，她要去香港闖天下，一個女孩子就偷偷去香港，就留在那邊工作。後來，她為了拿到香港身份，就和一個香港男人假結婚，拿到身份之後，也就是不到一年就跟那個男人離婚了。但是，那個男人已經愛上她，是真的愛她，但是，他們之間沒有緣份，那個男人也只得遺憾作罷。

姑姑和一個女友要好，這個女友嫁到中國臺灣，而我的姑姑因為跟這個女友非常要好，捨不得她，也跟著她去。姑姑為了這段情義，顯得有些卑微，她跟著去，是去給她們當保姆，照顧她們家的孩子。大家覺得挺奇怪的，一個那麼獨立的人，為什麼會跑到中國臺灣幫人看孩子。姑姑是一個重情重義的人，而且，她的一生都是到處拼搏，到處都可以落地生根，到哪都能賺到一些錢，真正的強勢，是想做就去做，所以，她這種的性格有時候就會影響了我跟我妹妹。

姑姑的命運多舛，她最後死得挺慘的，被人害死了，她過世快二十

年了。姑姑因為老年的時候，沒孩子，她就想找一個依靠，就認識一個河南人，那人是在深圳做按摩師的女人，姑姑認她當乾女兒，還幫她開了一家美容店。有一天，那個乾女兒就打電話給我妹，說我姑姑在那個店裡面出事了，死掉了。我們趕到的時候，她已經完成了所有流程，已經火葬了。我們就懷疑她的死因，而且調查也不徹底，那家店裡所有店員都是那個乾女兒的老鄉，他們的證詞也不可信。姑姑死後，那個乾女兒就自然把那家店給吞掉了。

姑姑的一生都很傳奇，她的死也很離奇，疑點很多。

這個事情，我挺難過的，一個那麼有活力的女子，那麼重情義的女子，居然到頭來是這樣的結果。姑姑為什麼寧可認養一個不認識的人做乾女兒，她也不回澳門呢？因為我們可以照顧她呀！我想，可能因為她是一個獨立慣了的人，不想依靠別人。我們家在分家產時，姑姑也沒有回來爭，她一直是獨立的，只靠她自己。

女人的安全感並不來源於男人的不離不棄，而是來源於「自己買花戴」有底氣。自己需要的東西，自己去爭取，自己想走的路，自己鼓足勇氣去走。女人的底氣，來源於自我的獨立、來源於靈魂的自由，獨立的女人，未必人見人愛，但是，一定會受到大家廣泛的尊重。

女人最基本的獨立是有自己的事業，能夠自己養活自己。所以，姑姑一輩子都在四處謀生，她要獨立打拼出一番屬於自己的事業，這樣，才能讓自己「自由的靈魂」獲得發展的空間。有句話說：「女人的經濟地位決定話語權」，所以，要想不看別人的臉色而活，就應該有自己獨立掙錢的本事。靠山山會倒、靠水水會流、靠人人會跑，只有靠自己才是最靠譜的。

獨立的女人，不應該追隨男人的腳步，不能盲目地聽從別人或追隨別人，因為獨立思考的能力比什麼都重要，自己決定自己的未來，而不

是把主導權讓給別人。

有獨立的思想，有自由的靈魂，才有自由的人生。

自由的靈魂，是女人除了愛情之外，更為重要的東西。有自由的靈魂，女人就不會人云亦云，因循守舊，有了自由的靈魂，女人獨立自主，敢愛敢恨。

女人的面容會隨歲月衰老，但自由的靈魂，則會因為時間的沉澱而熠熠生輝。

未來是不確定的，但一定必須是自由的。

第 17 章
每一次選擇都在改變命運

命運由自己決定，生活由自己選擇。

沒有人可以真正做到未卜先知，但是種善因得善果，種惡因得惡果，你在做出選擇的時候，就已經決定了你未來的命運。荷花與蓮蓬是同時長出來的，因與果無二，分毫不差。明天可能會有怎樣的結果，與今天的所作所為是息息相關的。所有的果，都不會是無緣無故結出來的，取決於你之前撒下了什麼種子。人生在世，深種善因，廣結善緣，這是非常重要的。

人生其實就是如此，你未來會有什麼樣的命運，都藏在你今日的選擇裡。

實際上，一個選擇到底是對是錯，往往會由最後的結果來定性，也可以由人的本心來定性，一顆善良的心，不會做出惡的選擇，一顆明智的心，也不會做出糊塗的選擇。本心就像福田，是我們種善因，結善果的地方。

人生，其實就是一個不斷選擇的過程，那些大大小小的選擇，就像是一顆顆種子，決定了未來命運的走向，也決定了得到的是善果，還是惡果。所以，每一次選擇都要慎重，至善至美的本心，才能照亮自己的未來。

受我爺爺國家情懷的影響，他們很早就回到中國，支援國家建設去了。

我的二伯父從小到大很喜歡唱歌，所以，他回到中國之後，就去了

文化氣息很濃郁的西安。二伯父在西安的合唱團當任歌唱家。那是一個非常專業的合唱團。二伯父在團裡是負責唱高音的，所以，他的嗓音條件雖然不好，但是，因為對唱歌的熱愛，也讓他的事業有了一定發展。在團裡，二伯父認識了他的妻子，她是一個西安人，人長得非常漂亮。他們那時非常相愛，結婚後，生了兩個孩子。後來，八十年代的時候，二伯父申請到了香港定居。

我二伯父其實是一個脾氣非常火爆的人，而且，從小到大，我都聽說，二伯父時常家暴我的二伯母。也就是說，他們是相愛的，但是過得並不是十分幸福。我的堂弟也常常會告訴我，他們家常常吵架。

二伯跟我家的關係並不是很好，二伯父與我爸爸，每次見到面都要吵架。我二伯父個性很要強，聽我爸說，二伯父是嫉妒他的，我爸天生有個特別好的歌喉，二伯父的歌喉天生就沒有那麼好，他又熱愛唱歌，因此很在意這些天生的條件。二伯父嫉妒我爸，還因為爺爺最寵我爸，一碗水沒有端平，他覺得不公，就處處與我爸作對，時常跟我爸吵架。

二伯父可以說是一個負面教材，看到他的時候，我就覺得人不能像他這個樣子，因為二伯父打老婆，就算他身上有一些優點，也難以掩飾他這一個致命傷。而且，經常家暴，讓人們對他的評價就很低。

其實，二伯父後來也得到了報應。二伯父六十歲的時候，二伯母跟他離婚，他最需要照顧的時候，二伯母離開了他。那個時候，他聾了，聽不見，就回去西安養病，也沒有人管他，沒幾年，二伯父就病死了。在二伯父的晚年，似乎眾叛親離了，這都是他自己一手造成的。

二伯父因為嫉妒我爸，和我們家關係不太好，但是，大伯父則跟我們家關係親密很多。1973 年，我們去北京，就是住在大伯父家。那個時候去北京，是大伯父來接我們。大伯父是中學教師，有一種隨和與寬容的個性，對人有一種關愛與體貼。

大伯父人挺好的，但是，他的問題在哪裡呢？他的孩子非常不尊敬，甚至討厭他。因為他近親結婚，他和我爺爺妹妹的女兒結婚，也就是說他和我姑婆的女兒結婚，姑表親，是典型的近親結婚。結果大女兒有先天的疾病——糖尿病，從小到大都要打針，受盡了苦楚。因此他的大女兒特別討厭他們兩個，她說就是你們兩個近親結婚，搞得她一出生就要受盡病痛之苦。

然而，大女兒在四十歲的時候突然猝死，就是睡覺的時候就在夢中去世了。大伯父的另一個女兒，比較幸運，沒有天生的疾病。所以，在大家族中，或是家庭生活中，一個人的選擇，也許無形中決定了另一個人的命運。

但是，更多時候，命運是控制在自己手中的，自己的選擇決定了自己的命運。想要什麼樣的未來，就相應做出什麼樣的選擇。想要美好的未來，就做出善良的選擇，想要明朗的未來，就做出明智的選擇。想要什麼樣的命運，自己選擇。

飛鳥選擇了天空，不是天空選擇了飛鳥，所以，是人選擇了命運，不是命運選擇了人。無論人做出什麼樣的選擇，都源於他們自己的心。眾生畏果，而菩薩畏因，結果不可怕，可怕的是「種因」的過程，因為種什麼因得什麼果，種下什麼種子，那才是問題的根源。

人生道路上，會面臨多種選擇，前方會出現很多條路，我們要用自己純淨的本心作指引，才不會輕易迷失。面對舒服、放任、傷害別人的路，我們要選擇摒棄，面對艱難、痛苦、成就別人的路，我們要堅持本心，義無反顧地走下去。放棄坦途，選擇那條利益他人的路，朝著鮮花遍地的美好世界走去。

其實，所謂的難走的路，可能更接近成功。很多時候，苦只是一種感覺，苦本身其實既不苦，也不甜。就是說，怎麼去體驗，源於個人的

感受，全是你自己的事情。你覺得它苦，它就會傷害你；你覺得它是「生命的啟迪」，它就能滋養你。

　　人生寧可苦自己，也要利他，因為只有利他，才能最終利己。只有種善因，才能得善果。

　　人生的軌跡，是自己畫出來的。生命的軌跡，就是心靈的軌跡，心的起伏變化，恰恰像是命運的起伏變化，每一次做出不同的選擇，都會改變命運本來的樣子。種善因，就會得善果；種惡因，就會得惡果。命運看似捉摸不定，其實一切都是可以預見的；心變了，人生軌跡就會改變，命運就會發生改變。

　　本心似乎空無一物，但它卻用一次次選擇，決定了未來的一切。

　　種善因，得善果，讓自己的心成為一塊能長出幸福的「福田」。

篇章三

最初的夢想，揚帆起航

第18章
親情無價！因為情，所以親

親戚親戚，越走越親，對於我們這樣一個大家族來說，尤其是這樣。

親戚關係是與生俱來的血緣關係，但情感的維繫，卻需要常走動，要經常溝通，才不會有嫌隙。親戚之間需要經常走動，互相關心，你來我往，這樣才能加深彼此的感情，只有建立親密的感情，才能守望相助，讓家族越來越興旺，也越來越幸福。

與親戚建立更為融洽的關係，是靠走動，靠感情的溝通。融洽的關係不是一朝一夕就能做到的，必須依靠平日一點一滴的積累。如果長期不走動，或是缺乏溝通，與生俱來的親情，也會在歲月的長河中，漸漸疏遠。

有些人認為，親戚關係本來就是存在的，有事情，對方理所當然會幫忙。但實際上，如果家族裡的成員，沒有經常相聚，也會漸漸變得陌生，再親再近的人平時也需要感情維繫，花時間、花精力、花情感，去溝通、去關心，這樣，我們這個大家族才會其樂融融，大家守望相助，團結起來，凝聚起來，家族事業才有可能恆久。

對於我們這樣一個大家族來說，爺爺並沒有規定，一家人隔一段時間相聚一次，比方說過年的時候一定要聚一聚。但是，由於大家分散各地，在重大節日，大家其實極少相聚的機會，因為那時大陸和澳門來去都不是那麼方便。不過，大家心裡面還是有一個心願，就是一大家人可以時常聚一聚。後來，親戚們都搬到澳門與香港時，大家便有了一年一

聚的機會。

那時，二伯父會很嫉妒我爸爸，因為我爸爸一直跟著爺爺奶奶他們在一起，而且家裡很寵他，還幫助他做生意。二伯父肯定嫉妒我爸，他會家暴的其中一個原因，是累積了很多的怨氣，同時，他的人生也不是那麼順，所以，脾氣就變得很糟糕。

大伯父為人就隨和很多，他大部分時間，都比較祥和。大伯父的個性有點像我大妹妹，比較善於社交，比較圓融一點，很會講話，很和善。就算我們家族有衝突的時候，他作為股東，也不會大吵大鬧，他有一種與人為善的好品性。

在我們這個大家族裡，有很多兄弟姐妹。我這一輩的兄弟姐妹如果有機會也會在一塊玩。我們跟大伯父的兩個女兒比較親，因為們曾經在北京一起住過一個月，小時候跟他們一起玩過，彼此熟識。後來，他們搬來澳門的時候，就更親了，生活中交集也漸漸多了起來。

那時，我們這一輩的兄弟姐妹一起玩的時候，我們就叫七小福，七個堂兄弟姐妹，就這麼叫，應該來說是非常親密，在一起玩，也頗有樂趣，玩得挺開心的。但是，後來，交集漸漸少了之後，就沒那麼親，慢慢就疏遠了。

我在北京時，跟二伯父的兩個孩子，兩個堂弟，走得比較近一點。因為那段時間，我在北京工作，他們也在北京工作，大家時常在一起吃飯，一起聊天，漸漸地就更加熟識起來，就越走越近。親戚，其實都是越走越親，不走動的話，就會慢慢疏遠。

而我的妹妹，則跟大伯父的兩個女兒比較親，因為他們都在澳門，所以，比較有機會見面。那時，大伯父已經搬到澳門，大家走動起來，就比較方便。

後來，我們家道中落，回過頭來看，我們這個家族支離破碎，我自己覺得是環境造成的，環境影響人，人就影響自己的性格，性格影響結果，最終，影響的是一個人的終生，同時，也影響到整個家族的命運。因為我們家族的人居住在各地，環境不一樣，造成各自的觀念與想法都會不一樣，就會有分歧與矛盾。

　　我爺爺肯定是想家庭和諧，但是每個人都有每個人的想法，很難做到意見一致。大家族要興旺，家族成員之間要達成共識，才能形成家族的凝聚力。

　　在我們這個家族之中，我覺得我姑姑是最看得開的，她可以不理家族事務，她去追求自己的生活，按照自己的心意去選擇自己的人生。爸爸生病的時候，所有親戚都離我們而去，但是，姑姑回來救我們，可見，她是多麼重情，把親情看得比她自己更重要。

　　在關鍵的時刻，姑姑是第一個站出來，幫我們付房子的首付，讓我們有個地方住。她也不說借，反正錢就是放在那邊，也不說要我們還，就把首付的錢無償地給我們，姑姑就是這樣的一個人，很仗義，很重情。如果我們家族中，個個都像姑姑這樣，我們這個大家族何愁不會興旺起來？

　　親戚之間，就算住在不同的地方，也要常常相互看望。常走動才會少些生澀，多些親切。在親戚家中，聊一聊家常，關心對方的生活和工作，關愛對方的身體健康，聊一聊未來的打算，在相處的過程中，感情得到交流，彼此才能越來越親密無間。疏遠彼此的不是距離，而是時間，長時間不見面，長時間不溝通，再深的感情也有可能漸漸走向淡漠。

　　親戚越走越親、感情越走越近，親戚之間，重在交心，將心比心、以心換心，用心才能真「親」，真「親」才能相親相愛，一家人，其樂融融，才是大家族應有的樣子。對於一個大家族來說，家族成員之間，同呼吸、共命運、心連心，常常走動，彼此溝通，才能真正形成凝聚力。

在這個世界上，不管我們取得多大的成就，回頭看看，總覺得親情是無價的。

親情，是與生俱來的感情，也是與生俱來的緣份，我們要珍惜親情，因為，親情就是上天給我們的生命最寶貴的饋贈。親情，讓我們的人生不再孤獨；親情，讓我們心靈有了寄託；親情，讓我們的人生有了溫暖的港灣。親戚之間，要常常走動，因為，親情是我們內心的需要，是我們生命的陽光。

時光的流逝，許多往事已經淡忘了，但是，親情，像一顆星星永遠閃亮。時間可以讓人遺忘一切，可是親情是割捨不去的。

親情，是一股涓涓的細流，它滋潤我們乾涸的心；親情，是一縷輕柔的陽光，它消融冬天的冰霜；親情，是一個靜靜的港灣，讓遠航的疲乏煙消雲散。

親戚常常走動，讓親情永遠溫暖每一位親人的心房。

剛開始，是因為「親」，所以「情」；後來，漸漸因為「情」，所以「親」。

第 19 章

開始是夢想家，後來是追夢人

每一個平凡的夢想，都有締造奇蹟的力量。

如果說夢想是一種渴望，那麼，這種渴望來自於生命對於美好事物的嚮往。它在我們很小的時候，就已經像一顆種子一樣，深深種在我們內心了。

每個人心中都擁有過夢想，有的人堅持到底，最終實現了夢想；有些人半途而廢，與自己的夢想失之交臂。夢想是生命中的光，不管是唾手可得還是遙不可及，夢想之光，都曾經照亮我們每一個人。夢想，美得像夜空中閃爍的星辰，當我們為夢想怦然心動之時，一顆夢想的種子已經種在我們的生命中，夢想成了生命的一部分，是生命中那些閃閃發光的東西。

夢想是最強烈的心理暗示，讓我們篤定了遠方，歲月荏苒，仍初心不改。最初的夢想，是最初的怦然心動，也是生命中最初的光。

當我們初次踏入塵世，走向人群，世事繁華，充滿著新鮮與好奇感，也充滿著對一切美好事物的渴望。世界上有那麼多美好的事物，我們渴望成為這些美好的一部分，同時，也渴望親手去創造一切的美好。人本來是很平凡的，但因為從小種下了夢想的種子，所以，漸漸地，我們的生命也終將變得閃閃發光。平凡的是歲月靜好，不凡的是初心不改與不懈追求。開始時，我們都是夢想家，最後我們都將成為無怨無悔的追夢人。

人生中最初的怦然心動，就是我人生中最初的夢想。

搬到澳門的第二年，我四歲，正好上幼稚園。我記得上幼稚園的第一天，我跟家裡人說再見，那時，我的妹妹還非常小，在地板上爬呀爬，我也跟她說再見，但是，她聽不懂，只顧自己在地上爬呀爬，把玩那些玩具。人生有很多第一次，上幼稚園是我第一次獨自出去面對這個世界。

到學校，好多小朋友哭哭啼啼，我只感覺他們很好笑。我心想：「上學有什麼好哭的啊？我好期待上學，也好期待見到班主任『留』老師。」很多年之後，我才知道那時的班主任，其實她是姓「劉」，不是那個「留」，小孩子剛識字，知識有限，偶爾總是有一些美麗的誤會。

上幼稚園，我沒有像別的小朋友那樣哭，不是因為堅強，是心裡有一種期待，是對新鮮事物有一種與生俱來的好奇。

我上的是培正中學校園裡的一家私立幼稚園，是要付費的那種，教學品質挺不錯，課程也非常豐富。我只上了兩年幼兒園，卻有了人生最初的一些經驗。幼稚園裡的「妙人」很多，比如一些和氣的老師和有趣的同學，斯人如彩虹，見到方知有。

當時，幼稚園為了慶祝聖誕，要組織一個樂團，我當然踴躍報名，結果，我沒有選上，只能做一個坐在一旁鼓掌的觀眾。我看到樂團裡當任指揮的小朋友，他拿著一根指揮棒，指揮著那麼多人，好神氣。我當時特別羨慕他，也第一次心生嫉妒。我坐在一旁，看著樂團裡的小朋友，搖著三角鈴，敲著鼓，叮叮噹當的，想像著，我自己變成了樂團的總指揮，揮動手中的指揮棒，指揮著小朋友們演奏，我第一次感受到音樂的巨大魔力，它能讓一個四歲的小朋友心中種下夢想。

音樂世界的大門一開，裡面彩虹般絢爛的色彩就投射出來，耀眼奪目。

我那時就天天想這件事，做白日夢，想了那麼多年，一直都會記得，經常在我的腦海裡面，揮之不去。音樂讓我怦然心動，樂團指揮的位置讓我心嚮往之，而人生最初的夢想讓我始終念念不忘。

那時的我，比較害羞，在幼稚園裡不喜歡說話，不夠活潑，所以，組建樂團的時候，就落選了，也正因為落選，我反而對音樂懷有更大的渴望。

因為有這樣的「最初的夢想」，所以，後來我在大學時就副修音樂，一直堅持學音樂，作曲、美聲及鋼琴，什麼都學，直到大學第四年才可以學指揮，終於如願所償。我畢業後在不同的教會歌詠團當了二十年的指揮。

一件事，可以做這麼久，不僅是因為愛好，更是因為這件事已經成為我生命的一部分。

人家都說三歲定終身，小時候對音樂的怦然心動，在心裡種下了一個夢想的種子，長大之後就一直把它當作要努力去實現的一個目標，經過努力也實現了，夢想成真是因為初心不改，更是因為一直以來的堅持。執著的心，讓熱愛成為常態。

對音樂怦然心動，是 那之間發生的事，而我卻用幾十年的時光去追求這個夢想。

每一個夢想，種在自己的心裡，就成了心理暗示。我定的目標，不是因為我小時候嚮往它，但是，它的確在我的心裡有了一個萌芽，這個暗示肯定是非常強烈的，它在內心深處影響著我的選擇，也鞭策著我孜孜不倦地學習音樂，去實現這個夢想。

我熱愛文藝，不僅愛好音樂，也熱愛舞蹈，當我舞蹈比賽拿了第一名，那個拿第一名那一刻的感覺，我不陌生。因為在拿冠軍之前，在準

備比賽的過程中，我就把拿冠軍的場景想像了無數遍。所以，人追求卓越的動力，很大程度來源於內心的「心理暗示」。如果要征服大海，伐木造船當然重要，但是更重要的是培養對大海的渴望。知識是無涯的，藝術是無限的，我內心的渴望驅動著我不斷去追求。曾經的夢想家，終於變成孜孜不倦的追夢人。

第一屆幼稚園運動會，是我人生當中的第一次運動會。我當時參加了兩項運動，一項是抱著西瓜球跑圈，但是名落孫山，沒能拿到名次；另一項是撿雞蛋比賽，我得了第一名，看著我喜歡吃的雞蛋，那就像我的戰利品，我覺得自己特別有戰鬥力。第一項運動，我失敗了，第二項運動，我卻得了冠軍，人的潛力是無限的，只要不懼怕失敗，敢於挑戰，終究還是可以成功的。我贏了，贏得了掌聲、認同和讚美。

幼稚園裡，我還接受了人生第一次考試。幼稚園裡的考試很簡單，就是數數，老師報出一個數，然後，小朋友就從積木裡拿出相應數量的積木。

幼稚園的時光，非常開心，因為有很多新奇有趣的事情，幼稚園也是我最初的夢想產生與深種心田地方，幼稚園裡有我彩虹似的夢。

似水流年裡，夢想在我們的生命綻放出絢爛的彩虹。追夢的路雖然漫長，但前行的步伐沒有休止符，生命的樂章需要一點一滴地譜寫。

沒有人能隨隨便便成功，也沒有一個夢想會輕易實現，一切都源於堅持、努力與癡心不改。腳踏實地，一步一個腳印，才能仰望星空。

每當夜幕降臨，華燈初上，浩瀚繁星之下，我時常回顧自己的人生路，一個又一個夢想，指引著我前行。每一個夢想，都通過時間給我答案，讓我知道，我的奮鬥、我的疲憊及我的深情，一切的一切都沒有被歲月辜負。念念不忘，必有迴響。

夢想不是空想，實幹才能實現。汗水與艱辛是夢想最好的注解。如果停滯不前、渾渾噩噩度日，那就閉上雙眼傾聽心聲，最初種在心裡的夢想的種子，會鞭策你繼續前行，也會賦予你無窮的動力。

　　夢想家的思緒，永無休止。追夢人的腳步，永不停止。

第 20 章　寧可承受成長之痛　不願承受後悔的痛

　　成長，總是伴隨著一些痛苦，改變自己才能成長，而改變自己有時是有一點痛苦的。

　　一個人寧可去經受成長的痛，也不要去承受日後後悔的痛，因為成長的痛帶來的是最終的成功與最終的幸福。經過暫時的痛苦，最終實現自己的夢想，到達自己想要的未來。

　　嚴格要求自己，努力成長，讓自己將來不要有後悔的機會。

　　在幼稚園的時候，乖的小朋友可以拿到小白兔。就是說在幼稚園，你如果表現出色，或是很乖，幼稚園老師會給你的「蓋章手冊」上蓋一個小白兔的章，以示表彰和鼓勵之意。那些章，分成三個級別，一個小白兔，是最高等級；一個小花，就代表 OK 的意思；還有小黑豬，小黑豬是最差的級別。如果在幼稚園裡，髒髒的、流鼻涕、流口水或者墨水弄得到處是，就可能會被蓋小黑豬的章。幼稚園這個創意非常好，這樣，所有的小朋友為了能蓋到小白兔的章，都會更加努力。

　　讓我不開心的事情，第一年，我一個小白兔都沒拿到，我有一點沮喪，心中也有不甘，為什麼沒能拿到小白兔的章？心中很想要。第二年為了這個事情，就特別努力，第二年就有所進步，拿到的小白兔的章，雖然也不多，但終於可以偶爾拿到小白兔的章，心裡特別開心。

我小時候，有點邋遢，不愛衛生，和現在反差挺大的，所以，幼稚園裡拿到的小白兔比較少。第一次得到小白兔的時候，就像拿到冠軍一樣開心。對我來說，小小的突破，已經是大大的收穫了。

　　學校其實就是個社會，好好表現，才會贏得關注，才會贏得讚美。我逐漸懂得，人應該懂得上進，每一天都有進步，哪怕每天只是進步一點點，那也是具有非凡意義的。稍微努力一下也是可以去收穫一定的結果，進一寸，有一寸的歡喜。

　　幼稚園裡，我印象最深刻的老師，就是劉老師。劉老師特別溫柔，特別會照顧人，聲音又特別動聽，所以，我特別喜歡上她的課。劉老師個子不高，短短的頭髮，她對小孩子很有愛心，教課也特別有耐心，很有親和力。一個好老師，在孩子的成長過程中，起到的作用是不可估量的，是一種榜樣的力量。

　　幼稚園裡經常有生日會，party 之類的，大家一起聯歡，唱唱歌，跳跳舞，大家都挺親密，也挺開心的。豐富多彩的活動，是我童年美好的回憶。

　　幼稚園只有短短的兩年時光，卻也是非常快樂，非常有收穫的兩年，自己也成長了很多。

　　在幼稚園的時候，我經常流口水，到小學一年級的時候就有所改觀，也不再用口水巾，穿上了新校服，校園也變大很多，彷彿自己一夜之間，也長大了。

　　我記得小學一年級時，坐我旁邊的那一個女孩，常常會借我一塊橡皮，她長得又美麗又可愛，脾氣也很溫柔，對我也挺好的，我第一次有了心動的感覺，覺得世界上怎麼會有這麼可愛的女孩。但是，遺憾的是，一個學期之後，她就不見了，聽說轉到別的學校去讀了。其實，這件事，我的內心一直挺遺憾的，就像歌裡唱的那樣：有些人，一旦錯過，就不

在了。

我小時候也許有「過動症」，身上似乎有釋放不完的活力，特別好動。我在家裡上鋪床上學翻跟鬥，用勁過大，就從高高的上鋪，一翻就下來了，斷了胳膊的關節。家裡人很心疼，也很責備，我療傷了一個月。可以說，兒時的時光，快樂當中也夾雜著一些煩惱。人的成長總是有煩惱的，甚至也有一些痛苦，正是這些煩惱與痛苦，讓我們更快地成長。不知道我是怎麼了，記憶中，我經常有意外，受傷的情況特別多，而且也經常打破家裡的東西，被父親體罰，以至於我小時候身上經常有藤條印，回學校被同學看到，大家都心照不宣，都習而為常了。

我小時候第一次作弊的經歷也是痛苦的，不知道哪裡來的好勝心，在一次英文考試中，我為了追求滿分，因為忘了一道題的答案，竟偷看旁邊同學的答案，結果，被班主任，也就是當時的監考老師發現了。這件事情很嚴重，當時，我就被記了一個大過。我那一天哭了，學校讓我找家長過來，我就請我媽媽到學校。當時，我的心裡既愧疚又恐懼，本來這樣的考試，錯一題就錯一題，後果沒那麼嚴重，因為作弊，事情的性質就變了。及格不及格，我都可以原諒自己，滿分不滿分，我也可以體諒自己，但作弊，讓媽媽和老師對我感到失望，我覺得很愧疚，同時也很恐懼，怕被趕出校園，就不能再回來讀書。所以，我那時認識到成績、分數什麼的，其實是其次，做人行得正，品格好是第一位的。

後來，我有門功課不及格，是第一次出現不及格的現象，就是書法，我的書法像張天師畫符一樣。書法不及格，再加上之前有作弊行為，所以，很嚴重，有可能被開除。這個學校是全澳門最最嚴格的名校，只有出去沒有進來的，最頂尖的管理，非常嚴格。後來，經過努力，我的成績也漸漸趕上來，解除了那次危機。

我覺得，現在社會對孩子不主張體罰，不主張嚴格，我覺得不一定

是好事，因為現在所謂的不體罰與不嚴懲，是一種包庇、一種縱容，是取消了孩子成長的機會，和獲得生存能力的機會。其實，從我的成長經歷來說，嚴格要求，才能更快速地成長。成長不可能全是快樂，肯定需要一點痛苦。

沒有人能隨隨便便成功，也沒有人可以輕輕鬆鬆或是快快樂樂成長，總歸會有一點痛苦。

小錯誤，要嚴格要求，才能扼殺在搖籃裡，讓自己快速成長。

我們需要清楚一點，任何的成長都不可能不伴隨痛苦，所以，我們不能夠對現在苟且，而讓將來後悔，而應該現在就對自己狠一點，以免自己將來後悔。有句話說得沒錯：將來的你一定會感謝現在努力的自己。當有人逼迫你去突破自己，你要感恩他。因為所有逼你成長的人，都是你生命中的貴人，成長是最高的投資回報。持續的成長，你的人生會更精彩，你的命運也將由自己親手書寫，持續成長的你，正在改變、正在蛻變。

如果生活中，沒有人逼你成長，請自己逼自己成長，成長總是帶著一點點痛苦的，但它的收益率也是最高的。只有自己想改變，才是真正改變的開始。毛毛蟲變成蝴蝶的過程是痛苦的，冰雪融化的過程，也會經歷碎裂。要改變，就要承受改變帶來的痛苦。每一次的蛻變，人生的境界都會發生改變，會有成功的驚喜。

成長的痛苦，遠比後悔的痛苦好。

無論你遇到什麼困難，無論你正在做什麼事，讓自己能持續成長是最重要的。生活中，時時處處都是成長的機會，遇到困難是成長的機會，遭遇苦難也是成長的機會，在做事過程是磨練，在各種處境中修行，日拱一卒，進一寸有一寸的歡喜，持續成長，持續精進，才能持續成功。

痛苦時，不必焦慮，因為那有可能是內心在經歷成長的陣痛。

第 21 章
音樂是一輩子的禮物

　　音樂是我生命中一輩子的禮物，鋼琴作為樂器之王，是我走入音樂世界的啟蒙樂器。

　　我從小學習鋼琴，受到良好的音樂教育，不僅提高我的音樂素養和藝術修養，而且對培養嚴謹而踏實的做事風格、自覺刻苦的學習能力具重要意義。鋼琴不僅是一種樂器，更是一個藝術的海洋，我遊弋其中，對我的文化素養、情操，與性格的形成也起著潛移默化的影響，能在生命中遇到鋼琴，是我人生的一大幸事。

　　如果你留心觀察，你會發現無論彈鋼琴的人是何種身份，或者曾經有過什麼樣的經歷，只要他們端坐在鋼琴前，心中都懷著一種敬畏之心，雙手撫琴，便會由內而外地顯示出端莊或是優雅的儀態。

　　鋼琴賦予人非凡的氣度，學習鋼琴，就像是進入音樂世界朝聖一般，一路上有甘苦，也有無盡的收穫與慰藉。

　　在家裡我是最大的孩子，但卻不是第一個學鋼琴的孩子，剛開始，我媽媽想讓我妹妹去學鋼琴，我說我也要學，這樣才公平啊。因此，我也開始學鋼琴。鋼琴是樂器之王，能陶冶人的情操，也能磨練人的品性，我覺得學習鋼琴對我的影響是蠻大的。

　　學了鋼琴之後，我才發現自己在音樂上還挺有天賦的，我比我妹妹更晚學琴，但我學得卻比妹妹還要快，學琴沒多久，我一級的曲子就全

都會彈了。到現在，那些曲子都有百分之五十可以背出來，可見，我在音樂方面，確實有一些天分。我妹妹問：「你怎麼會背出來呢？」

我回答：「我就是可以背出來，沒什麼原因。」這大概有一點凡爾賽，但是，其實是來自天分的一點小驕傲。

小時候，學鋼琴的經歷，算是我在音樂方面的一個啟蒙吧，給我後來在音樂上面的發展，打下了一個紮實的基礎。很多著名的音樂人，或是大作曲家，都是學鋼琴出身的，鋼琴的音域很廣，名曲也很多，所以，鋼琴其實不是簡單的樂器而已，它其實是一個無限寬廣的藝術海洋。

學習鋼琴，始終要求聽覺的專注與十根手指各自獨立，而且要求手指靈敏、動作準確，雙手不同動作間要協調，手與全身肢體的也要協調配合。學習鋼琴，對我來說，確實是非常重要的訓練。我覺得學鋼琴的好處是很多的，藝術的涵養持續提高，理解能力、協調能力，甚至想像力和創造性思維的能力等各個方面，都會有顯著提高。所以，在學鋼琴這件事上，我受益良多。

我在學習鋼琴方面花了很多功夫，學得相當不錯，考了英國的鋼琴三級和五級。後來，為了打排球的事，我跟爸爸賭氣說我不想學鋼琴了，我現在回想，其實我當時是可以堅持學琴的，如果環境是對的，我會在鋼琴領域有很好的發展。當時，我跟著三個不同的老師學鋼琴，教學的品質不盡如人意，而且，教學的方式比較死板，我很不認同。這就打擊了我學習鋼琴的積極性。枯燥的練習，導致我對學鋼琴逐漸喪失了興趣。我是喜歡音樂，甚至可以說是酷愛音樂的，但是，當時我真的不喜歡那種機械的練琴方式。那段時間，我就沒有了原動力去練習了。我不喜歡重複地做一件事，我喜歡有創造性的東西。我覺得重複的練習沒有什麼意義，除非現在有個大型的表演，或者級別很高的比賽，那我就來勁了。我覺得，一定要有目標，而不是重複的練習，有目標、有挑戰，那樣，

才會有意義。因為有這樣的想法，所以，導致我把鋼琴課給停掉了。

我停掉鋼琴課，一方面是自己的意願，另一方面也是為了跟爸爸賭氣，爸爸不讓我去打排球，我就乾脆不練琴。我就跟我爸說：「鋼琴，我不練了，我沒有太多興趣，而且，也練不好。」我爸爸聽了，就很生氣，就說：「你記著，你現在不練，就一輩子別想學鋼琴。」

塞翁失馬，焉知非福，因為我沒有了後顧之憂，或者說沒有了枷鎖，我可以全身心投入到打排球的練習中，一心一意去打排球，所以，我後來排球打得非常好，拿到了很好的名次。我現在個子長得這麼高，也是受益於那時天天練習排球。人生就是這樣，有失必有得。

當然，之後的歲月，我又再度與音樂結緣，因為放在心上的東西，會伴隨我一輩子。

我成年後，曾經花好幾年去尋找一個演奏廳專用的 Steinway & Son 的 1906 年建的古董鋼琴，價值兩萬五千美金。我才發現原來好的鋼琴真的是不一樣。那一刻，我突然感悟到原來我小時候提不起興趣繼續學鋼琴，其實沒有一個好的樂器也是原因之一。如果小時候有這樣的好鋼琴我肯定會繼續堅持鋼琴的學習。我現在彈鋼琴，都不看譜的，喜歡即興做創作，為的了就是洗滌心靈、抒發情懷，特別治癒。

音樂是我生命中永恆的禮物，它對於我來說，無比珍貴。

音樂的感染力向來不是隻言片語就可以形容的，音樂是融入我生命中的。當一首首或是輕柔曼妙，或是盪氣迴腸的曲子在我們耳畔響起時，那就像是我們的生命在靜靜流淌，也像是我們所經歷的似水流年的淺吟低唱。那些音符，像是有魔力的精靈一般，俘獲世人的心。時而歡喜雀躍，時而熱淚盈眶，感人至深。

聽音樂的人治癒心情，演奏音樂的人表達情懷，彼此交相輝映，彼此心靈互通，演奏者與聽者都是音樂的參與者，他們的情感與思想都在

音樂中得到了昇華。

音樂是永恆的，它像生命與星辰一樣，是宇宙間的奇蹟。

對於彈奏者而言，不僅是彈奏給聽眾聽的，同時，更是彈奏給自己聽的。只要指尖碰到琴鍵，便讓一顆心寧靜下來。當音樂聲響起，自己也走進了自己內心的世界，音樂從一顆心流出，流入另一顆心，它可以治癒一切。每一首曲子，都是一次心靈的洗滌。每一首曲子，都是對生命的感悟。

感悟音樂的內涵，就像讀一本著作，或是品味自己的人生一樣，讓我們的生命更加豐盈。音樂，使我們對自己內心的理解更深，也使我們的藝術感召力更強。音樂是一種情懷，愛樂者，自得其樂。羅曼·羅蘭曾言：「唯有音樂，才是把我們的精神生活引向情感生活的媒介。」

在很多的場合，音樂都能填補人們之間的裂隙，讓人與人之間彷彿是一體的。音樂的作用就像光，如果沒有光，彷彿一切都是空空的，一旦有了光，彷彿整個宇宙都被裝滿了。音樂也是這樣，音樂聲響起，所有的心靈就不再空空蕩蕩。

音樂，就是那種彷彿什麼都沒說，又彷彿把什麼都說透的藝術。

人生有苦，唯音樂能治。我們在音樂中長大，也在音樂中變成快樂的小孩子。

第 22 章

行萬里路，尋找生命的遠方

紙上得來終覺淺，絕知此事要躬行。人生正道是滄桑，實踐才能出真知。

書本上的東西固然很好，但是在旅途中開拓視野，增長見聞，所獲得的知識才是不可限量的。讀書重要，但更要閱讀世界。

如果有可能，我們可以讀萬卷書，但是讀書，只是表面，紙上談兵，肯定理解得不深。人生的路，要自己去走，很多領悟是在旅途中獲得的，去接觸不一樣的環境，去見不一樣的人，去接觸各種新鮮事物，這樣，我們才能頓悟，才能讓自己的人生境界得到昇華。

讀萬卷書，書只是生活的一部分。行萬里路，路上發生的一切才是實實在在的真實的生活。

古今中外，人人都需要一個成長、總結與修煉的過程，書本裡的東西只是一部分精華，而更多的知識、經驗與感悟，需要在實踐中去驗證與獲取。

廣袤的大好河山間，我們欣賞大江大海的雄偉壯麗，感受五千年歷史的悠久，不斷突破自我視野的局限，境界不再是閉門造車，而是「會當淩絕頂，一覽眾山小」。

心胸要像天空與大海一樣寬廣，身體和靈魂總有一個在路上。

小學三年級之後，一個暑假，我記得是七月份，我的姑姑帶著我和大妹妹，坐火車去北京探親，三天兩夜的路程，行程數千公里，去看望大伯父。大伯父他們家住得還不錯，住在四合院。我是第一次去，也是第一次親眼看到北京，第一次感受北京的風土人情和四合院，一切都是那麼的新鮮，給我的觸動很大。北京是中國的首都，我那麼小的年紀，就能來到北京，並且住上一個月，我感覺還是蠻幸運的。

　　我對北京的印象很深刻，感覺北京有個地方跟我們澳門不一樣，我走到哪裡，都有一大幫小孩子跟著我，在後面一個勁地笑，感覺這裡的人特別熱情，鄰里之間，親密無間。

　　我問他們：「你們為什麼跟著我，還一直上下打量我？」他們說：「你好像跟我們不一樣。」他們的意思是，我穿著打扮跟他們不一樣，因為當時我穿的是一件襯衫，襯衫是粉紅色，而他們的衣服都是白色、灰色的，很樸素。

　　我聽到其中一個小孩說：「哎呀，怎麼那個男孩穿女孩子的衣服？」我聽了，心裡覺得很好笑：「怎麼那麼無知呢？」當時，就有點這樣的感覺，但是，這件事也讓我意識到，原來世界上不同的地方有不同的人，而且，不同的人的眼界和觀念也會有很大的不同。我想，人應該不斷走到時代前列去，千萬不能落後。

　　我們應該引領時代，而不能讓時代來引領我們。

　　我人生中第一次走出這麼遠，走到外面的世界去看，對自己的視野來說也是一種拓展。有機會，一定要出去走一走，讀萬卷書，不如行萬里路。

　　我在北京待了一個月，我的普通話有可能就是那個時候開始變得越來越好，因為在澳門不可能講普通話的。我最自豪的是就在一個月的薰陶下，我的普通話就進步那麼多。我還是蠻有語言天賦的，這一個月，我還

學會了很多北京童謠，我跟大伯父家的孩子們一起唱，唱著唱著，就都學會了。唱《我愛北京天安門》時，還要配上相應的肢體動作，在唱這些歌的過程中，我有一個深刻的體驗，那就是音樂的力量實在是太大了。簡簡單單一首歌，可以讓一個觀念和價值觀那麼深入人心，每一首歌都可以那麼有教育的力量，比如有一首歌，講的是如果在路上看到一顆螺絲帽，要撿起來，送給工人叔叔，把它裝在機器上，機器唱歌，大家拍手笑。這樣的歌一傳唱，大家就真的養成了愛惜物件的好習慣，養成了勤儉節約的品格。應該說音樂的力量很強大，會讓你覺得，不僅是聽一聽而已，還要真正行動起來，按那樣的方式去做。歌曲中的一段話，可以深深地把這個行為烙在我們心裡，這個價值觀，這種節儉習慣，小螺絲也不要丟，工人需要它，機器需要這個東西，這個價值觀就是在不知不覺中隨著音樂，就進入我們的潛意識。音樂的感召力遠勝一切。這也是我這一次旅行，對我整個人生的感悟，通過這些歌曲，在短短的一個月的時間內，就教會我很多重要的價值觀。

音樂不僅僅可以娛樂，而且它能寓教於樂，可以教育人，同時，音樂尤其可以淨化我們的心靈，讓我們心靈的境界不斷昇華。音樂還可以起到鼓舞及激勵的作用，讓我們有勇氣、豪氣與氣魄。

我從小就愛好音樂，在印尼時，喜歡印尼民歌和那裡的童謠，還喜歡唱粵語的一些童謠，比如《月光光》什麼的，很多童謠，我都能一字不漏背出來。當時，我在北京待了一個多月，接觸這裡的歌曲，又對音樂的力量有了更深一層的的認知，觸動特別大。

在北京待了一個月，是最熱的一個月，我學會講普通話，最自豪的事情是可以用普通話去買冰棍。年紀那麼小，我可以自己擠公車去買，我還自己一個人去天壇公園，雖然不遠，但是也要坐公車，公車很難擠上去，擠上去之後，售票員就在車廂中部，擠到售票員跟前，買了票，就站著，公車行駛過程中，要小心 車，就這樣擠公交一個人去了天壇公

園。在那時，對我來說，這些都是非常新奇的人生體驗，而且，這一切也訓練了我的膽量，讓我在那麼小的年紀，就可以一個人去面對這個世界，可以獨立去做很多事情。一個新的環境，讓我突然之間開竅了，對自己的人生有一種奇妙的頓悟。

孩子利用寒暑假出去旅遊增長見聞真的是一件非常重要的事情，而且，不僅僅是簡簡單單的旅遊而已，在「行萬里路」的過程中，還可以學到很多書本以外的東西。

我們到北京探親期間，我妹妹水土不服，病得很厲害，她病了起碼兩個禮拜。她的身體沒那麼強，抵抗力不好，所以，就生病了。我比妹妹年紀稍大些，身體也強壯些，所以，就一直還感覺一切都蠻好的。總體上來說，旅行是非常鍛鍊人的，是非常有意義的活動，行萬里路遠勝讀萬卷書。

你我本就自在如風，何必圍於人生圍城？去看山、看水、看人世繁華；去聽風、弄月、賞星河璀璨。人生的境界，要靠自己去拓寬；人生的路途，要靠雙腿去丈量。心胸開闊，天地寬廣，人生境界自然在「行萬里路」的過程中不斷昇華。

西方有一個非常有趣的說法，叫「生活在別處」，去看別處的風景、別處的人、別處的事情，這是豐盈自己生命最簡單的方法，擺脫固有的認知，去尋找一個更豐富、更精彩、更絢爛的人生。世界那麼大，我們要時常去看看。如果圍於自己的「小圈子」，眼界太窄，就只能做一個平庸的人。認知的高度，決定我們這一生能走到多高的境界。

行萬里路，很大程度上就是為了突破自己的認知，把自己從固有的「圍城」裡解脫出來，去看看真實的世界。學會「閱讀世界」，世界發生的每一件事，都會給我們相應的啟發，也許在某一時刻我們會突然頓悟，找到通往「夢想世界」的路。

有一些人每天在做消耗自己的事情，越來越小的圈子裡，包裹著一個「不斷重複自己」的生命。而我們不應該把寶貴的生命浪費在重複的事情上，我們要走出固有的生活環境，走出固有的認知，不斷接受新鮮事物，豐盈自己的思想，豐富自己內心，更要充實自己的生命，讓人生的寬度與廣度不斷拓寬。

　　讀萬卷書，突破時間的局限，與各個朝代的人神交；行萬里路，突破空間的局限，與全世界各地的人交流，讀萬卷書與行萬里路，都是為了尋找我們生命的遠方。

　　不要害怕突破，儘管身邊的環境，充滿魅力、充滿色彩、充滿高科技，不要沉迷於眼前的一切，心中應該保持對遠方的嚮往。

　　人生，就是不斷出發又不斷回歸，不斷突破又不斷守護，閱讀書本、閱讀世界、閱讀自己，境界不斷打開，夢想才會如星辰般閃耀。

　　尋找生命的遠方，身體與心靈，披星戴月，一路前行。

第23章
在挫折與苦難中建立強大自信力

人生中，挫折與苦難都不可怕，可怕的是我們喪失自信力。

大海有了狂風巨浪，才顯示出它頑強的生命力，人生的波瀾壯闊，也必然有很多挫折與苦難，這些挫折與苦難，也構成了我們生命的一部分，讓我們的生命更加頑強。疾病，並不是打倒我們的因素，相反，疾病其實是使我們更加健康與健壯的因素。蒼鷹因為有了暴風雨的洗禮，才能沖上九霄雲外，去搏擊長空，在挑戰中，它訓練了自己搏擊風雨的翅膀，也磨礪了自己面對一切的勇氣，在飛向長空的過程中，帶給世人的是矯健的英姿與豪情。

挫折與苦難打不倒我們，只會照亮我們人生之路。

挫折與苦難，讓我們更加沉著、冷靜與臨危不亂，去尋找真正有效的辦法來解決問題及戰勝困難，挫折與苦難是我們日後成功之路的墊腳石，經過磨礪的心靈，才是閃著光亮的心靈，也是充滿自信力，不可戰勝的心靈。

記得泰戈爾曾說過這樣一句話：「當你為錯過太陽而流淚痛哭時，你也將錯過滿天繁星。」

所以，坦然地面對人生中各種挫折與苦難，並且甘之如飴，從中汲取生命的養分，讓自己的人生更加豐盈、精彩。

始終保持強大的自信力，保持一顆熱血沸騰、勇於嘗試的心。

我五年級時，十一歲，我們培正中學來了一位著名鋼琴家梁老師，他是來教我們音樂課的，我們兄妹就轉到他門下學鋼琴。梁老師在學校設立了兒童合唱團，我這麼酷愛音樂，當然也參加了。因為我是男生，又正好在合唱團的樂器組，所以，我除了負責鑼鼓的伴奏工作之外，還負責樂器的搬運。因為我在合唱團開始有明確的職務，自然歸屬感就特別強，就非常積極地參加合唱團的各種活動。不過，因為跟著梁老師學琴後，認識了他的兒子，他的兒子也是我的同班同學，同時，也是我後來的噩夢的開始。他兒子有暴力傾向，是校園暴力的源頭，很多同學都因此受到傷害。

十一歲那一年，當然也有高興的事。那一年，我還參加了人生第一次鋼琴演奏，一首《快樂農夫》讓我在舞臺上熠熠生輝。當演奏結束，現場響起熱烈的掌聲，我人生第一次感受到被那麼大人鼓勵的快樂。

十二歲那一年，是非常不平凡的一年，是我人生的一個轉捩點。那一年，不單是三位中國領袖相繼去世帶來無限悲慟，還發生了唐山大地震，是多災多難的一年。對於我來講，也同樣是多災多難的一年。那一年春節，大年初三，我突然發高燒，被緊急送到醫院，檢查結果出來，診斷為風濕性心肌炎，還蠻嚴重的。

於是，之後，我被留院治療一個多月。風濕性心肌炎還是挺嚴重的一種病，醫生說，出院後也不允許做激烈運動，所以，我出院後，也不被允許上體育課。因為得過風濕性心肌炎，我每月要定時去打一些很疼的消炎針。所以，前前後後，為了這個病花了很多時間和精力，也承受著身心上的巨大痛苦。人最重要的是身體，身體是一切的基礎，我體會到健康對於人的價值是最大的。

因為生病，我缺課一個多月，有一些功課都趕不上，而且，那時，小學畢業考試在即，我的學習就更緊張了，壓力特別大。父親跟我說：「如果要留級，也是沒關係的，父母親都會理解。」不知道為什麼，這一句話

反而激起我的好勝鬥志。我心裡想：「憑什麼我要留級？」所以，從我出院那一刻開始，我就積極行動起來，找到班長，把他的筆記都拿過來，每天就是忙著惡補落下的功課，達到廢寢忘食的程度。

　　皇天不負有心人，經過我的努力，小學畢業考試，我全部課程都及格了。我記得，班主任發成績單的時候，發生了一件很有意思的事情，發到某一個同學時，那個同學五科不及格，老師就教訓他，老師說：「你看，人家張思源缺課一個多月，都能全部及格，你沒有任何藉口吧？」當時，我聽到這句話，我就好像被托上了天，原來，在老師的心目中我是這麼優秀呀！從那天起，我領悟到，原來落後、缺課與逆境都是可以被克服的，只要你自己肯努力堅持，你就可以成功。世上無難得，只怕有心人。

　　這次小災難，對於以後的日子，也是一個小排練，讓我更有信心處理一些更大的苦難。人就是在一次又一次磨礪中漸漸長大，漸漸變得強大起來的。

　　樂聖貝多芬是一位舉世聞名的音樂大師。可是，他在中年時卻遭到了對於他來說最致命的打擊——雙耳失聰。但是，他不畏艱難，繼續想方設法堅持創作，戰勝自己，突破自己，終於，皇天不負有心人，他的巨作《第九交響曲・歡樂頌》橫空出世。

　　凡打不倒我的，必使我更加強大。

　　孟子說：「天將降大任於斯人也，必先苦其心志，勞其筋骨，餓其體膚，空乏其身，行拂亂其所為，所以動心忍性，增益其所不能。」

　　對於擁有強大自信力的人來說，挫折是走向成功的捷徑，苦難是通往幸福的坦途。

　　當我們戰勝人生中一切挫折與苦難，我們便是人生路上的勇士。病樹前頭萬木春，不要懼怕「東風無力百花殘」的淒涼，應該相信只要堅持，

只要努力,終會「柳暗花明又一村」。人生的劇本是由我們自己的書寫的,並不是命運預設好的。一切都將由我們自己決定,自信力正是在一次次挫折與苦難中建立起來的,經歷過「黃沙百戰穿金甲」,才有了不可戰勝的信念與自信力。

經歷病痛之後,我遇到挫折再也不會退縮,因為「有志者事竟成」,雖然人生還會再次遇到挫折,還是會再次遭遇苦難,但是,一切打不倒我的,必使我更加強大。

在醫院治病的那些日子裡,我並沒有虛度時光。我讀了《三國演義》、《西遊記》、《義犬報恩》等漫畫,我開始發現知識其實用漫畫的形式,會更容易讓我有興趣、有趣味,其實,一個人只要喜歡上學習,通過各種途徑都能學到東西。小時候,我是一個不愛看書的孩子,但是我慢慢也領會到不愛看書也有不看書的學習方法,學習的途徑不只看書這一種形式。現在,語音、視頻、圖片、動畫的教材越來越豐富,學習環境比以前更多元化,不需要還逼著孩子必須讀大量的文字類書籍,只要孩子肯學習、熱愛學習,通過各種形式都可以學到東西。不拘一格,海納百川一般,反而可以學到更多知識。

我的知識並不是全部來源於看書,各種音頻、視頻、媒體都是我汲取知識的管道。如果我父母當年一直逼我看書,反而使得知識面變得狹窄,可能我現在也不可能取得今天這樣的成就。這是一個多元的時代,學習方面也要與時俱進。

在那段留在醫院的日子裡,也有一些溫馨的場景。我認識了一位病友,一個小姑娘,她是香港人,名叫李美儀。一個月的相處,我們建立起深厚的友情,不過,出院後也沒有辦法再聯繫了。人與人的緣份,就是這樣,邂逅是突然的,離別也是突然的,就像天上的雲,飄來飄去,人生的際遇捉摸不定,所以,我們更應該倍加珍惜。

小時候的友誼總是非常純真，令人終生難忘，像是星辰一樣在歲月的夜空中閃閃發光。我小一時坐在我旁邊的小女生名字叫方宛雯；我小六時的班長，名字叫陳笑英。我至今仍記得她們的名字，也依稀記得她們美麗的樣子，成為我記憶中溫暖的唯美畫面。

　　珍惜生命中經歷的每一件事，珍惜生命中遇到的每一個人。人生不過春、夏、秋、冬四季，季節可以重現，生命不會再回到昨天，緣份也有定數，珍惜一切，也感恩一切。高山連綿聳立，因為它珍惜每一塊礫石，故能成其大；參天大樹，枝繁葉茂，因為它珍惜每一縷陽光，故能成其茁壯。投進我們生命裡的每一縷陽光，我們都應該倍加珍惜。

　　大千世界，茫茫人海，時光荏苒，歲月匆匆。不沉迷過去，不狂熱地期待未來，專注於當下的時光。

第 24 章

能扛事，
是一個人最了不起的才華

做一個命運打不倒的人。命自我立，運自我求。

在生活面前，屢屢受挫，我們才明白，流水不爭先，爭的是滔滔不絕。能扛事，是一個人最了不起的才華。同樣的困難，別人無法承受，你承受住了，這就是你的過人之處，也是你取得成功的資本。做人不需要有那麼多優勢，能扛事就已經才華橫溢了。

有人說：「二十歲看三國覺得曹操最厲害，四十歲看三國覺得司馬懿最厲害，六十歲看三國覺得劉備最厲害。」人生不可能總是一帆風順，挫折與苦難多了以後，人生就變成一個熬的過程，能扛得住事，才有反擊命運的能力，也才有翻盤的機會。走在崎嶇坎坷的路上，有把驚濤駭浪降伏的力量，也有臨危不亂，淡然處之的魄力。

只有真正瞭解這個世界的殘酷，被現實屢次打擊，被痛苦屢次折磨，遍體鱗傷，無所遁形，才能不斷提升我們的意志、勇氣和能力。在挫折與苦難面前，永遠不要放棄對光明與希望的追尋，也永遠不要放棄心中的夢想，依舊微笑著，激情無限地堅定前行。

人生需要智慧，成功需要勇氣，扛得住風雨，才能見到雨後美麗的彩虹。

1976 年，那一年真的很慘，暑假的時候，我的扁桃體常常都有問題，

發炎挺嚴重的，而且，每個月我都會發燒，所以，醫生就給出治療方案，就是切除扁桃體。

我爸不知道怎麼想的，可能是希望我能得到更好的治療，他就讓我去深圳一家知名的醫院去治療。當時，澳門的醫療條件比較差，深圳的醫療會更先進很多。

我到深圳的醫院治療，做了一個小手術，還是比較順利的。手術過程，不是全麻的，人很清醒，所以，醫生的每一個動作，我都非常清楚。那種感覺，還是蠻恐怖的，一塊布把我的眼睛蓋著，然後，醫手用手術器械，把我的嘴巴撐大，把剪刀伸到我的口腔裡面，哧哧哧一直響，聽起來，特別人。

扁桃體割完之後，並沒有萬事大吉。我要在旅館躺一個禮拜，做康復治療，這一個禮拜，每天都只能吃霜淇淋，吃霜淇淋也是為了幫助癒合，就等於敷冰的效果。吃霜淇淋的時候，我的口腔還有血流出，嘴巴裡就有一種腥味，而我只能硬著頭皮咽下去。

後來，更要命的情況出現了，一個禮拜後，醫生告訴我們，手術不是很徹底，沒有切乾淨，要再做一個小手術。醫生說：「看你們是華僑，我幫你再免費把它清乾淨一下，要不然我通常是不理的。」對於我來說，這可不是什麼好消息，也就是說，我還得再次在旅館躺一個禮拜，每天吃著和著血腥味的霜淇淋，真是太慘了。

1976 年的噩夢還沒完，年底十一月的時候，我再次發燒，被緊急送進醫院，那一次，又在醫院住了兩個禮拜，我心裡對醫院幾乎產生了恐懼感，我覺得對於人來說，健康真是太重要了，如果身體不好，你的身體狀況總會時不時出問題，打亂你的生活。一個人，就算學業或事業上再成功，如果身體不好，也不能算是真的成功。只有身體健康，才有了成功與幸福的基礎。

1976 年，對我來說真的是多災多難的一年，這麼多的災難發生在我的身上，對我來說是一種折磨，也是一種磨礪。災難讓我在以後人生逆境中，有更大的勇氣去面對。我常常覺得每一次災難都是實戰的演練，為的是讓我們在面臨更大災難時可以減輕傷害。真正經歷過風雨的人，久而久之，一切的風雨對他來說，都不在話下，風雨也就不再是災難。因為當我們有了面對災難的勇氣，有了克服災難的能力，一切的災難也就失去了威力。人其實應該有危機意識，順境中不得意，逆境中不氣餒，不斷累積自己的能力與能量，任何困難都難不倒我們。

　　破除一切困難，啟動生存模式。要做一個命運打不倒的人。

　　在現在年輕一輩人裡面，有很多優秀者，但很少有能扛得了事的人。因為他們的意志太薄弱，內心太脆弱了，沒有強大的內心，是不足以走好人生路的，風雨不可怕，可怕的是自己的脆弱。

　　世上哪裡有順風順水的事，小到一次偶然或意外，大到一場大病或災害，如果你扛住了，那麼，這一切，都只會磨礪你，讓你更加強大。在逆境中，汲取生命的養分，這是成功者的基本素養。扛不住事的人，夢想與未來都是一場空。

　　在挫折與苦難之中，我們應該不放棄希望，在接二連三的打擊面前，我們應該擁有更大的勇氣，強大的信心和力量，足以幫助我們度過一切難關。

　　抓住生命中的微光，扛過必經的黑暗，才能雲開見月，見到「千江有水千江月，萬裡無雲萬里天」的新境界。正所謂「山高人為峰」，只要自己不放棄，誰又能迫使你放棄？未來一切的美好，都激勵著我們要扛過生命中所有的寒冬。

　　人生中，苦要自己吃，事要主動扛，有些路，是人生的必經之路；有些苦，是人生的必吃之苦；有些罪，是人生的必受之罪。不可避免的挫

折與苦難，為什麼不去主動迎戰？在人生的路上，有一條路是每個人非走不可的，那就是年輕時候的彎路。人的成長過程中，本來就是佈滿了挫折與苦難，這些挫折與苦難都是來幫助我們成長的，不摔跟頭、不碰壁、不碰個頭破血流，怎能煉出鋼筋鐵骨，怎能長大呢？

很多「過來人」為我們指路，是想讓後人少犯錯誤，少走彎路。可是，很多事情，沒有親身經歷地去磨練，你永遠也扛不起這漫長的黑夜，有些路，非走不可。

雞蛋，從外打破是食物，從內打破是生命；而人生，從外打破是壓力，從內打破是成長。被動地接受命運和現實和安排，只會在慌亂之中徒留一身疲憊，主動扛起人生必經的挫折與苦難，在挫折與苦難之中脫胎換骨，我們的人生境界將得到昇華，未來將更加精彩。

時間順流而下，生活逆水行舟。

如果想看最壯麗的日出，黎明前的至暗時刻，就是我們必需承受的。

篇章四

恰同學少年，風華正茂

第 25 章
百年培正，紅藍精神，至善至正

培正培正何光榮，教育生涯慘淡營。培後進兮其素志，正軌道兮樹風聲。萬千氣象方蓬勃，鼓鑄群才備請纓。愛我培正謨謀遠，永為真理之干城。

每當唱起這首校歌，我彷彿又回到了自己的母校——培正中學。

「十年樹木，百年樹人」，擁有一百三十多年歷史的培正中學，是中國第一所由華人基督徒籌資興辦的新型學校，我從幼稚園到高中都是在這所著名的學校度過，她是我永遠無法忘懷的母校，也是我永遠熱愛的母校。

含苞欲放的蓓蕾，晶瑩明亮的露珠，閃爍著生機勃勃的光芒。伴隨著一縷縷金色的陽光，伴隨著一陣陣清新的微風，培正中學這所百年名校，她的歷史正訴說著莘莘學子的熱切期望，也承載著一個民族的殷切希望。百年來，培正中學師生有一個共同的身份烙印——「紅藍兒女」。

「紅藍」是培正中學的校色。紅，暖色調，代表澎湃的熱情，火熱的心，善心善行；藍，冷色調，代表冷靜，思考周全，品性端正。

培正中學，百年來為全社會培養了眾多優秀人才，遍佈海內外各個行業。這些培正學子在工作生活中處處散發優秀的培正「紅藍精神」，而母校培正中學成為他們精神與力量的源頭。因此，多少年來的口碑和共識，加上校色和精神的影響，所有培正中學的學子，包括已畢業和未

畢業的學生，他們都以身為「紅藍兒女」而感動無比自豪。

培正中學校徽創制於 1916 年，中間的書本圖案承載著「至善至正」四個字的校訓。紅色的圓盤代表太陽，每個方向有七道光芒指向四方，代表火熱的心。圍著光芒的正方形，代表我們做事要有規範、原則與抱負，不能任意而行。而四條線比喻德、智、體、群四育，四線等長相連，寓示「四育並重」。藍色和四顆星星代表無垠的宇宙，喻我們要放開懷抱，目光遠大，要像星星那樣發光，耀於長空。再向外面是中文校名和英文校名，循圈而列，最外面的紅色圓圈表示靈活處事，內裡的正方型則代表做人的原則，外圓內方，教我們既要處理好人際關係，又需堅守原則，不可以隨波逐流。

培正中學是幼稚園、小學及中學「一條龍」學校，幼稚園部、小學部、中學部設於同一校址，以秉承「至善至正」的校訓，貫徹「紅藍精神」，強化凝聚力為根本。培正中學重視落實學生「以德為先」的教育理念，推動素質教育發展，為國家培育全面發展的、優秀的多元人才。

多年來，我的母校培正中學給學生最好的教育，成就學生健全的人格，培育敢於擔當、塑造美好、追求真理、崇尚科學的「至善至正」的精英人才。

「紅藍精神」和「至善至正」的校訓，一直深刻影響著一代又一代培正人。作為培正中學的「紅藍兒女」，多年來，我始終深感自豪。

我相信，全世界沒有哪一所學校能夠有培正中學那麼大的凝聚力，因為我在培正中學從小就被教育，只要戴著紅藍領帶，說自己是培正校友，就有人接待你。而實際上，確實如此，多少次，我跟陌生的群體聚會，有人號召培正校友上台合影。雖然我們彼此並不熟識，但大家都像認識多年的親戚一樣的投契，心中有一種強烈的歸屬感，這種歸屬感，是母校培正中學的「紅藍精神」帶來的，也是「至善至正」理念帶來的。

多年來，我的母校培正中學一直以「精英教育」的理念，以嚴格不包容的態度篩選優異學生，能留到最後的自然也是最優秀的學生。學校正身也是小社會，也奉行「優勝劣汰」的法則，在這個模擬的小社會裡面，生存能力就是在這一法則下被訓練出來的，在這裡「嚴格就是大愛」，只有不斷提升自己才不會被淘汰。

　　培正中學的淘汰率是很高的，大浪淘沙，最後留下的全是黃金。我記得畢業的時候，真正跟我從幼稚園一直不留級堅持到畢業的就只有兩三個同學。

　　什麼叫「精英教育」？基本沒有人能拿滿分，頂尖的分數 75 分就是全班之冠，60 分才算及格，所有科目都能及格的大概就有百分之二十五的學生。或許會有人說：「這種挫敗感的氛圍能出優秀學生嗎？」但是，事實證明培正中學出了很多名人，其中很多人拿了諾貝爾獎和很多國際上的大獎，而且，培正中學還走出很多著名的導演和明星。當媒體訪問這些培正中學走出的社會精英的時候，他們都會提到培正中學給他們的栽培，而不是談到大學的栽培。培正中學的「紅藍精神」富有感召力，能夠影響一個人的一生，讓學生終生受益匪淺。

　　我覺得培正中學對我「德智體群美」的教育，是奠定我的價值觀的重要元素。舉個例子，在高中時，我有一位化學老師，她非常嚴厲，大家都很怕她，因為她要求上課每個人都抄寫筆記，她不會寫在黑板上，她要訓練我們一邊聽，一邊寫，而且還要求聽了就能立刻領會，這就是「一心多用」的能力。很多學生上化學課，都會崩潰，很多同學學習成績都不好，但是我卻在化學課拿到很好成績，因為我真的練出一邊聽一邊寫一邊去領悟的方法，我已經練成寫完筆記不用再看，就已經學到當天教的所有學問。其實，能力的培養遠比知識的獲取更為重要。我的化學老師的教學方法可能只有少數人能掌握，但是就是因為她是「精英教學」，導致我們幾個掌握的人可以更容易深入到更深層次的學問中去。後來，我出國留

學的時候，修了一個高級化學課，老師出最難的題，而我是歷屆中第一個拿到滿分的人，那個老師都不敢相信有人可以在他的課上拿到滿分。

教育，不單單是培養人有「平均知識」，而是要在茫茫人海找到能為人類進步發展做出新貢獻的「精英人才」。所以，我對現在很多學校的教學理念是非常反對的，沒有烈火何能煉出真金？「平庸教育」與「精英教育」是不能相提並論的，所以，學習環境需要高壓挑戰的氛圍，激發人類潛在的生存適應能力，才能在這個瞬息萬變的社會上突破平庸，追求卓越，坦然無懼地面對與克服重重危機和困難，活出一個自信豐盈的人生。

有人說：「中國的近代史，不得不提到她；中國的華僑史，不得不提到她；而如今風雲變化莫測，自然也不得不提到她。她就是——培正中學。」

我的母校培正中學，初名「培正書院」，是文化底蘊深厚的一所名校。上世紀三十年代擴展至廣州西關及香港、澳門建立分校，抗戰前，已從一所書塾發展到享有「北有南開，南有培正」盛譽的名校。

有一種說法，有華人的地方就會有「培正人」，只要你戴著培正紅藍領帶，走遍天下都不怕。只要你說出你的「級社」，校友就會知道你是前輩、同級或後生。培正校友遍佈世界各個角落，他們以社會名流、商界人士亦或名畫家、音樂家活躍在不同的領域。遍佈世界各地的培正校友約八萬多人，世界各地共有八十多個「培正同學會」，為全球的經濟、科技和社會發展做出了巨大的貢獻。

從音樂角度來說，我和冼星海是培正校友，他是中國近代著名音樂家，曾任培正音樂教育負責人，代表作《黃河大合唱》享譽全世界。此外，諾貝爾獎得主崔琦、香港著名導演王晶都是我們培正校友，我們培正校友還有中山先生長孫等政界人士。

培正中學有很多獨特的文化，如「級社」制度等。每年的校運會更

是培正文化的體現，在開幕式上，各班學生自己設計服裝和別出心裁的開幕式，如舞獅，放和平鴿等。培正中學的公益精神也很深厚，每年一次的義賣活動非常有意義。

培正中學的理念中，還有濃厚的儒家思想，像儒家經典《大學》中的「止於至善」就是培正「善正」精神的源頭。因此我們的校訓有中、西文化合璧的意味，「至善至正」校訓蘊涵著中華民族優秀文化傳統「儒家思想」的精華元素。其中，「至」在校訓中可以理解為「最」和「極」的意思，最正與最善之事是培正人追求的目標。同時，「至」還可以解讀為「達到」和「求索」之解，只要是培正人，都要終身追求「善與正」，永不懈怠。路漫漫其修遠兮，吾將上下而求索。

培正精神最初還源於基督教：「我所命爾之言，當聽而守之，致行爾神耶和華所視為善為正者，而享福祉，愛及子孫，歷世靡暨。」

意思是，你要謹守聽從我所吩咐的一切話，行耶和華你神眼中看為善，看為正的事，這樣，你和你的子孫就可以永遠幸福（申命記 12 章 28 節）。「耶和華乃善乃正，故以道示罪人兮。」

紅藍兒女，止於至善，至善至正，善正合一。

第 26 章

表揚建立理想，懲戒建立道德

佛洛伊德：「表揚建立理想，懲戒建立道德。」

有一種同學任性、惡作劇，偶爾還有攻擊性；有另一種同學內向、不懂交往，偶爾讓人擔心，前一種同學老是欺負後一種同學，這樣校園「霸凌」現象就出現了。在培正中學一群天真可愛的孩子中，總有那麼幾個「熊孩子」讓人愛恨交加。對待「熊孩子」不能光靠容忍和妥協，更不能光靠威勢和武力，需要的是找到其「熊」的成因。

在父母暴力教育下長大的孩子，既有可恨的一面，也有令人同情的一面。

父母是孩子的第一任老師，有責任和義務去規範孩子的行為。培養優秀的孩子，父母自己首先得有正確的三觀，因為父母的心態和觀念會直接影響到孩子，「熊孩子」的出現反映了家庭教育的問題和不足，管教「熊孩子」是父母不可推卸的責任。

「淘氣」是孩子的天性，但解放天性的前提應該是不打擾他人。很多未成年人成為「校霸」，就是因為他們小時候沒有人對其危害公德的行為進行制止，孩子既是一個自然人，也是一個社會人，家長從小就需要在社會公德方面給他們引導和教育，學校、家庭和社會應該形成教育孩子的合力。

我親身經歷過「校霸」的傷害，我覺得，父母的暴力教育，往往導

致孩子的暴力傾向。

我進入中學之後,學校新轉過來很多高材生,培正中學會吸納很多高材生進來,也會淘汰很多適應能力差的學生。因為始終處於這種變化之中,我的社交圈子就發生了相應的變化。我從小到大都是比較寡言的人,沒有什麼朋友,所以,這種變化也給我帶來很大的衝擊和挑戰,我一方面很喜歡這些挑戰,另一方面對這種變化又心存畏懼。

初中一年級時,我大病初癒,正處於一個適應期,導致我的性格更加內向。同時,由於身體原因,不允許參加體育活動,又不能跟大家融入在一起,所以,我的成績明顯差了很多。

那個時期,我成了學校裡的弱勢群體,還引來了「校霸」的欺負,這個「校霸」是鋼琴老師的兒子,仗著他爸爸是學校的老師,也仗著他自己長得「人高馬大」,常常欺負同學,我也成了他欺負的對象。他平時會練武術,就把我做出氣筒,把我當作沙包,動手動腳,欺負我,而我身體弱小,沒有反抗的能力,每次見到他,他都要用我的肩膀來練習他的「一陽指」,所以,我現在那片肌肉基本是很為受力的,就是因為那個時期,他欺負我的「後遺症」。

我忍了兩年,終於有一次發飆了,就是大爆發,忍了那麼久,終於忍無可忍。那一次,「校霸」把我的書包拿走了,我實在太生氣了。我就找到我爸,我爸就跟我去他家,把書包拿回來。結果,這個「校霸」就被他的家長暴揍,得到了應有的教訓。

其實,這個「校霸」跟我走的還是比較近的,他也跟我說很多他的事情,因為他父母是教鋼琴的,他也想學鋼琴,所以,父母對他特別嚴厲,學鋼琴的時候,他經常被打。父母的暴力教育,讓他很壓抑,所以,他就會發洩在同學身上,讓他成為他自己不想成為的樣子,成了令人討厭的「校霸」。

我聽了他的遭遇，就想到貝多芬，貝多芬也是從小被打出來的，也是在暴力教育下長大的。後來，這個「校霸」畢業的時候就去讀音樂。我知道他為什麼讀音樂，他讀音樂，就是想證明給他老爸看，他一定要做得比他父母出色。

我覺得他一生的性格也好，走的路也好，他一生的為人也好，都是被父母逼出來的。他沒有透氣的機會，全在父母暴力教育的高壓之下，他從一個受害者，變成一個加害者，成了「校霸」，這並不是他的本來面目，也不是他的本心。

懲戒是一種必不可少的教育手段，但是要掌握一個「度」。

按照佛洛德的說法：「表揚建立理想，懲戒建立道德。」佛洛德在「人格結構」中把人分為「本我」、「自我」和「超我」。其中「超我」是道德化的「自我」，代表著人的心理結構中道德和倫理的一面。「超我」作為一種外在規範和權威，嚴格控制著人的行為，使之符合社會期望的要求，是傳統價值觀和社會理想內化的結果。

「超我」有良心和自我理想兩部分，良心是兒童受懲罰而內化了的經驗，自我理想則是少年獲得獎賞而內化了的經驗。

因此，一味地強調賞識教育，對孩子沒有邊界地進行「你真好」的表揚和讚賞，而弱化了懲戒教育，則讓兒童失去了完整的道德經驗。相反，一味懲戒孩子，則會讓孩子有暴力傾向，由「受害者」變成「加害者」，有可能成為「校霸」。

教育，應該培養完整的人。

完整的人不能沒有理性和德性，要「善」、「正」合一。哲學家康得強調培養理性的人，柏拉圖強調德性。我們應該本著「紅藍精神」，培養自己的獨立思想、自由精神、健康人格、邊界觀念與規則意識，在

學問上培養質疑的勇氣，養成對真、善、美的人生追求，最終才有可能擁有幸福的人生。

在現實生活中，對於有些「熊孩子」，不打不成器，需要打時，就要打，否則就建立不起道德和規則，不能形成正確的人生觀和價值觀。

實施懲戒教育，特別對「熊孩子」實施懲戒，必須基於事實、情景和適當的方式，絕對不可以濫用。行為主義心理學強調「刺激與反應」，即有什麼樣的「刺激」，就會有什麼樣的「反應」。當成人的苦口婆心無效時，只有採用「刺激」的方法，表揚是正刺激，而懲戒是不得已的負刺激，如此，才能強化或弱化他們的行為，最後才能改善他們的行為。

一些孩子之所以「熊」，可能是因為他們平時難以獲得他人的注意，一方面可能沒有一項突出的優勢，無法自然而然獲得關注，另一方面可能是沒人教他們可以用好的行為獲得想要的欣賞和鼓勵，或者當他表現「正常」的時候，沒人在意他，而當他表現「異常」的時候，反而有人關注他。久而久之，他就習得了用「出格的行為」來獲得關注。從這一點上來說，「熊孩子」或者說「校霸」也有令人同情的一面，沒有教育目的地進行打罵與暴力，可能會把「熊孩子」打向另一個方向，即越打越皮，甚至模仿暴力行為，從而出現攻擊性。

教之以理，育之以德，這就是教育的本質。

第 27 章

恰同學少年，逆光成長

　　恰同學少年，風華正茂，書生意氣，揮斥方遒。

　　一個人，少年時期讀的書、做的事，與受的教育，足以改變他的一生。最初的一縷陽光、一場風雨或一番磨練，都足以成就自己的一生。

　　因為少年時期至為關鍵，這個時期樹立什麼樣的志向，以什麼樣的人為榜樣，往往會決定孩子未來的人生成就。先賢梁啟超寫下：「少年智則國智，少年強則國強」，激勵一代又一代少年追逐理想，奮發圖強。中國有朱熹、王陽明、諸葛亮這樣的聖賢，也有岳飛、文天祥這樣的英雄，還有陶淵明、蘇軾這樣的文豪……，這些人物都足以成為我們前進路上的指路明燈，激勵我們不斷向前。

　　每一個偉大人物都不是生來就偉大的，唯有不斷成長、不斷突破，才會變得越來越卓越。

　　學生時代，就是在潛移默化中，自己去尋找人生目標，自己督促自己、激勵自己不斷奮進。

　　進入中學後，我們那個圈子的同學都很叛逆，叛逆是獨立的前奏，也是一個人走向獨立必經的過程，成長會有陣痛，成長也會有歡欣。

　　少年時期，是覺醒的時期。知人知面不知心，溫柔的女孩有時也會有反抗的行為，有一個女孩，她是我們班的班長，特別漂亮，而且非常

溫柔。之後，我們班來了一位代課老師，六十幾歲，他教我們中文，他的教課方式比較古板，好像古代人那樣，就是要求同學們一直讀書，不管你怎麼樣，就是一直讀一直讀，也不管你聽沒聽進去，理解不理解，就是要求你一味地埋頭苦讀，這樣的教育方式，導致我們所有同學都覺得我們學不到什麼東西。沒想到，後來，帶頭反抗的居然是那個看起來很溫柔的女班長。

女班長煽動我們，把粉刷豎起來，把粉筆都收起來，讓代課老師進來時，滿臉錯愕，根本沒辦法講課。女班長覺得那個代課老師講課的方式太老套了，而我們每個人都同意她的看法，有些同學也紛紛回應她的行動。

其實，代課老師沒有因材施教，很不負責任。女班長那麼溫柔，結果，她居然帶頭做抗議，讓大家把粉筆都收起來，讓代課老師不能講課，老師都哭了。後來，女班長受罰了，被記大過，挺嚴重的。

當時，全班同學都有參與這件事，但是，當要受罰時，我們全班同學都躲起來了，女班長獨自去受罰，現在想想，其實，同學們表現出懦弱的一面，不應該由女班長一個人去承擔一切。民眾反抗力量不可低估，因為這次反抗行為，成功了，代課老師終於走了，這是我們的目的，後來他沒再來代過課。

到了國中三年級，我感覺自己好像越來越發光了，還被選為學生會的幹部。

國中三年級那一年，給我很多的啟發，可能是我潛力爆發的時刻。當年，剛好西貢淪陷，越南難民潮也出現在澳門，我跟同學們去做了一次探訪，做了一個報導，在難民營訪談中，我們看到很多難民艱難的狀況，近距離地嗅到了戰爭的恐怖，感受到戰爭給人們帶來的苦難。其實，在那幾年，我晚上睡覺都會出現失眠的狀態，不容易入睡，因為難民的

事給我帶來很多的衝擊，讓我開始思考著人生的意義。有些時候，睡不著，還會哭，因為思考了很多生與死的問題，我開始意識到人如果死了，何去何從？如果死了什麼都歸於虛空，那麼人活著還有什麼意義，生命就是曇花一現而已嗎？究竟人死了之後還有什麼去向？如果死後有什麼好的或不好的去向，諸如天堂或地獄，那麼，我們活著的目的又是什麼？世間的苦難又是為了什麼目的而發生的？帶著疑問、好奇與恐懼，就悄悄走過了我的少年時光。

我思故我在。思考、深思是成長的捷徑，有時，一夜之間，我們就長大了。

1979 年暑假，國中三年級結業，那時，我已經三年沒上過體育課，心裡很不甘心，少年時光就一直留著這樣的遺憾嗎？

這樣不行。人生就要這樣白費了嗎？我體育不行，我病了三年，每個月打針，既痛苦，又感覺時光被虛度。於是我說：「我不要打針了。」我自己這樣跟自己說，為什麼要受那樣的苦？有一點叛逆，但也是做出改變的時刻。我不甘心，所以，在暑假我就去學游泳。而且，開始了全面的身體鍛鍊，我每天早上六點起來去爬山，去一圈一圈地跑，天天鍛鍊，天天讓自己變得更強壯。一下子感覺自己長大了，有了自己的想法跟規劃。而且，我學游泳還學得特別快，學得太投入，有點瘋狂，游泳池的池沿都不看，把我的門牙都撞破了，就是學到這種程度，真是「不瘋魔不成活」。

後來，學校來了一個新教練，開始排球訓練，我也報名參加了，成功入選。沒有做不到的，只有我自己想不想要。結果，一個暑假過去，游泳學會了，排球隊成立我也被選進後備球員。僅僅一個暑假，我從一個胖子變成一個又高又瘦的帥小夥。一個暑假的突飛猛進，讓我成為全班第二高的人，第二年我就成為全班最高的。

法國思想家羅曼 · 羅蘭說：「世界上只有一種真正的英雄主義，那

就是在認清生活的真相後，依然熱愛生活。」

成長，就是直面現實，勇於突破；成長就是意志堅定，永遠不放棄夢想。

世界很大，世界卻不一定美好，唯有不斷去創造，才會有更美好的世界。長大就意味著，需要更多的知識、更強的能力，需要擔當更大的責任。世界很大，也很精彩，只有不斷去觸碰、去感知、去領悟，歷經磨練，才能真正品味其中的甘苦，只有不斷地去學習，去偽存真，才能擁有真知灼見。

一個人越是成長，就越會發現，知識的海洋是無窮無盡的，要養成終身學習的習慣。一個人越成長，就越會發現自己肩上的責任重大，對於自己的責任、對於家庭的責任、對於社會與國家的責任，正是因為這些責任鞭策著我們不斷前進，我們才能以更快的速度成長。這個世界需要有責任感的人、需要勇於擔當的人、需要對自己負責，也對他人和社會負責的人。每一份責任都是我們收穫成就感的機會，能力越大，責任越大；同樣，責任越大，能力也越大。責任感會督促我們增進自己的能力。恰同學少年，唯有不斷成長，才不會辜負這美好的年華。

成長，就意味著要靠自己的實力去實現夢想，只要心懷夢想，那就值得所有人尊重。夢想是滿天的星辰，讓人嚮往；夢想是海上的燈塔，指明方向；夢想是沙漠裡的綠洲，給人無限的希望和力量。

恰同學少年，以夢為馬、不負韶華。

第 28 章 每一分、每一秒 都是夢想與平庸的較量

曾國藩說：「心至苦，事至盛也。」

追夢人，眼中有星光，前路有太陽，遠方有無盡的美好，但是，他們的身體常常被疲憊所困擾，他們的心靈常常被抗爭所羈絆，他們的每一天，都是夢想與平庸的較量。

年少的時候我們都以為自己是個天才，漸漸長大，才發現時間是有限的，自己一生能做的事是有限的，這就使我們面臨抉擇，有所取捨，才能做成一些事。當我們的「少年英雄夢」漸漸退去，沒有文治武功的豪邁，也沒有名留青史的執念，有的是似水流年不懈的努力，進一寸有一寸的歡喜。而在這樣平凡的努力中，我們終於嘗到了成功的真諦。

現在，世人的夢想越來越廉價，很多人都被廉價的夢想所裹挾，成為芸芸眾生中庸庸碌碌的一員。曾經，人們因為夢想而非凡，現在，人們因為夢想太過急功近利而變得庸常。夢想，可以使人變得偉大，也可以使人變得卑微。我們不要常立志，而要立長志，遠大的夢想一旦確立，就算用終身的時光去追逐，也在所不惜。一切光榮，都是經過時光雕琢，才有了歲月的光澤。

現實生活中，世人的夢想千千萬萬，職員想要當上首席執行官，老闆想要融資百億登上人生巔峰，學子想要考上常春藤名校……，一個又一個功利的夢想充斥著我們每個人的心。但是，極少有人會真正問自己，

自己真正想要的是什麼？自己如此努力，實現的是世人眼中的夢想，還是自己心裡的夢想？

　　只有活出真實的自己，才能活出令人豔羨的境界。人最好的境界是：已識乾坤大，猶憐草木青。在卓越與平凡之間找到最佳的平衡點，也許這個平衡點就是幸福的根本。

　　回首這麼多年走過的路，我的每一天，都是夢想與平庸的較量。追求卓越，是我的人生常態。

　　1979 年，我經過一個暑假的體育鍛鍊，卓有成效，我體驗到了體育鍛鍊給我帶來的蛻變，於是，我心中萌生出體育的夢想。除了文藝之外，我還希望自己能在體育方面展現自己的才華，通過努力能在體育方面有所建樹。

　　為了追逐我的體育夢，我做出一個無比艱難的決定，那就是停止學鋼琴。我酷愛音樂，能讓我遠離自己至愛的音樂，也只有體育。因為體育運動，與生命相連結，通過體育鍛鍊，讓我體會到「生命活力」所帶來的無比美妙的感覺。萬物之美，也不及生命本身之美；萬事的吸引力，也不及體育運動的吸引力大，這就是我那時的感覺。體育運動對於那時的我，就像投射進我生命中的另一束光，讓我發現了生命中的另一種可能性。我可以做一個文弱書生，我也可以做一個馳騁在綠茵場的體育健將。

　　我當時已經入選排球隊，那一年，排球隊出征全澳校際比賽，我隨隊參加，並上場比賽，當時我們隊拿到第二名。這個成績已經相當優異，但是，我內心卻很自責，如果不是因為我發球失誤，我們隊應該是第一名。

　　人人眼裡都只有冠軍，第二名是不可能被記住的。

　　大家都是現實的，拿到第二，我們都沒有得到誇獎。第二天，我還

被各位同學埋怨，把拿不到第一失誤的責任全推在我身上。我本來很自責，但是，當大家把責任全推給我身上的時候，我反而開始反思失敗的真正原因。排球本來就是群體運動，拿冠軍不是一個人的功勞，同樣，拿第二，也不是一個人的失誤。不知道哪裡來的力量，我對大家的責備不以為然，我自己對自己還是很肯定的。因為，我已經盡了自己最大的努力，已經做到最好了，我問心無愧。

在參加排球隊之前，整整一個學期，由於身體原因，我都不被允許參加任何體育運動，那時的我，簡直就是半個廢人。現在，我突破自己，與團隊一起協作，幫助校隊拿到全澳第二，我為此自豪。我想，一個人只要能不斷突破自己、超越自己，就算暫時沒拿到冠軍，也應該得到大家的尊重。我對自己有信心，同時，也堅定了自己心中的夢想，我的夢想不僅僅是全澳冠軍，我有更大的夢想，在我看來，夢想，就是去想別人不敢想的事，去做別人做不到的事。

我為了體育夢想，與父親在學不學鋼琴這件事上發生了矛盾，本來，我並沒有想放棄鋼琴的學習，但是父親對我說出氣話，我聽了就很抵觸，就跟他賭氣，就說再也不學鋼琴了。應該從我內心深處來說，我說出這樣的話，我的心也是痛的，因為我對鋼琴是不捨的。

「鋼琴事件」是我跟父親第一次大矛盾，我其實不是對鋼琴沒有興趣，而是因為老師放大假後，我沒有人督促，導致學習太過鬆散，學習鋼琴的狀態不好，因此，就不經常練琴。

我父親不瞭解狀況，只是一味「恨鐵不成鋼」，對我說：「如果你不練琴，就不要繼續學，我寫一個永不後悔的保證書，給你簽名。」

父親的意思是，不練琴可以，代價就是一輩子再也不要碰鋼琴，要寫保證書，如果我違反，他就把這保證書公之於世。他這番操作，讓我更堅定我的選擇，不回頭。後來，我在大學修讀音樂系的時候，父親還

想把這那張保證書拿出來做文章。我就說：「我沒有違約，我的確沒有繼續學鋼琴，我只是學聲樂罷了。」其實，我一輩子都沒有離開音樂，鋼琴並不是我走進音樂世界的唯一方式。

我與父親都是固執的人，性格上我也傳承了他，但是，一個固執的人未必就真正能理解另一個固執的人的所思所想。固執有時可以幫我們做成一些事，因為從某種程度上來說，偏執的人比較容易成功。但是，把固執之心用在教育上，我覺得是很不妥的，你越是固執，越是把孩子逼到牆角，孩子的處境就越尷尬。孩子本來有很多路可以選，結果，你一逼，他變成只有反抗你這一條路可以選，如果孩子想不通，後果不堪設想。當時，我為了一口氣，我也像我那位鋼琴老師的兒子一樣，被逼走上一條賭氣的路。

我不再練鋼琴，一半是因為和父親賭氣，另一半是為了我心中新的夢想。那時，我有個新夢想，既然我的身體已經變得強壯，我可以打排球，我為什麼不在體育領域去開創一番天地？我突然想在中學離校前，爭取能在學校運動會體育專案拿一枚獎牌，我覺得這才能讓自己的中學時代趨於完美。

風華正茂的年代，總要多一點高光時刻，我不想白白虛度我的中學生涯，我的這個夢想醞釀了很久。我考慮了很多策略，我覺得自己在田徑賽場拿到獎牌的可能性最大。如果去參加百米短跑，競爭太激烈，肯定沒戲，左看右看，終於被我發現一個冷門專案：三級跳遠。我們學校的三級跳遠，當時報名的，只有六位運動員。在這六位運動員中，其中兩位是全澳記錄保持者，其他報名者水準一般，所以，如果我報名參加，真的有機會拿到第三名。我的目標定得並不高，但是很講究策略，於是，深思熟慮之下，我就報名參加學校的三級跳遠比賽。

天公作美呀！當天，本來最有機會拿到第三的運動員，因為參加了

太多其他體育專案，比賽前精疲力盡，放棄參賽，我少了一個強勁的競爭對手。那天，我拼了命跳出最好成績，因為奮不顧身，我落地時，還傷了肩膀，不得不纏上繃帶，但是，我終於把第三名的獎牌收入囊中。當我踏上領獎台的時候，旁邊的女生都不敢相信我跟兩個體育健將同台領獎，這個經歷讓我知道，只要心中有夢想，配合策略和運氣，就可以夢想成真。

那一年，除了體育方面我取得了突破，我在學習方面也突然開竅了。有一群特別優秀的同學，為了下一年的畢業高考，開始組織數學學習班，課餘把一些課外的數學難題都整理出來，讓大家去攻克。在數學學習班，在互相激勵與競爭的學習氛圍下，讓我們的學習如魚得水，越磨礪，越優異。

當年的數學學習班的成員，後來都得到很好的發展，他們中大部分都成為碩士、博士級別。其實，在任何社會層面都是一樣，圈層很重要，你身邊是什麼樣的人，也證明瞭你是什麼樣的人。如果你想賺大錢，就必須進入有錢人的圈子，因為你的收入是你最好的六個朋友的平均值。同樣，當「學習優秀」是你的目標，你就要跟六位優秀的學霸做好朋友，這就是真理。物以類聚，人以群分，近朱則赤，近墨則黑。與老虎同行的，最起碼也應該是獅子。

當一個人深信自己是美玉，就不肯庸庸碌碌與瓦礫為伍。

人生的每個階段都有著不同的意義，有著不同的目的地，允滿著很多選擇。但是，有一些選擇，我們一旦做出，也許就將為之奮鬥幾十年，這就是我們的夢想。夢想，是我們對抗平庸的武器，就像太陽是我們對抗黑暗的武器一樣。

當我們處在人生十字路口，迷茫失意時，夢想會提醒我們振作精神；當面對日復一日的生活感到厭倦時，夢想會提醒我們警惕自己淪為平庸。做一個堅毅、勇敢、勤奮的人，與平庸較量，追求夢想，成就卓越，度

過有意義的每一分每一秒。能夠經受得起任何磨難，也能夠配得起任何光榮。

　　抬頭看看天，浩瀚的宇宙之中，我們都是微小的存在，但是，我們心中的信念與夢想，可以和月亮、星辰一樣閃耀。以億年所記錄的無限的時間，是宇宙的浩淼；而以一分一秒奮鬥所記錄下的點點滴滴卻是獨屬於生命的精彩。人生苦短，長的是歲月，短的卻是流年，要給自己一個夢想，讓每一分每一秒都變得不凡。平庸如同微塵，我要讓這微塵開出驚豔世人的鮮花。

　　我的青春時光，是為了追逐夢想而不斷尋求突破的時光。讓自己的叛逆，成為前進的動力。讓青春的原動力與夢想的原動力合二為一，讓我能夠脫離我的困境，使我告別不能從事體育運動的困境，積極地擁抱變化，迎接挑戰。當自信重新回到我身上的時刻，也就是夢想再度出發的時刻。體育，曾經是我自卑的理由，後來，在體育上慢慢找到自信，體育，反而成為我引以為傲的資本。

　　經歷一個又一個小成功，讓我離人生的大成功越來越近。星光照亮我的人生路，我的夢想也照亮青春的星空。

　　塵世紛繁，人間百態，初心不改，逆光而來，追夢而行。

篇章五

外面的世界很精彩

第29章　變化是世界的常態，
成長是我的常態

「遠方」與「未來」一樣，是我們內心最熱切的渴望。

人們常說「世界那麼大，我想去看看」或者「生活不只有眼前的苟且，還有詩和遠方」。到遠方去，到遠方去，熟悉的地方沒有風景。日復一日的生活，因少了挑戰，也就缺少成長。到新的地方去，看不一樣的風景，邂逅不一樣的人，遇見不一樣的事情，讓自己走在追夢的路上。

有時，遠方並不陌生，彷彿是心靈的另一個故鄉。擁抱變化是因為渴望成長。

1980 年，那個暑假，有一個大哥，他是我們的家庭醫生的大兒子。他從加拿大回來，為我帶來了「外面世界」的見聞。他在加拿大讀大學一年級，剛剛讀了第一年，因為他出國也不久，所以，他那時對外面的世界還是充滿新鮮感，在跟我講述的時候，也是繪聲繪色、滔滔不絕。我聽了，很有興趣，就跟他一起聊。

其實，留學這個概念，很多人都沒有計畫，但是我從小到大，都有這個想法。尤其從國中三年級開始，我心中就有比較強烈的想法，想出去留學。留學對於我來說，不僅僅是出國求學，而且，是去見識不一樣的文化，去開拓自己的眼界，看過世界，才會有世界觀。澳門是一個小地方，只有走出去，才能見識乾坤的廣大。

見過天空的小鳥，才會真正渴望飛翔；見過大海的小魚，才會真正渴望暢遊。莊子在他的著作裡寫道：「鯤之大，不知其幾千里也；化而為鳥，其名為鵬」，見天地之大，才能開闊心胸。山外有山，人外有人，世界之外還有世界，總要去看看，才能體會不一樣的境界。環境塑造人，小環境消磨理想；大天地孕育豪情壯志。

澳門是很小的地方，因為我們很小就知道澳門沒有大學，要想上大學，必須要離開，去中國香港、去中國臺灣，或者去祖國大陸，要麼就是出國，去美國、去加拿大，所以，我們澳門人的求學之路，就是到遠方去。

所以，當這位大哥哥回來，從加拿大帶回外面世界的見聞，我就特別有興趣跟他聊聊。看他讀書方面是什麼情況，在那邊生活是什麼情況，打聽清楚，我自己出去求學時，心裡才更有底。

跟他聊之前，我一直認定我鐵定是要讀化學的，而且畢業就當一名藥劑師，因為我對化學非常非常熱愛，所以，我在自己心裡就給自己預設了未來要走的路，跟他聊之前，我的心裡除了化學，沒有第二個選項。直到他回來，跟我聊了之後，讓我看到一個新的東西，我才知道這個世界有一個神奇的東西，叫作電腦，這是那時最熱門的東西。

當時，我聽他講電腦的事，就像現在的人聽到「人工智慧」是一樣的，充滿新鮮感與好奇感。我對電腦產生了興趣，覺得這門新科技將會改變世界。

那個時候，剛好澳門有一個電腦方面的暑假班，是學習「編程入門」的，我就去報名。因為我的興趣那麼濃烈，我自然就全身心去學，學了一個月之後，我發現我已經深深愛上電腦。我覺得我必須選電腦，我的未來必須與電腦有關，這大概就是科技的魅力吧！因為電腦在那時足夠先進，所以，讓我「怦然心動」。

電腦這門科技，那個時候就在我心裡種下一顆種子，我連酷愛的化

學，那個以前的夢想都扔掉了，不想再做藥劑師。電腦的神奇之處在於它可以高效執行人的指令，可以比人腦更高效、精準地完成很多任務，關鍵是在編程的過程中，有一種成就感，當一段程式寫好，成功運行，電腦按我的邏輯去完成任務時，我感覺這真是非常有創造性的事。我覺得電腦產業前途無限，未來，它的應用一定是非常廣泛的。

我那時一邊學電腦，一邊開始聯想，暢想未來的可能性。1980 年的時候，電腦還是很初級的，但是，很多科幻片已經為我們展現了一個奇幻的未來。從科幻片裡可以看到很多顛覆性的科技，而這些科技往往以電腦為基礎。在科幻片的啟發下，我可以預想到未來世界應該是什麼樣，我的心裡充滿嚮往，對於前沿科技的熱愛就更加深刻了。

國中五年級，那一年，我中學畢業，我把所有體育專案都暫停，專心預備畢業考試。我所參加的學習團隊，每天定時補習，真的非常有成效。大家一起學習，互相磨礪，就像刀一樣，越磨越利，大家的考試成績都挺理想的。雖然，以我當時的成績，我可以晉升中學六年級，就是所謂的大學預科班，但是，考慮到澳門當時沒有大學，要考到香港的大學去，而香港的大學，名額有限，每年可能才一至二個名額。

我面臨求學方向的抉擇，如果報考香港的大學，錄取機率太低，可能會浪費一年的時光。如果不去香港讀大學，那就選擇臺灣或者大陸升學，同時，我開始考慮提前出國留學。

那個時候，我正在糾結，我的一位同學已經決定去加拿大讀高中。他對我說：「你想去加拿大留學嗎？我有一個申請表，要不給你吧。」

他給我一張申請表，我拿著這張申請表，就回家跟我爸商量。我跟我爸說：「我想去加拿大讀高中。」我鼓起勇氣，告訴父親我的想法，就是想試試看，看他什麼反應。結果，出乎我的意料，他很爽快地就答應了。

當時，因為電腦工程成為我的新目標，去加拿大留學，去接觸前沿

科技就變成我的意願。在同學的推薦下，1981年五月，剛考完畢業考試，我就急著跟父親商量，把去加拿大讀高中的事給定下來，緊接著，六月，我就去排隊辦簽證，八月二十七日，我就啟程飛到多倫多留學。留學這件事，從做出決定到最終成行，只用了三個月時間，一切都很順利，也特別有效率。但是，我出國留學這件事，發生得太突然了，這讓我母親來個措手不及。短短三個月從要離開到真的離開，實在發生得太快了。從小到大，我一直在母親身邊長大，極少離開她身邊，更別說離開這麼遠及這麼長時間。我走後，聽說母親每天以淚洗面。

這一走，就是兩年後才再相見，我想母親一定為我流了很多眼淚，而我自己，又何嘗不無時無刻思念自己的母親？但是，為了求學，為了謀發展，我必須到更廣闊的天地去，去開拓眼界，去追尋新的夢想。

對於母親來說，變化給她帶來憂傷，讓她承受著對兒子相隔萬里的想念。

至於為何父親那麼快答應我去留學，其實，因為父親剛好半年前贏了六合彩大獎，所以，資金不是問題，因此，他才會那麼爽快就答應讓我去加拿大留學。那一年，因為父親得了六合彩大獎，他把資金用於擴充公司業務，同時，還有多餘的錢送我去加拿大留學。但是，這筆突然從天而降的橫財，也是導致家庭破產的導火線。

財富是把雙刃劍，有能力駕馭它，可以錢生錢；沒有能力駕馭它，它也可能一夜之間化為泡影，甚至帶來災難。財富可以帶給我們舒適的生活、實現我們的夢想、滿足我們的欲望，然而，財富也是一個雙刃劍，它可以讓人變得貪婪與自私。

財富的重要性不言而喻，但如何正確看待和使用財富，並駕馭好財富，這才是關鍵。財富只是我們通往幸福的工具之一，財富是用來解決問題的，而不是用來製造問題的。或許，父親那時不懂這些道理，他被

從天而降的橫財沖昏了頭腦，反而打亂了自己的人生。詭異的事情是，我父親一年內贏了兩次六合彩大獎。我想，這是父親的一種福報，但是，有福報，要知道惜福，這福報才能長久。

對於父親來說，變化讓他欣喜若狂，而「得而復失」又讓他無限悵惘。變化，反而成了父親的一種危機。

變化，有時是一種危機，而更多時候，變化，是一種難得一遇的機會。瞬息萬變的世界，因為「變化」才蘊藏著更多機會。只要我們成長速度夠快，我們就能先人一步，抓住這些稍縱即逝的機會。

未來過得好壞，取決於你是否能持續擁抱變化。

當下和未來的社會精英，一定是能時刻擁抱變化的人，因為擁抱變化就是擁抱未來。

一些商業巨頭說「我們沒有做錯任何事情，但我們失敗了」。他們為什麼失敗？不是敗給任何競爭對手，而是敗給了這個瞬息萬變的時代。這個時代是一個充滿未知、不確定性加劇的時代，隨著科技的發展，世界變化的速度也在不斷加快，我們只有擁抱變化，快速成長，才能在這個時代成為引領者。

適應時代變化，也是一種強大的修行。

這個世界與這個時代，有太多的變化，太多的不確定性，太多的無常與難以捉摸，讓我們感到困惑，在大多數情況，我們都是逆光而行。當我們更加堅定地走在追夢的路上，也是我們徹底覺醒的時刻。擁抱變化，才能引領變化。

我們要用成長型思維，代替落後的固化思維，與其追求安穩及舒適，不如追求變化與挑戰，前者決定一個人的平庸，而後者將把一個人磨礪得越來越卓越。

人的競爭力，其實是對變化的適應能力，適應變化、引領變化，甚至創造變化。

第 30 章 在異國他鄉的星空下學會獨自成長

今天的成功是因為昨天的積累，明天的成功則依賴於今天的努力，成功需要一個成長的過程，或者說，成功本身就是成長。

加繆曾說過：「有時候人們需要過一段背井離鄉的日子。」

出國求學，正是通過在異國他鄉的學習與經歷，讓自己的視野變得開闊，知識得以增長。時光短暫，只有學會自己長大，才能讓時光不被辜負。隻身一人在外，踏上漫漫求學路，很多疑問與不安充斥內心，但是，更多的成長與快樂將填滿未來。

成長就像一闕闕詩篇，在淅淅瀝瀝的春雨中，在灼灼其華的夏日中，在蕭蕭舞動的秋風中，在暖陽在身的冬陽裡，在四季與流年的歌唱中，生命的詩篇頁頁翻動，歲月呢喃，成長悄然中發生，像蝶變一樣浪漫，充滿著生機與無限的可能。

成長，又何嘗不是一條漫長的路呢？回首自己這一路走過的征途，就會發現成長真是一個既艱辛又充滿喜悅的過程。

1981 年八月二十七日，父親帶著我一起飛到加拿大多倫多，送我去留學。父親送我踏上求學之路，這對我來說是一種難以忘懷的溫暖，在萬米高空的飛機上，我的內心是忐忑的，從此，我將一個人去面對未來。同時，我的內心也是欣喜的，彷彿那一刻，我就一下子長大了。

到一個陌生的國度，我們首先要解決的問題是尋找一個落腳點。那時候，我們先投靠已經在加拿大定居的鄧老先生，他是很多年前我母親在印尼雅加達學裁縫時的師傅，一個親切的鄰居，在這異國他鄉，也如同是我們的親人一般。

那時，我們對加拿大是陌生的，那個年代，通信與交通都沒有今天這樣發達，所以，找一個地方或找一個人，都要費一番波折。記得，有一次，我和父親出去找一位朋友，手上拿著地址，從地址上看，我們是在這條馬路的一千號，而朋友家是同一條馬路的三千號，我們都以為相隔不遠，就選擇走路去。不知不覺，我們就走了半小時，抬頭一看，我們還在一千多號的範圍內，這什麼時候才能走到三千號呀？我們這才知道，加拿大的地有多大。看似在一條街，實則隔了非常遠的距離。後來，父親學著電視劇裡的樣子，揮手搭順風車，結果真的有好心人停下來，送我們去。

父親身上有很多優點，值得我學習，他是樂於接受新鮮事物的。比如，搭順風車這件小事，就是他從電視劇裡學會的，他從電視劇裡知道加拿大當地有「搭順風車」的習慣，就學著當地人的樣子，伸出自己的拇指，或是揮一揮手，表示自己需要幫助，想搭順風車。開車的人看到了，如果方便的話，就樂於停下來，載我們一段路。每個地方都有當地的風俗習慣，我們要入鄉學俗，要學會當地的文化。

從這件小事，我看到父親的勇敢和解決問題的冷靜和創意，也領悟到不少的道理。沒有辦不成的事情，問題在於你要樂於接受新鮮事物，舊方法只能解決舊問題，新方法才能解決新問題，要把事情辦成，先要去嘗試。父親的這一件小事，讓我看到他的勇氣，言傳不如身教，通過這件事，為我以後一個人的留學時光增添了鼓勵和勇氣，增強了我面對困難時的信心。

因為父親之前中了兩次六合彩的大獎，當時，經濟條件允許，父親

很快就買下一個公寓讓我住下來，公寓買下來之後，還去選購了一些必要的傢俱，把一個像模像樣的「家」佈置起來，這樣，我在加拿大也就算有了一個像樣的「家」，我的心因此安定了許多。

這是我第一次離開家，從來不會做家務的我，突然就要獨立了，真的有點恐懼。我盡力去學做各種家務，讓自己在加拿大有獨自生活的能力，萬事開頭難。在做事的過程中，我也體驗到做每一件事，都有每一件事的辛苦，我也體驗到媽媽當年照顧全家人，有多麼不容易。很多事情，只有當我們自己親身經歷了，我們才會有更深刻的體驗。

不久後，父親就要回澳門，我的內心是不捨的，而且，在異國他鄉，我對父親有一種依戀，他走後，我將獨自面對一切，一種「孤獨感」襲上心頭。父親臨走的時候，他叮囑我必須每天回家，不能把公寓裡的空房間出租，不能讓其他人來同住。父親讓我一定要自愛，不要與壞朋友交往，不要沾染壞的習慣。就這樣，父親在千叮嚀萬囑咐中走了，把我一個人留在加拿大，在這個陌生的國度，我語言不通，文化不通，我開始人生的第一次蛻變。

其實，我對自己申請的這所加拿大高中，知之甚少，它到底是一個什麼樣子？它的規模有多大？學校裡的老師、同學與教的課程又是什麼樣？我對這一切，完全沒有概念。還記得第一天到學校報到，坐地鐵就要一小時，需要經過多次換乘，到了後還要徒步十五分鐘才能到學校。我突然發現，我住的公寓其實離學校是很遠的，今後，每一天，我都要跨越很遠的距離來上課。可見求學之路，是很辛苦的。我長長舒一口氣，振奮起精神，準備用我的勤奮和吃苦精神來面對今後的求學時光。

到達學校的那一刻，我愣住了，原來這所高中是由一間幼稚園改造而來的，所有學生都是像我一樣從香港、澳門、東南亞來的留學生，全校也就只有幾十名學生。學校名字叫 Old Canada College，我真的被這個

聽起來很歷史悠久的大學府的名字忽悠了。在當時，我的內心湧上強烈的失望感。不過，既來之則安之。學校的規模不重要，學校的條件也不重要，重要的是學習的過程，只要我自己每天專注於學習，在任何地方，我都能學有所成，為自己的一生打下良好的基礎。本著這樣的初心，我在這所簡陋的學校，開始了求學時光。學校很簡陋，但是，我的內心還是蠻感恩的。畢竟，因為這所學校的存在，我才能那麼順利到加拿大留學。起點低不怕，關鍵是目標遠大就足夠了。

山不在高，有仙則名；水不在深，有龍則靈。

學校是簡陋的，但是裡面的人卻是「妙人」。我們學校的副校長就是這樣一位「妙人」。他是個我很尊敬的老師，他是一個華人，他讓我有一種非常親近的感覺，陌生的國度裡，我有一種他鄉遇故知的感覺。他心懷培養精英的理念來教課，堅持用英語溝通，堅持用最先進的方法教學。他的教學非常嚴厲，就算我們私底下用非英語交流，也會引來他的喝罵。「嚴格就是大愛」這句話用在他的身上，再合適不過。

多年來，我一路走來，讀的全是中文學校，使用英語對話，對我來說，實在是一個非常大的挑戰。但是，我的內心是熱愛挑戰的，做有挑戰的事，人才可以更快速地成長，而成長就是學習的目的，也是學習的真正意義所在。還記得上副校長的化學課，他用英語講化學名稱，我完全聽不懂，後來，我舉手要求他把化學代號寫在黑板上。那一天，他很和藹，就把化學代號寫在黑板上。看到那些再熟悉不過的化學代號，我恍然大悟，用中文說道：「哦！原來是鉀和鈉。」我的中文一說出口，逗得全班大笑，老師也不例外，他也跟著笑了起來，其實，老師在嚴格之外還有一種大愛，他的心裡始終裝著我們每一個人。

從那一天起，每一次上課，老師都會把化學代號寫在黑板上，我很感激他善良的舉動，因為這樣一來我很快就把相對的英文詞彙學到了，

我的辭彙量也拓展了。

真正的良師，一言一行，都是教育，都教化無窮。

我的學習非常用功，在這所學校，無論數學、電腦、化學、物理，我都是全班之冠。我不但用功，而且講究學習方法，所以，我的學習效率非常高。並且，我發現這個學校剛開始教的內容，我都在澳門學過了，原來，澳門的教學是超前的。這讓我感到很慶幸。但是，很奇怪的是，有幾位香港來的同學卻覺得學習有點吃力。我想，大家都是中學五年制教育，怎麼香港的學生就跟不上呢？後來，我才理解，中國香港因為有高考，為了集中考試，香港都把一些高級的科目推延到大學預科班，就是所謂的中六和中七才教。所以，當時我對培正母校給我的教育根底，產生一種無言的感激。培正母校所給予我的是一輩子受用不盡的精神財富，在第一次離鄉留學，因為有深厚的根底，讓我在學習上可以毫不費力，我因此可以專心處理語言的問題，學業與學英語是那時最重要的事，這兩件事齊頭並進，一件也不耽誤。

成長是一條沒有終點的路，終生學習，終生成長。在學習中度過的成長時光，是最熠熠生輝的時光，我走在異國他鄉求學的這條路上，勇敢地前行，不斷前進著，一路上累過、苦過、喜過、憂過，一路上，我灑下了無數的汗水，也曾流下思鄉的淚水，一路上我所經歷的太多太多……，或許，某一天，驀然回首，才發現自己已經走出很遠很遠。每一步，都踏出堅實的腳印，經歷過、成長過，才能不負流年。在沒有「終點」的成長之路上學著自己長大，不停地向前走著。成長是快樂的，獨自面對一切，讓我擁有面對未來的勇氣與自信。

青春用什麼來銘記？成長用什麼來致禮？時間的列車緩緩駛過，開過鮮花浪漫的草原，越過洶湧磅礴的海浪，學習是探索知識的未來，成長是探索人生的未來。

帶著父母的期待與囑託，在異國他鄉的星空下獨自成長。未來，也許會有荊棘叢生的原野和崎嶇不平的道路，需要我用雙手去撥開荊棘，用雙腳去踏出一條屬於自己的人生道路。正如魯迅先生說過，少年「所多的是生力，遇見深林，可以辟成平地，遇見曠野，可以栽種樹，遇見沙漠，可以開掘井泉。」

　　青春是用來奮鬥的，實現夢想唯一的路，就是學會自己長大，一刻不停地向上成長。

　　種下一顆充滿希望的種子，會長成綠樹濃蔭；萌生一份成長的激情，會成為真正的夢想追求；去追逐夢想，去開啟奮鬥的人生，綻放自信的笑容，走出屬於自己的精彩人生。

　　永遠不停地向上成長，去接近太陽。去觸碰滾燙的星河。

第31章 選擇決定未來！ 起點不怕低，目標不怕高

選擇決定未來！起點永遠在低處，目標永遠在高處。

人生道路，關鍵的只有幾步，是向左走，還是向右走，有時候就是天壤之別。

年輕人要選擇接觸最新的資訊，瞭解最新的趨勢，從而更好地創造自己的未來。人生不斷向前，必將遇到 N 個交叉路口，很多決定，要我們自己去做出，我們要有足夠的知識儲備，同時，還要有足夠的面對抉擇與未來的勇氣。

科技再發達，人生目標也沒有「電子導航」，一切的一切都要靠我們自己去做決策，每一次選擇都可能影響到未來的人生路。只要我們有足夠的知識和經驗，從自己的內心出發，結合實際，根據自己的興趣與天賦做出判斷和選擇，並且為自己的夢想不斷拚搏，就不會後悔。當然，志存高遠，追求的目標越高，越能全面激發自己的潛能。

芸芸眾生，起點可以很低，但目標要高，前景要廣，每一個選擇，每一次憧憬都能給我們無窮的力量。

我在 Old Canada College 的學習，一日千里，非常高效。我用了三個學期的時間，把高中最後兩年的課程都完成了，成績還算出類拔萃。可是，因為是留學生，我們還需要考一個「托福英文」的考試。但是，英

語畢竟不是我的母語，我無論怎麼努力，都不能達到大學的要求。雖然最後有一所三線的大學錄取了我，但是，我並不想去讀一所三線的大學。我為了自己的夢想，跟父母商討後，決定「轉校留級」，繼續為考上一所名校而努力。就這樣，為了自己的夢想，我轉去當地一家正統的中學。這是一個很不容易的抉擇，它的代價是再耗費一年的時光，它的收益是我有可能進入教學品質更優的名校。這個決定也算是我獨立後，第一個重大的策略性選擇，現在回頭看，也是我當時做的最對的一個選擇。

人生就是一個不斷選擇的過程，一個又一個的選擇累積起來，就會成為我們的命運。自己掌握自己的選擇，也就等於自己掌控了自己的命運。我對每一個選擇都慎之又慎，同時，也不乏做出決斷的勇氣。

我做出「轉校留級」這個決定，主要考慮到幾個因素：第一，我本來到加拿大留學就是要學「電腦工程」，我看中了幾家大學，其中以「滑鐵盧大學」為最優選擇，「多倫多大學」為次，其他大學基本上不是我心儀的目標；第二，我知道我英語水準真的很差，需要多點時間的進步，如果語言方面不過關，就算早早進入大學，課程上也跟不上；第三，我過去一年的優異成績，都是因為那些課程，我在澳門時就已經學過，所以駕輕就熟，能拿到優異的成績，但是，沒有新鮮東西學到，那個時期，在學習上，我一直處在一個舒適區，就這樣進入大學會不會很難適應新的學習方法？所以，基於這三點考慮，為了學習心儀的專業，也為了能更好地適應大學的學習與生活，我決定「轉校留級」。正所謂「磨刀不誤砍柴功」，好飯不怕晚，多做一些準備，日後也會把多耗費的這一年時光給追回來。

人生不怕起點低，就怕沒追求；不怕走得慢，就怕走錯路；不怕不順心，就怕想不通。做好人生的每一次選擇，走好人生的每一步路，念念不忘，必有迴響。與其羨慕他人，不如做好自己。

人生的高度，是自信撐起來的。人生的命運是選擇累積而成的。

人與人相比，只有境遇的不同，成功者，也都不是三頭六臂之人。他們只是比別人努力，並在人生的十字路口，勇敢做出了正確的選擇。很多時候，我們不是欠缺成功的籌碼，而是欠缺選擇的勇氣和智慧。所有的路，只有真正走過，才知其遠近和難易，路不怕曲折，心堅定，路就堅實。敢走出第一步，並堅持下去就是一種自信和勇氣。

我「轉校留級」的目的就是，讓我在一個更本土化的環境學習英文，不再重複學習任何的科目，而是選擇新的科目，比如會計、經濟、地理等，這些新科目，給我以新的挑戰，也同時訓練我的學習方法，培養我的學習能力。同時，「轉校留級」還可以模擬自己在大學修課的情景，每天上課前先做好預習，並做好學習資料的準備工作，讓我在上課的時候更加從容，可以更快速地吸收新知識。當時，有個高級化學課程，我也參加了，這是我的興趣所在，經過努力，我可以達到卓越的程度。最後，我在畢業考試中拿到滿分，任課的化學老師當著眾人的面，對我高度讚揚，他表現出很驚訝的表情說：「我出的題目都是世界級的難題，是不可能有人拿滿分的。」他說我是那麼多年第一個能找到正確答案的人，我為此感到深深的自豪。

我的「轉校留級」不單讓我英文達到基礎水準，能進行日常的交流，而且為我在大學學習和科研的環境也預先做了一個非常有必要的準備，為大學學習打下堅實的基礎。當時，雖然我的托福分數足夠讓「多倫多大學」錄取，但我真正想去的卻是「滑鐵盧大學」。等到最後，雖然，我的英文分數還沒達到「滑鐵盧大學」的要求，但是，因為我在「滑鐵盧大學」自辦的數學比賽和化學比賽拿到優異的成績，因此，我被「滑鐵盧大學」破格錄取了。「滑鐵盧大學」還送我一些豐厚的獎學金。

曾經流行過一句話：「條條大路通羅馬，但是有的人本來就生在羅馬。」站在高起點上，不斷走向更高的人生目標，天生就有著讓別人羨慕的優勢，這固然是極好的。但是，起步於低起點，一步步走出自己的人生，

在低起點上逆襲，才是更精彩的人生。起點不怕低，目標不怕高。只要自己勇於做出選擇，敢於挑戰，並願意付出比常人多得多的努力，那麼，我們成功的機率也將指數上升。

只要敢想敢幹，往自己心中夢想的方向努力，夢想就會很意外地成真。為何是意外地成真？因為上天要你知道雖然不是「人定勝天」，但是如果你的心勇敢地要，腳勇敢地邁出，用盡全力去做，也許上天會被你的真誠感動。「天助自助者」，只要我們自己行動起來，上天也會來幫助我們。回頭看看，我心存感恩，感恩命運的垂青，也感恩自己的努力。那一年，我考了十四次託福，這麼強大的堅毅，永不放棄的精神，相信沒幾個人能做到。雖然語言天賦，我比較弱，但是努力總比放棄好。感恩自己當年永遠不言棄的精神，天道酬勤，成功終究屬於永不放棄的人。不是因為有希望才努力，是因為努力了才有希望。

永不放棄，是對夢想的執著，也是對自己的自信。自信人生二百年，會當水擊三千里。

人要學會獨立，對於一些人生重大的決定，要自己去做決策，而決策的勇氣來源於自信。認為自己不行，你就真的永遠不行了。如果擁有強大的「自信力」，堅信自己，就能激發自己的潛能。

自信力是正確決策的基礎。自信，是人最大的潛能。

人生如行路，總是看到比自己優秀的人，說明你正在走上坡路，向上發展，去更高層次的圈子，學更深的學問，尋求更大的發展機遇。

每一次選擇都是一次全新的機遇，調整心態，積極向前，人生路與陽光相伴而行。

有目標的人，在奔跑；沒目標的人，在流浪。有目標的人，在感恩；沒目標的人，在抱怨。有目標的人，睡不著；沒目標的人，睡不醒。有

目標的人，內心安寧；沒目標的人，內心茫然。懷著強大的自信力，朝著更高的目標前進，生活過得無比充實，生命也變得無比豐盈。

去體驗獨一無二的生命，去過獨一無二專屬於你的精彩人生。

走好自己的路，獨立思考、獨立決策、獨立抉擇、初心不改、追逐夢想。有堅定的意志，有必勝的信念，堅持過充滿陽光與希望的生活。

人生，沒有一條路是平坦的，崎嶇通向風景，遠航通向夢想。

低頭是堅定的腳步，抬頭是清晰的遠方。星空下奔跑著、追逐著，璀璨綻放的是青春，更是美好的未來。

起點越低，力量越大。目標越高，意志越強。正確選擇，決定美好未來。

第32章 今生今世的山高水長，只為邂逅生生不息的美好

1982 年，我邂逅最美的音樂與最美的人，美好的事物像光一樣照亮我的人生。

人生就是一場盛大的相遇，只要我們初心不改，星光會經過億萬光年與我們的雙眸相遇。涉千山，過萬水，我與一個美麗的女孩在茫茫人海遇見，在她的指引下，我與心中的音樂再度不期而遇，彷彿一切都是那樣美好，環環相扣的美好際遇，像前世今生的夢一樣閃著迷人的光澤。

三十功名塵與土，八千里路雲和月。名與利，得與失，都是過眼的浮雲。唯有人生路上邂逅的一切美好，才是真正值得珍藏一生的奇珍異寶。相遇的美好，即使繁華，那也永遠是心裡的寶藏。似水流年，山嵐流雲，那些美好的相遇是宿緣，也是上天的恩賜。

1982 年，我開始重讀一年，這一年很艱辛，但也是心靈收穫最大的一年。因為我一個人住，的確是很孤獨，所以應同學邀請開始去教會，參加聚會，在教會可以聽牧師講聖經，可以聽教會音樂，還可以跟虔誠的教徒一起唱聖歌。其實，我從心底裡是非常喜歡這些活動的，或者說，這一類活動與我的心靈是相投契的。

教會活動，實際上也是一種社交活動。我參加教會活動，不僅可以滋養我的心靈，還可以認識更多的朋友。我那時內心孤獨，渴望與更多人

交流。我熱心參加教會活動還有一個目的，就是通過這些活動，可以結識到漂亮的女生，可以追女生。剛開始，我是懷著「追女生」的私心去的，結果，我去到教會後，那裡的「愛心文化」深深地打動了我。感動是一瞬間發生的，一走進去，那裡的充滿愛的氛圍就把我包圍，我的整個身心都融入進去了。尤其去參加教會活動的人都愛唱歌，我聽他們唱聖歌，又跟著他們一起唱，把我一直對音樂的喜愛又挖出來了。

美，是神聖的。而神聖也是一種極致的美。

在音樂的世界裡，孤獨會被撫平，落寞會被洗禮，所有的慈悲都化成了對相遇的感激。餘生不長，願靈魂的道場，溫柔是音樂，至愛亦是音樂。我是一個「愛」的使徒，也是一個音樂的追夢人。音樂與愛，是一枚「幸運硬幣」的兩面。

當年的十二月二十日我受浸，加入教會，成為一個心懷信仰虔誠的教徒。對於西方古典音樂來說，有很多音樂大師都是虔誠的教徒，很多「世界名曲」本質上也是宗教音樂，大師們作曲的一個重要目的，就是為了歌頌上帝。我很欣賞「虔誠的狀態」，一個人的心越是虔誠，他的靈魂就會變得越純粹。

一個單純、簡單的人更接近真理，也更接近愛。

因為參加教會活動，我再次與心中至愛的音樂相遇，像是久別重逢一般，有說不盡的相思，也有說不盡的情意綿綿。音樂，是我生命中最重的組成部分，它已經完全融入到我的生命之中。當音樂之火重燃時，我立刻就去買了一把吉他，我把這把吉他叫作「大老婆」。我學吉他特別快，很快就彈得有模有樣，可以在教會的聚會上伴奏。大家對我的琴藝頗為認可，不乏讚美，溢美之辭不斷。這把吉他跟了我很多年，現在，我還依然珍藏著它。這把吉他真的就像我的「大老婆」，我與她是不離不棄的，就像我與音樂是不離不棄的一樣。前世今生，歲歲年年，在我們的初心

裡，始終有內心無法割捨的東西。

　　音樂是人創造的，但是，音樂又反過來塑造人。人與音樂的互動，也就是心靈成長的過程。

　　貝多芬說：「音樂讓人類的心靈迸發出火花。」我想，這火花就是「心靈之美」與「生命之美」的結合體，既有表象上的動人，也有內涵上的震撼。音樂是生命裡的光，照亮一切，溫暖一切。愛，注釋了音樂；而音樂，表達了愛。

　　我積極地參加教會的聚會，並且，憑藉著擅長吉他伴奏、擅長唱歌，也參與到他們的音樂活動中去。我被當時領唱的哥哥、姐姐們的歌唱技巧吸引，我從他們身上學到很多東西，吸納他們的歌唱技巧，結合我過去所學到的知識能力，這再次磨礪了我在歌唱方面的功力。很快我也開始在教會的聚會中當任領唱，也參加歌詠團每個週日的「崇拜獻唱」。

　　這段經歷，讓我回憶起幼稚園參加樂團被拒的事，那時候，我是作為「音樂的旁觀者」，看著別人在音樂世界暢遊，而我只能站在一旁羨慕。我那時，最想做的事就是站到樂團的核心位置，去當任指揮，表情神氣，指揮若定，掌控一切。如今，我站在領唱的位置，也如同指揮一般，站在樂團核心的位置，此時，我成了「音樂的創造者」。

　　音樂，是無比博大的。你愛她，她就已經在那裡等你，等了很久很久。就像上帝，你愛祂，祂就在那裡。

　　那段時間，我在教會的聚會中，遇到很多親切、有愛心的人，遇到了聖潔的教會音樂，也遇到一個美麗的女孩。這些美好的事物，讓我每一天都過得很充實，我的內心感覺很踏實，心裡有一種久違的幸福感。而且，慢慢的，讓我對音樂再次產生了濃厚的興趣。繁忙時，我們放下興趣愛好；當我們駐足時，興趣愛好再次佔據我們內心。並且，音樂不僅僅是一種興趣愛好，音樂更像某種信仰，是我們內心對「極致之美」的信仰。

音樂是一種博愛。很多情感用文字及語言無法表達，但是，用音樂表達，卻能做到恰如其縫，這很神奇，也很自然。就像世界瞬息萬變，只有用數學才能準確描述。所以，理性就交給數學，感性就交給音樂。音樂的表現方式是感性的，但它的底層邏輯又是那麼理性。我們用一輩子的時光，也無法窮盡音樂的魅力，這正是音樂帶給我們震撼與心靈滋養。在時光的蒼茫裡，聆聽年華的曼妙，便是歲月靜好。

今生今世的山高水長，只是為了遇見，在音樂的世界裡悠然行走，雲淡風輕。如若，這一世的情深只為遇見你與音樂，遇見愛與被愛，那麼，生生世世，何妨再次彈奏舊曲，再次相逢故人？

平淡如水的日子，走著走著，看見了花開，聽見歲月呢喃，聽見天使歌唱；走著走著，遇了雪花飄飛，遇見陽光溫暖，遇見星河璀璨。一切的美好，生生不息，像萬水與千山之約，像星辰與大地的承諾。

前世今生，就是一次次相遇。相遇在美好的年華，一起歌唱，一起體驗愛、稱頌愛，這真是人生一大幸事。

愛上音樂，就是一輩子的事。愛上一個人，也是一輩子的事。

第 33 章　成長的三把鑰匙：
向外看、向內求、向前走

一個人在異國他鄉，除了孤獨，還有幸運。

寵辱不驚，閒看庭前花開花落；去留無意，漫隨天外雲捲雲舒。我們需要近處的歲月靜好，也需要遠方的驚濤駭浪與海闊天高。

對於家庭條件優越者來說，真的要走出國門去看看。留學，不僅僅是學知識，更是開拓眼界，去經歷，去邂逅。

世界不會主動走向我們，我們要主動走向世界。

以平常心去經歷，以恆心去追夢，以執著心去學習。

把有限的時間投身到無限的意義裡，這才是生活，爭分奪秒，最大化利用每一分每一秒。

人雖然渺小，人生雖然匆匆，但是人能學習，人能修身，人能不斷自我覺察、自我完善，人的可貴在於人的本身。每個人身上，都蘊含著無窮的成長潛力。

改變自己與強大自己，要掌握這三把成長的鑰匙：向外看、向內求、向前走。

「世界那麼大，我想去看看。」留學加拿大，我不僅看風景、學知識，更要看看這個廣袤世界還有多少優秀的人，看看這世界上還有多少從未

接觸過的高深的學問。

雖然說托福沒有達到滑鐵盧大學的要求，但是，因為我在數學跟化學方面的優異成績，還是被滑鐵盧大學錄取。有時候，你只管努力，尺有所短，寸有所長，你在某一個方面的優勢一定會被人發現。

1983 年九月，我在滑鐵盧大學附近找到一間便宜房間，就住下了。讓生活變得簡單，內心反而豐富起來。簡簡單單的留學時光，以學業為重，生活方面一切從簡。一間陋室，對我的意義卻是很大的，住在學校附近，可以節約我花在路上的時間，使我可以擁有更充裕的時間用在學習上。人的金錢是有限的，要合理規劃；人的精力和時間也是有限的，更要合理規劃。簡簡單單的一間陋室，我的校園的生活就這樣平淡地開啟了。

第一天報到，就有一場「獎學金獲得者」的聚會，能獲得獎學金是一種榮耀，也是對自己在學習和品行上的一種肯定。在這個聚會上，我有幸結識了很多優秀的人，其中有一位才女給我留下了深刻的印象，她是香港人，是一個品學兼優的女生，我與她很聊得來，很快就成了非常要好的朋友。

由於在校園裡，大家經常見到我與她在一起，所以，都一致認為我與她的關係不一般，她確實是我在這所學校最熟悉的人，我認她做我的乾妹妹，我們的關係非常親密，真的就像親人那樣相處。很多人聽她喊我「哥哥」，都以為我就是她的親哥哥，有很多想追她的男生，都會先來討好我，目的是想通過我認識她，或是希望我幫助他們去追求她。現在想想，這件烏龍事件還是蠻有趣的。其實，是不是親哥哥，又有什麼關係，不是親人勝似親人，也挺好的。能在異國他鄉有這樣一位才女做我的乾妹妹，我覺得自己挺幸運的。

我上的這所大學，是一所我一直以來心心念念的優秀學府。滑鐵盧大學是加拿大一所頂尖公立大學，位於加拿大安大略省滑鐵盧市，是一所

研究型大學，是加拿大 U15 研究型大學聯盟成員。滑鐵盧大學擁有加拿大最大的工程學院以及世界最大的「學習與實習」合作教育（CO-OP），是北美地區最優大學之一。滑鐵盧大學的數學、電腦科學和工程學科教學及研究水準居世界前列，其中優勢專業「電腦科學」穩居加拿大第一。而我在滑鐵盧大學，攻讀的正是這所大學最具優勢的電腦工程專業。我覺得自己能進加拿大最好的大學，並且攻讀最好的專業，感覺非常幸運，因此，學習也加倍用功。

一所好大學對人生的意義是什麼？我們通常認為大學是知識的殿堂，但大家有沒有想過，大學其實是人生真正的分水嶺。大學是「自我覺醒」的時刻，從「他覺」走向「自覺」，自己想要的是什麼，越來越清晰，而且，也越來越知道為了自己的夢想，自己應該怎樣去努力。中學時，同學們鏖戰的是升學考試，為進入心儀的大學努力拼搏。進入大學之後，比拼的則是每個人各自的悟性、定力，就是要有自我覺察的能力，還要有自律的能力，並且學習方式、方法也要轉變，完成由一個高中生向一個大學生的角色變換，而這種轉變的關鍵是觀念上的轉變。

如果說高中是一個象牙塔，那麼，大學則是一個小社會。在大學裡，我們要做的是──「整合好的自己」。大學的學習方式，是完全不同中學的，要懂得做規劃，規劃學習、生活與規劃未來要走的路。

滑鐵盧大學的電腦工程課程是設置在數學系下面的，能進來的人都是各個中學的頂尖學生，所以大家都帶著一點高傲感。

我在滑鐵盧大學，學習了一段時間後，就看出來，很多同學根本不能適應大學生活，大學再沒有像中學的「餵養式教學」，上不上課，老師都不在乎；跟不跟得上，也不是教授的責任。大學就是要自覺、自修與自學。

對於留學生來說，最困擾他們的是思鄉之情，我有好多同學因為思

鄉，而變得有些憂鬱。其實，每一人在異國他鄉，都會有思鄉的情緒，能不能處理好自己的情緒，這就反映出一個人的心理素質。因為之前我用了一年時間，在中學磨練和適應，所以，大學第一年我是完全不需要適應期，直接就無縫銜接，完全融入到大學的生活中去。

我能夠理解每一位留學生的感受，明白他們的思鄉之情，也明白他們一時半會適應不了大學生活的困擾，所以，我會花時間幫助同學們，跟他們聊天，紓解他們的情緒，幫他們指導作業。當時，我的學習效率很高，作業一發布下來，我就立刻去完成，不會拖延。這種高效的學習方式，讓我在大學期間受益匪淺。

我在大學期間，從來不會臨急抱佛腳，而且，我善於為自己做整體規劃，每天時間安排得滿滿的。日以繼夜地學習，達到了廢寢忘食的程度，每天不到子時圖書館關門的最後時刻，我都不會離開校園。當時的學習欲非常強烈，如饑似渴，超越了一切。學習，是那時的頭等大事，風雨不改，日日如是。因為我把自己的學習安排得妥妥當當，規劃得井井有條，所以，我才有時間和精力去幫助別人。在滑鐵盧大學期間，我樂心助人，幫助了很多同學，我成為學校裡頗受大家歡迎的人。在整個大學期間，我都沒有敵人，只有越來越多的朋友，我對所有人都友善，所有人也對我尊重和喜愛。對於一些學弟學妹，我是他們的大哥哥，常常給予他們「及時雨」般的周到幫助，他們都非常敬重我。

在滑鐵盧大學，我專心致志地學習，學習起來心無旁騖，但是，我並不是一個書呆子。我不但懂得讀書，更懂得全面發展的重要性。這是母校培正中學教會我的，人只有全面發展，才有可能成長為社會精英。在大學期間，我也參加中國同學會的排球隊，與各個大學切磋、競技，這不僅豐富了我的大學生活，還磨礪了我的意志，讓我的能力得到昇華。有一次，我還碰到澳門時候排球隊的同學，他那時代表對方學校參賽，我們是校友，也是賽場上的對手。我們之間，有一種校友間的親切感，

也有賽場上英雄惜英雄的「惺惺相惜」的感覺。培正校友遍佈全世界，無論走到哪裡，在哪裡相遇，我們都是彼此最可信賴、最親的人。

在大學期間，我也學習了跳板，學習了花式跳水。雖然我並不是跳水的「好苗子」，但是，體育精神就是「重在參與」，只要積極參與，就會有相應的收穫。雖然我學跳水，學得不太好，訓練的時候也不知道「壓水花」等各種技巧，甚至偶爾會有受傷的痛苦，但是，最後還是能練到「跳板後仰垂直插水」的優美動作。真是「世上無難事，只怕有心人。」我體悟到：只有你想不到的，沒有你做不到的。就算在不擅長的領域，只要自己肯努力，也能有所建樹。

大學生活，豐富多彩，有無數成功的喜悅，也有失敗的痛苦。大學的第一年，我就嘗到失敗的苦頭。我本想雙修數學和商科，結果，一個「加拿大稅務課」使我的計畫受阻。我很不適應這門課程，雖然自己很努力，但是，這門課程的成績還是不理想。我得了第一個 C 等分數，這種中等偏下的成績，對我來說是一個不小的打擊。在大學裡，我第一次嘗到失敗帶來的苦楚，我寧願天天沒日沒夜學習，承受學習之苦，也不願意承受失敗之苦。失敗，一度讓我的大學生活黯淡無光，缺乏絢麗的色彩。我心裡卯足勁，要竭力改變這一切。

當時，因為一場教會的佈道會，我的心靈深深觸動，有感而發，就決定要把音樂這個愛好重新撿起來，決定要進修音樂，好讓我以後可以憑藉自己的音樂才華在教會可以有所貢獻。當時，我已經領悟到一個道理：沒有必要在自己不擅長的領域死磕，應該在自己擅長的領域用功，才能達到「遊刃有餘」的境界。結果，第二學期，我想申請音樂系，在審核的時候，被教授給否決了。那時候，我恍然大悟，就算我有興趣，基本功不夠，還是沒門。發現自己的不足，就是進步的開始。

困難，會勸退很多意志不堅定的人，也會磨礪永不言棄的人。

我這個人是不容易認輸的人，困難只會使我更積極地去努力。暑假的時候，我就找了一位聲樂老師，把一些基本功學了。因為在音樂上，我並不是科班出身，所以，這些系統性的學習，對我來說至關重要，通過學習，我彌補了自己的不足之處。同時，我也準備了一首科班熟悉的義大利美聲歌曲，結果，努力沒有白費，大二的審核，同樣的導師，評語卻是：「那麼好的聲音，為何不早點來？」導師們對我有一種相逢恨晚的感覺，他們就像發現了新大陸一般，發現了我在歌唱方面的才華。我當時無語了，他們都不記得我上次的審核，他們給出的評語可是完全相反的。

　　其實，在這事情上，我也學會一個至關重要的道理：熱情雖然是很重要的，但是方法也要正確，才有理想的結果。知識是無窮無盡的，無知最可怕。就像井底的青蛙，以為世界就是井口那麼大。所以，永遠要謙卑而勇敢，你才有機會跳出這個限制你思想和眼界的井底。

　　在大學裡，之所以選修音樂，是因為我有一個堅定目標，就是以後在教會歌詠團做指揮。這也是我兒時就有的一個夢想。為了當樂團指揮，我需要讀的科目是很清晰的，當指揮就要懂樂理、懂作曲、懂音樂史、懂美聲、懂合唱。我要學的東西非常多，記得每次考試的時候，人家要在宿舍讀書，我就在宿舍唱歌，人家溫習，我就練習，宿舍一下子變得熱鬧起來。

　　每個人的目標不同，相應地，努力的方式也不同。最可笑的，莫過於大四的時候，指揮科目大考，考試是在一個小房間，當我面對考官，緊張極了，考官選了一首合唱歌曲，讓我想像四聲部在那個虛擬方向，就是假裝那個地方存在一個合唱團，旁邊還存在一支管弦樂團，讓我「無實物表演」，他們就在一旁，默默地觀察我怎麼做「無聲指揮」。如果放到現在，用短視頻錄製下來，肯定是非常滑稽的。但是，這樣考核，就是考驗我對拍子的穩定、動感的把控能力。考官們仔細觀察我每一個動作，每一個細節都不放過，然後做出評分。當然，最後我得到的分數還是相

當高的。

之後的二十年的時光，我憑藉自己深厚的音樂功底與音樂才華，在不同的教會擔當指揮工作。我成為一名專業的指揮家，實現了我兒時的夢想。這一路走來的艱辛，旁人難以體會，任何成功的背後都是無盡的心血。

有一次，我回澳門休假，我妹妹執教的中學有個女子合唱團，那時，正好要參加校際比賽。近水樓台先得月，他們就通過我妹妹找到我，讓我客串教導了幾節課。專業人士一出手，就知有沒有，專業指導的力量不可低估，經過我的指導，終於讓這支女子合唱團第一次拿到了夢寐以求的最高榮譽。之後，這支女子合唱團就一發而不可收拾，最後發展成為澳門首屈一指的知名合唱團。因此，這支女子合唱團，也把我的名字加進她們學校歌詠團的顧問名錄。

我在加拿大多倫多留學的經歷，實際上就是快速成長的過程。在我的印象中，在多倫多這座城市，每當走在街上時，腳步就不由自主地加快起來，每個人都是行色匆匆，似乎每個人都是以一種「追夢者」的姿態示人。地鐵裡大多數人都在看書，也有的在聊天，文學、股票、新聞，都是他們的話題。

在每個人都在堅持成長的環境裡，成長就會不知不覺成為我們內心的訴求。

成長之路，也是一個不斷戰勝自我的過程。路自己一步一步走，坎自己一個一個去過。

只要你肯突破，常反思、去行動，終究會迎來華麗的蛻變。

或許我們每個人都期盼外界的認可，甚至會為了外界的認可，將自己內心的願望壓抑。但是，成長是必須我們自己去完成的事情，外界的

認可與讚許只是「副產品」。

人生這趟旅途，他人的喜惡與自己無關。成長是一輩子的事，不會因為困難而停下，也不會因為外界的讚許而放慢腳步。

有位哲人說「只要你的心靈是活潑的、敏銳的，只要你聽從這心靈的吩咐，去做能真正使心靈快樂的事，那麼，不論你終於做成了什麼事，也不論社會對你的成績怎樣評價，你都是度過了一個有意義的創造性的人生。」

人生就像一個容器，你往裡面裝入美酒，它就甘冽無比；你往裡面裝入清水，它就淡而無味。

人的一生，是在夢想的指引下，找到自己、成全自己的過程。而實現自己心中夢想，最有效的方法，就是讓自己一刻不停地成長。學習、體悟、覺察、精進，都是成長的方法，而向外看、向內求、向前走，是快速成長的三把鑰匙。

向外看，開闊眼界；向內求，拓展胸懷；向前走，引領時代。

智者悅己，仁者悅人，自己成長，也帶動更多人成長，真乃人生之一大樂事。

篇章六

逆光而來‧堅定前行

第34章

人生無常，種種煩惱，皆是頓悟

人生如逆旅。山山水水，皆是一來一去，世事無常，萬物不駐，心安處便是吾鄉。

用眼睛去看的，一切的一切都是別人的故事；用心去感知，那才是自己本真的人生。

走過似水流年，每一程都是風景，每一念都可以從從容容，看歲月無痕，人間煙火；聽心海深處，花香正濃。

塵世喧囂，人間擾攘，我們在這個繁忙的世界摸爬滾打，感受四季的輪迴，體驗生命與生俱來「無常」。生、老、病、死、愛別離、怨憎會、求不得……等，迷失在紛紜雜亂的世界裡，我們始終保持一顆純淨的本心。世界瞬息萬變，唯有清醒而純淨地活著，才能活成一株清雅的荷。心安之處，便是吾鄉。

1985 年初，我大二的下學期，我的人生迎來了一場大風波。記得是二月至三月的時候，那時，大學也正在準備進入期中考階段，學習非常緊張。不知道是因為過度勞累的緣故，還是因為某種「心靈感應」的緣故，有一天，我做了一個奇異的夢，夢中有一個聲音跟我說：「這週末就要回去見一見我在澳門的家人。」這個夢一直在我的腦海輪播，導致我醒來依然能清晰地記得這夢境。我想，科學的解釋就是一種心理暗示或是預感。當天下午，我就接到媽媽的長途電話，說我爸爸中風住院，危在旦夕，

讓我儘快回家。就這樣，那個週末，我就飛回澳門去了。

樹欲靜而風不止，子欲養而親不待，人生為什麼會有那麼多的煩惱？

人生就像一場夢，本來都是空，笑過、哭過，都已是曾經。對人家笑笑，對自己笑笑，笑著看天下，看日出日落，花謝花開，豈不自在，哪裡來的永恆不變？

唯有足夠珍惜，才能讓 那變為永恆。

我爸的中風，其實要從 1982 年說起。我爸把一手「好牌」打成了一手「爛牌」，都源於他的個性，他太固執，以至於撞了南牆也不回頭，終於到了無法收拾的地步。

父親其實是有「福報」的，爺爺最寵他，把最好的都給他，而他自己又中過兩次六合彩大獎。雖然父親贏了橫財，但是，他沒有駕馭財富的能力。因為錢越來越多，反而讓父親開始不淡定，他不想再聽我爺爺的話，想開創獨屬於他自己的一番事業。父親想把整個公司買下來，成為擁有最大「話事權」的股東。那時，父親與爺爺在公司經營上有分歧，父親主張賣日貨，爺爺主張賣國貨，爺爺心裡知道只要放權，父親一定會開始進日本貨，這種經營方向上的改變，將會使「國貨總代理權」受到牽連和影響。所以，父親和爺爺經常在這事情上吵架，家庭的不和，引發了一系列連鎖反應。

最後，我父親因為爺爺不答應他的要求，就意氣用事，選擇了同歸於盡，開始不理公司經營，公司有債務也不還，導致銀行前來封鋪。最後，為了還清所有債務，父親也不得已把所有家產變賣。我們家族自此開始走向沒落。事業失敗，一敗塗地。父親內心不服氣，後來找到一個財務職位，重新開始打拼，但是做了那麼久老闆又怎麼會甘心做一個小職員？結果，父親暗中的把剩下的錢都不知不覺地賭錢輸掉了。父親用他的固執、任性，花光了家產、花光了運氣，也敗光了自己的「福報」。

一直以來，父親都想重振旗鼓，但是，命運沒有再次垂青於他，終於在 1984 年父親宣佈破產。因為經濟的壓力導致父親終於支撐不過來，所以才導致中風。

　　人生就像一盤棋，一步錯，步步錯。下棋容易，勝棋難；識棋容易，知棋難。在人生的棋局中，有得亦有失，有進亦有退。但是，無論成敗得失，只要每一步都是認真的，仔細的，負責任的，那麼你就是無悔的。

　　我總是覺得，人無論處於何種處境，都不要抱怨世態，不能放棄原則，也不必嫉恨他人。不貪，欲念少；不嗔，心易平；不求，常知足。一切都是緣份，遇上了，請珍惜；別過了，道珍重。

　　緣份開始的時候，並沒有預約，若動情，淚兩行；所謂繁華三千，抵不過似水流年的荏苒。起心動念皆是生命的經緯，念起、萬水千山；念滅、滄海桑田。

　　中國式家庭裡，父親總是扮「黑臉」的那個，但是，黑臉下面也有柔情，也有一點都不遜於媽媽的濃烈的親情。來自父親的愛，勝過天底下任何文字，這樣一個悄悄愛著孩子的人，讓我覺得無以為報。父子的緣分只有一次，沒有來世。我那時感受到一種危機感，感覺我與父親之間的父子緣份，似乎到了一個告別的時刻。那時，我的心是慌張的，有一種不知所措的彷徨。還好，後來父親平安度過了這場危機，但是，當時我們所有人都為父親擔心。

　　醫生告訴我們，父親中風很嚴重，加上父親是先天性心臟病，本來就沒有強大的心臟，所以讓我們準備後事，當年父親才四十七歲。

　　我從多倫多飛澳門，趕回去，看到父親的時候，他還昏迷不醒，一個那麼英俊的父親，如今躺在病床上，不醒人事，不禁讓人悲從中來。當時，我才知道家庭的經濟已經變得那麼糟糕，我還一直蒙在鼓裡，一股愧疚的情緒襲上心頭，我的心，像打翻了五味瓶，充斥著複雜的滋味。

那時，很多親戚和長輩都開始教導我，讓我以後不要去留學，要回來擔當起一家之主的責任，照顧父母親和兩個妹妹。這些話語，那個場景，對我來說，就像晴天霹靂，我的夢想就這樣被粉碎了嗎？為此，我在心裡鬥爭很久，很痛苦。

　　人生最大的痛苦，不是做選擇題，而是做了錯誤的選擇，結果遺憾終生。也許，我們簡簡單單做出一個選擇，卻要花一生的時間作為代價。不同的選擇，會帶來不同的人生結局。

　　我想，如果放在父親身上，他會怎麼選擇？他一定會支持我完成自己的夢想。

　　於是，我跟加拿大的朋友和教授聯繫上，教授讓我回去繼續完成學業，他保證會在經濟上和精神上幫助我。教授說：「千萬不要放棄學業，因為一個人一旦放棄夢想，他的整個人生也就失去了方向。」

　　親戚們的想法始終沒有改變，他們還是極力勸導我，讓我放棄學業，回家盡孝。我是家裡長子，守在父母身邊盡孝，是我與生俱來的責任。但是，我想，我去留學，增長自己的能力，日後會有更好的發展，這不也是為這個家庭盡自己的一份責任？我那時二十出頭歲，面臨艱難的選擇，想到父親的狀況，想到家庭的窘境，想到自己肩上的責任，我的內心充滿矛盾，也充滿辛酸，我禁不止淚流滿面。如果我放棄學業，留在澳門照顧家人，我們家一輩子的窮困，沒有盡頭。留下來，改變不了家庭的命運，走出去，闖一闖，才有可能讓家庭的命運迎來轉機。我是家裡第一個能上大學的人，放棄學業，就等於放棄改變家庭命運的機會。

　　我的選擇是，無論多麼艱難，我都要堅持完成學業。

　　做出這個決定，依然是艱難的，也是有巨大代價的。如果當時我放棄學業，回澳門照顧家人，那麼，從來不工作的媽媽就不用出去奔波，不用獨自支撐家庭，她就不會累得病倒。但是，當時我無法預知未來會付出

這樣的代價。當時，我對媽媽說：「我決定回加拿大完成學業，我們的未來就看我的成就。後面幾年也許會很艱辛，就要辛苦媽媽了。媽媽不用為我操心，我會有辦法完成學業。」媽媽聽了，很理解我，她也知道，我堅持完成學業，才有可能扭轉家庭的命運。

父親的病情好轉，我就回加拿大，繼續完成我的學業。我的父親憑藉強大的生存毅力，度過危險期，但是，他從此半身癱瘓，失去了工作的能力，只能天天躺在床上。父親的康復治療，是非常艱難的，而且，花費巨大，對我們這樣一個沒落的家庭來說，無疑是雪上加霜。父親用了好幾年時間做康復，從不會講話到勉強可以講一些話；從不能寫字恢復到寫得一手好字；從需要拐杖走路到可以獨自走動，父親憑藉頑強的意志，漸漸康復起來。

我回到加拿大的時候，已經錯過所有期中考試科目，需要申請大考一次，才能確定成績，幸好校方與教授都同意了。這次大考，我一點都不慌張，因為之前我就經歷過類似的事情，小學的時候，我曾經缺課一個多月，結果經過努力，功課趕上了，而且全部及格。那個經歷讓我知道遇到類似的事應該怎麼做，也讓我的心裡很有底氣。很多時候，每一個困難都好像是為我能承受更大的困難所做的一個預備。經過廢寢忘食的學習，結果這個學期大考成績，是我在大學那麼多學期當中，成績最好的，分數刷新了記錄。所以，困難不會讓我消沉，只會激勵我，讓我變得更加強大。

世間本無對錯，也沒有絕對好壞，其實選擇 A 還是 B 都沒有什麼關係。別那麼畏懼選擇的結果，執著於選擇的完美。

世上哪有什麼完美，所謂完美，全都是付出百分之百努力後才得到的。

存在主義哲學有這樣一句著名的話：「我選擇，我承擔，我自由。」

選擇是「種因」的過程，「自由」是選擇所帶來的一個「善果」，

而最關鍵的是過程，要用全身心的付出，去贏得自己想要的結果。願意承擔結果而做出選擇的人，可以活得自由，即使這個結果並不是百分之百完美。

世上沒有絕對完美，做出一個選擇，總是要放棄一點其他東西。既然沒有完美，那麼承擔結果，做出選擇，獲得自由，當然是面對選擇的「最佳態度」。

人生無常，我們永遠不知道明天和意外哪個先來，我們只能認真地活，努力地活，活出真實的自己。珍惜眼前人，多付出愛；珍惜眼前事，多盡些力。在這「人生苦短」的匆匆歲月中，把每一分每一秒活得無比豐盈。

只要心中有未來，人生就有希望，人就能幸福起來。這世界上最美好的事情，就是心裡有期待的人、期待的事、期待的未來。當心裡有了期待，平常的日子也就有了色彩，人最幸福的時刻，不是獲得幸福的那一刻，而是期待幸福降臨的時刻。

人生最美妙與最殘忍的事情是同一件，那就是一切無法重來。唯有珍惜，才能無悔。

願你，所有想見的人，都能見到；願你，所有想做的事，都夢想成真。

第 35 章
夢想的微光，足以讓星河燎原

在時代的洪流中，勇於前行，為夢想進擊，就能有所成就，開闢人生新格局。

當夢想的微光與奮鬥的精神結合，就能產生燎原星河的力量。或許我們每個人都有過失敗的經歷，或許就是失敗的慘痛經歷，讓他們意識到自己能力就是自己最大的財富，只有激發自己的潛能，才能改變命運。積極進取，厚積薄發，擁有一切重頭再來的膽識與氣魄、夢想的心與奮鬥的步伐，都是人生路上至關重要的。

有了為夢想不顧一切的膽識與氣魄，就能為自己增添澎湃的前進動力，不懼任何困難，才能義無反顧，勇往直前。追夢路上，永不停歇，就能最終鎖定勝局。

因為父親中風，家裡經濟出現問題，不能再支撐我完成學業，我不得不「自己動手，豐衣足食」。不過，塞翁失馬，焉知非福，這也促使我走向獨立，鍛鍊了我實踐的能力。1985 年暑假，我開始破釜沉舟，一邊繼續學業，一邊打工賺錢。

在 1984 年，就是之前一年暑假，很幸運，我得到了一個賺錢的機會。有位教會朋友，他是開電腦零售店的，他讓我免費在他那裡實習，這樣，實踐的機會與賺錢的機會就都來了。因為剛好那時正值蘋果第一代 Macintosh 的發佈，我有機會當了第一代的「蘋果銷售員」。當時，我

代表公司在一個很大的商業會議上，展示最潮流、最先進的蘋果科技產品。我記得，當時圍觀的群眾實在太多了，巨量的粉絲人數，讓我感到非常吃驚，原來先進的科技產品可以圈到那麼多的粉絲，而龐大的粉絲群，所帶來的經濟效益也是不可估量的，我的心被深深震撼，也可能因為這個原因，從那時起，我對電腦圖形軟體產生濃厚的興趣。

到了 1985 年暑假，我再次回去找那位朋友，告訴他我家裡的情況，希望能夠賺點學費。這位朋友那時剛好接到一個非常棘手的工作，正好急需人手，就希望我能幫他這個棘手的工作，當然，也會有相應的酬勞。因為我的這位朋友，他是一位很有名的駭客，當時 IBM 的系統都被他攻破了，所以，他就是世界頂尖的資訊技術高手。他名聲在外，所以有一家公司找到他，讓他做一個專案，就是先把一個價值上億萬的系統的文檔格式破解出來，然後用剛剛發佈的 IBM 個人電腦做一個塗色的程式。

他們是一家叫 Colorization 的公司，專門接單把舊的黑白電影變成彩色電影，在過去一百年間，黑白電影的數量驚人，所以，這門生意的前景是非常可觀的。但是，Colorization 公司一直都是用價值上億萬的大型專業機器做塗色和合成的，成本是非常高的，而他們的生產量又那麼大，就想辦法降低成本。他們想到可以先用個人電腦把主要的工作完成，如果可以實現工廠化，找很多人在便宜的個人電腦上塗色，生成檔後，再集中起來，彙聚到價值億萬的機器上做最終的合成，因為只有最後一步用到這個昂貴的機器，這樣，就能大大減低成本。

其實，從現在的眼光來看，這個工程，並不是一個好專案，因為存在非常大的風險，技術上和商業上都存在風險。但是，在當時來說，不失為一個好專案。我就這樣接了這個專案，有了賺錢的機會，我渾身上下都充滿了幹勁。

我還記得，那時，電腦技術還不發達，我們當時所使用的技術，放

在今天來看，是挺原始的。原始到什麼程度呢？就是大量的工作都必須人工完成。我每做一個檔改動，就要把整個檔系統的數據全都列印出來，然後每個數字一一對比，看看哪裡不一樣，然後，進行修改。有點像是「代碼走查」，完全是靠人工，我成了一個非常非常辛苦的「碼農」。這份工作，枯燥而乏味，每天沒白天沒黑夜，我憑著超凡的耐心和毅力，在三週內把這個檔系統的邏輯和格式破解了。這個經歷給我的啟示頗多，耐心加恆心，再大的困難也不怕。我可以把看似不可能完成的工作，變成可能。這種磨礪，讓我以後工作裡多了一種「大無畏精神」，有超凡的耐心和意志力，再艱難的事情都能做到。

一個人能戰勝自我，突破自我，有什麼難事是做不到的？

那時，我不僅要做大量「處理數據」的工作，我還幫他們完成了「塗色程式」的編寫。「塗色程式」的編寫也基本上是人工完成。記得，當時 Photoshop 還沒出現，塗色軟體基本不存在，沒有任何軟體產品可以作參考，而且寫程式的語言都不太好使，因此，「塗色程式」依然靠我自己去摸索，靠我自己的創意去完成。那時，我只是完成了兩年大學課程，電腦課程是大三才專門修的，所以，對很多電腦專業知識，我其實都不太懂。但是，奇蹟是人創造出來的。經過我不懈的動力，這個「塗色軟體」居然被我用機器語言完成了。

我做的「塗色程式」的演算法和邏輯，都是我自己研究出來的，沒想到那麼管用，真的能高效完成大量塗色工作。後來，等到我讀大四時，看到一篇相關的論文，才知道我當時做「塗色程式」所用的方法竟然跟專家論文裡所提到的方法一模一樣。而這篇學術論文，是在我設計「塗色程式」前一兩年才發佈的，也就是說，雖然「塗色程式」的演算法，不是我首創的，但是，我是在沒有看到這篇論文的情況下，完全靠自己摸索出來的。這件事，讓我意識到自己發明和研究的潛力是非常大的，這進一步堅定了我在「電腦工程」領域發展的信心和決心。

這件事給我很強的自信力，秉承著無限的創造力，我相信自己可以從容掌控自己的命運。保持積極向上的進取心、自強不息的意志力、充沛的創新精神和對未來的好奇心。敢於挑戰、拼搏奮進，人因夢想而偉大，因築夢而踏實，奮鬥的每一天，就是與夢想同行的每一天。

　　這段編寫「塗色程式」的經歷，不僅讓我賺到了大三的學費，而且也讓我大三的學習如虎添翼。因為大三的課程，各種演算法、理論，我在實習的時候都實踐過了。紙上得來終覺淺，絕知此事要躬行。當我看到大三的課程，幾乎全部都是「秒懂」。實踐的經驗，比任何預習都管用，大三的課程對於我來說，不費吹灰之力，就能拿到很高的成績。

　　編寫「塗色程式」的經歷和成就，讓我再次肯定了自己，同時，也讓我明白要珍惜生命中的每一位貴人。我不知道，為何當時我老闆能對我有那麼大的信任，把這個棘手的專案交給我，他就是我生命中的貴人，給我機會，讓我發光。我內心感激他，感恩滿滿。

　　上大三不久，為了縮短學期，省些學費，我額外多選修了一些的課程，所以，平常除了讀書還是讀書，從來沒有參加娛樂專案或派對。那時，每天圖書館過子時就關門，從圖書館出來，我自己一個人徒步回宿舍，路上要走十五分鐘。我走在嚴寒中，有時雪花就那樣無聲地飄落在我的身上。加拿大的冬天特別冷，當我獨自一人，孤獨地在雪中漫步時，我就會想起林子祥的那首歌——《三人行》：「漫長漫長路間，我伴我閒談，漫長漫長夜晚，從未覺是冷。」我一直唱，一直哭，一直安慰自己，一直這樣堅強地走下去。

　　大三的時候，我被校園福音團選為團長，在福音團做了一些領導和指導工作。那一年，在福音團的工作，也有一個失敗的教訓。因為我把「傳福音」的主題換成了「內部靈修」的主題，一直以來，我覺得「傳福音」是向外求，而不顧內心的修煉，是不可行的。結果，由於我調整了福音團

的發展方向，來參加的人數斷崖式降低，一年後，我卸任了福音團團長的職務。我的內心有一個感悟：以後，我再也不能犯這樣的錯誤，如果沒有一個讓所有人凝聚起來的目標，最後只會出現團隊內部混亂。想要團隊齊心，就要有對外的共同目標。這個感悟，無論對團體、教會、企業、國家，甚至家庭，都是管用的。

頓悟是一瞬間的事，追逐夢想，卻是一輩子的事。人生需要夢想，就像黑夜需要火炬一般。在追夢的路上，我們不斷頓悟「夢想的真諦」與「未來的真諦」。

或許，你已經過了青春年少；或許，如今的你，每天被生活的瑣事糾纏；或許，如今的你，還在自己不喜歡的崗位上疲於奔命……，但當初的夢想，你還記得嗎？

一個人可以非常清貧、困頓、低微，但是不可以沒有夢想。只要夢想存在一天，就有機會改變自己的處境。

兵卒夢想做排長，排長夢想做連長，連長夢想做團長，拿破崙說：「不想當將軍的士兵不是好士兵。」從這個意義上來說，世間沒有一個人會感到絕對的滿足，人人都有自己的夢想，只是有些人為夢想而奮鬥，而有些人只是一味憧憬，結果，夢想落空。執行力有時比想像力更重要。

夢想是對未來的一種期待，是用心去實現的目標，更是現在的每一分每一秒。夢想是一種精神上的追求，一種動力的源泉，有了夢想作為方向，內心不再迷惘，有了夢想作為目標，未來少了很多「不確定性」。

夢想是生命的延伸；夢想是持續進步的目標；夢想是創造力的源泉。

夢想是遠方的燈塔，指引著前進的方向；夢想是雪後的太陽，溫暖著每一個「追夢人」；夢想是色彩斑斕的彩虹，只有在風雨之後，才顯露出它的美麗。

夢想不是現成的財富，而是需要我們播種的種子。夢想更多時候，是一張白紙，需要我們用生命描摹，我們的命運，要由我們自己掌控。夢想是一把利劍，能幫我們掃清障礙，也能讓脆弱的心變得無比堅強。

　　夢想的微光，足以讓星河燎原。讓未來充滿希望。

第 36 章　生命中的貴人是無私的「守護天使」

杜甫有一句詩：「隨風潛入夜，潤物細無聲。」我生命中的貴人也是這樣「潤物無聲」地幫助我，我的心裡對他們始終充滿了深深感激及無限感恩。

在你失意的時候，那個鼓勵你、幫助你的人是你生命中的貴人；在你得意的時候，那個給你提忠告、潑冷水的人也是你生命中的貴人。生命中的貴人，就是心懷善意，始終希望你變得更好的人。在你無助時給你助力，在你得意忘形時提醒你清醒一點。

我的生命中，有很多像春風一樣，悄無聲息地幫助我的貴人。

1986 年，我終於在學校裡找到兼職，解決了我大四的學費問題。之所以，事情會如此順利，離不開貴人的幫助。我的這位貴人，名叫 Dr. Shen，她當時系統工程系教授，也是校園團契的導師，是位基督徒。她是我非常敬重的一個教授，有出色的才華，也有高尚的品德，是我學習的對象，也是我精神的倚傍。這位華人教授，她雖然不是我們系的教授，但是，她對我格外關照，她讓我研究編程，這個程式是她的博士生先開始做的，也是教授自己的研究專案，這麼重要的一個專案，她居然給我做，可見她有多麼看重我和關照我。

這個程式是研究怎麼用電腦的原理，去高效地把皮草進行分類與組合，達到經濟上和品質上的最優化。從現在的觀念來看，這種程式就是

人工智慧 AI，就是用程式來精確最相似的皮草接駁製成優質成衣的方式，使每一張皮草都能最大化利用，儘量減少「邊角料」的產生，從而，使皮草的利用率接近 100%。這樣的工作，如果僅憑人工去做，很容易失誤，而用電腦程式來做，它是基於統計學原理，通過方案的比對，會優選出最佳的分類與組合方案，最大程度地避免浪費。這也算是我在人工智慧領域的貢獻吧！

我在做這個專案時，把我所學到的知識充分地運用進去，我巧妙地把一個「數學的概念」應用到程式裡，產生了意想不到的神奇效果。我基於「數學模型」編寫的程式，既簡潔又實用，得到教授與同學們的一致好評，經過實踐檢驗的方法是最有價值的，後來，基於做這個專案的經驗，我寫了一篇關於電腦的學術論文，產生了很大的影響力。而且，當時我編寫的這個商用的程式，交給了皮草廠家在實際生產中使用，產生了巨大的經濟效率。這個商用程式的成功，堅定了我的信心，也讓我對自己的研發能力引以為豪。

因為有了這個兼職，我有了經濟來源，就不必為學費而四處奔波。暑假到來時，我可以繼續留在校園進修課程，因為有大量的時間用在學習上，我的學業就全面提速了，最後，我提前一個學期就畢業了。

感謝我生命中的每一位貴人，他們的無私幫助，才成就了今天的我。人生最難得的是，落寞時，貴人會向我們伸出援助之手；得意時，貴人會批評指正我們，貴人就像我們生命中的「守護天使」。

俗話說：「錦上添花易，雪中送炭難。」在人生得意時幫助你的人，不一定是貴人，但在困境中願意拉你的人，肯定是你的貴人。正如楊絳說過：「惟有身處卑微，最有機緣看到世態人情的真相。」貴人的無私幫助，往往不求回報，這一點才是最難能可貴的。我們能做的就是銘記他們的好，感恩他們的付出。

貴人們不僅給予我物質上的幫助，更給予我精神上的鼓勵，激發我的潛能，照亮我的人生，支撐著我振奮精神，堅強地走下去。

　　對貴人要心懷感恩，同時也要感恩自己，因為自己也是自己人生中最大的貴人。感謝自己堅持夢想，也感謝自己始終為實現夢想而奮鬥。

　　遇見貴人有多重要？《三國演義》裡，如果沒有劉備的關照，關羽可能一輩子都在賣綠豆，張飛也可能一輩子賣豬肉。然而，貴人是可遇不可求的。貴人往往只會在某種機緣巧合的場景下，因為賞識了你某一方面的素質或能力而出現。所以說，要想在生命中遇到貴人，自己就必須足夠努力，要讓自己在某些方面有足夠大的優勢，只有這樣，我們才能得到別人的賞識，別人才願意成為幫助我們的貴人。這就是「天助自助者」的真理，當別人向我們伸出援助之手時，必須知道我們的手在哪。當別人願意幫我們的時候，我們自己身上要有值得別人幫的才華與閃光點。

　　1986 年底，我再次遇到貴人，我的生命中，總是貴人不斷，我想這是我的幸運，也是我努力的結果，越努力就越幸運。那一年，畢業之前，我與當時全球最領先的電腦圖像研究方面的著名教授會面。會談後，教授對我非常認可，覺得我既有天賦，也有功底，而且肯努力，於是，決定錄取我為他的碩士生。而且，教授在得知我的情況之後，還分外關照我，讓我當他的教務助理，並為我申請了相應的薪資待遇。這樣一來，我既能專心致志搞研究，而且還有一份非常穩定的收入。

　　人生的路，坎坎坷坷，誰都可能會遇到困難，甚至遭遇磨難，能遇到貴人向我們伸出援手，真是一件幸運的事，也是值得永遠感恩的事。生活中的困難，各種各樣，我們之所以能堅持到底，走出困境，也許就是因為有貴人的幫助。有了貴人幫助，我們不再是孤軍作戰，我們不再孤獨，內心也有了勇氣，別人幫我一把，也激發了我自己的潛能。

　　當我手足無措時，貴人為我出謀劃策；當我遇到經濟困難時，貴人

幫助我創造賺錢機會；當我才華無法施展時，貴人給我平臺，讓我馳騁。當我驕傲自滿時，貴人提醒我為人低調；當我情緒消極時，貴人鼓勵我重新振作；當我茫然無助時，貴人指引我，找到方向。在我的生命中，貴人就像是我的「守護天使」一般，他們無私的「大愛」，讓我感動不已，時常淚目。

感恩心強的人更容易遇到貴人，因為懂得感恩，會使貴人感到幫助你，很有價值感。感恩心強，不能理解為一句「謝謝」，而是從內心深處感激他人。而且，貴人的出現，也符合「吸引力法則」，你必須正能量滿滿，才能吸引貴人的垂青，假如你是一個牢騷滿腹的人，負面思維及負面情緒太多，抱怨不停，貴人容易對你敬而遠之。如果你面朝大海，心懷星空，正心、正念與正行，自然有貴人激賞。

貴人像「守護天使」常伴你左右，那是因為你自己也是一個天使。

第 37 章
獨立思考，去過自己想要的人生

叔本華說：「真正獨立思考的人，在精神上是君主。」。

知識學得再多，如果不能獨立思考，就無法活學活用。一個人擁有大量的知識，卻未經過自己頭腦的獨立思考而加以吸收，知識反而成了一種負擔。知行合一，才能步步致勝。知而不行，還不如不知。可見，一個人擁有獨立思考的能力，實在是太重要了。

沒有人可以左右我的人生，因為我有獨立思考的能力，也有做出每一個正確選擇的勇氣與自信。堅定自己的選擇與初心，生活不是電影，沒有預設的劇本，去過自己想過的人生。

世界上還有很多美麗的事物，值得我們去邂逅，世界上也有太多的未知，靠我們自己去創造新的、更加美好的一切。現在的付出，會變成一種沉澱，它們會默默鋪路，只為讓自己將來成為更好的自己。

1986 年的時候，我面臨研究方向的選擇時，內心非常迷惘。究竟選最熱門的數據系，還是剛剛開始熱門起來的互聯網工程？選擇前者，保證以後可以找到銀行程式員這類的工作；選擇後者，可能未來就有更多的不確定性。而且，除了這兩個選擇，我還有第三個選擇，就是無人問津的「電腦圖形工程」。面對這三個選擇，我的內心充滿矛盾，難以取捨。因為我過去幾年的經歷，我知道「電腦圖形工程」在未來將會有很大發展空間和機會，而且，我又喜歡做前瞻性的專案，所以，在徵詢了教授的意見後，

我就決定選擇「電腦圖形工程」為我的研究方向。很多時候，選擇正確，就決定未來方向正確。「選擇決定命運」，真的是一個真理。

要做出正確的選擇，就要先有正確的思維。因為之前的經歷，讓我對「電腦圖形工程」有正確的認知，所以我才能選對研究方向。很多人問我：「一路走來，你每一次都選對了，是當時就有先見之明，還是後知後覺，碰巧做出正確選擇？」

我說：「我可以很誠懇地告訴你，每一次重大的選擇，我都進行過全面的思考，的確當時就已經考慮得非常全面與細緻。」

關於選擇，我得到的啟示是「Critical thinking」很重要，要有批判性思維，要獨立思考，而不是隨波逐流。所以對孩子的教育，越早幫他們發掘「Critical thinking」，會越早受益。我們平常企業開會時，其實都不是在創新，而是去發現各種思維方式與各種創意，然後，再綜合分析而得出最佳的結果。所以，知識並不是最重要的東西，而學習方法，決策方法才是每個人需要儘早掌握的技能。

人為什麼需要獨立思考的能力？那是因為你需要用你自己的眼睛去看世界，得到自己的感受，用自己的頭腦去思考，得到自己的答案。其實，世界本質上沒有標準答案，所以，得到一個答案並不重要，重要的是思考與找尋答案的過程。人云亦云，隨波逐流，就等於放棄了自己決定自己人生的權利。失去獨立思考的能力，你的人生便開始喪失意義。

頓悟和獨立思考，才能讓自己有所成就。人需要具備獨立思考的能力，讓思想縝密與嚴謹，同時，也讓自己表達、談吐表裡如一，氣度非凡。做一個簡單的人，時時頓悟，內心明淨如水，踏實而務實，不沉溺於幻想，不庸人自擾。像哲學家一樣嚴謹地思考，像政治家一樣有魄力地去做決斷。浮生如夢，山高水遠的人生道路，終究是要靠自己走下去。

我思故我在，思想預設了未來一切的成功。找不到答案的時候，就

獨自去看一看這個世界，靜下心來思考。這世界上最強大的人，就是那些能一個人默默思考的人。

為什麼有些人，能看清事物的本質，那是因為他們不是用眼去看，而是用他們的心去看。

也曾經有人跟我說：「因為你是理工男，所以，你才會用邏輯分析來做決策。但是，現實生活中，很多人並沒有那麼嚴密的邏輯思維，他們又怎麼能做到獨立思考，並做出正確選擇呢？」

話雖如此，但是，我要告訴大家的是：沒錯！在收集資訊，進行分析，我是用了左腦，但是，真的做決策時，我是憑感覺，憑自己出色的直覺。直覺是什麼？就是人生經歷的累積，這些經驗讓我的直覺正確率很高，甚至這種正確率可以達到百分之百。

我為什麼對自己的直覺有如此強烈的自信？

那一定是跟我過去腳踏實地的努力分不開的，量變的積累才會引發質變。有厚實基礎，直覺才會有超高的準確率。事實上，真正用數據分析的人，永遠做不出決策，因為當你用數據做分析時，你心裡明白：不論怎麼分析，都會有未知的風險。真正用數據邏輯做決策的人，都是裹足不前的。」如果大家看馬斯克的訪談，記者問他為何有把握投那麼多錢去做火箭，他一定會告訴我們，他當時只有一成的把握。如果不是他的心、他的經驗、他的勇敢、他的理念，這些直覺的東西告訴他應該那樣做，那麼，那些被認為很偉大的事情就無法付諸實踐，而只能繼續停留在「空想」的階段。

自己的命運由自己做主，自己的人生由自己刻畫。

獨立思考的能力能給自己多一點信心，勇敢地跨出第一步，你的人生將因此而不同。有些事，別人無法代替，有很多答案，需要自己去尋找。

自己找到的答案與別人給的答案，那是完全不同的，親身體驗過的人生，才是真正屬於自己的人生。如果你不夠堅強，沒人來替你悲傷；如果你不夠陽光，沒人來替你惆悵。自己想要什麼樣的人生，自己最清楚，成為一個更好的人，才能擁有一個更加美好的未來。

獨立思考，擁有明朗的心境；獨立思考，擁有強大的心力；獨立思考，擁有自己想要的未來。沒有人能替代你的悲傷，也沒有人能替代你的快樂。你的情緒，無人可以替代，同樣，你的理智，也無人可以替代。獨立思考，修煉一顆強大的心，不被繁華紛雜的世界所左右，也不被他人的意見所左右。去經歷人生一切艱難險阻，去經歷成功與失敗，不悲觀，不氣餒，努力爭取自己想要的生活。

帕斯卡爾曾經說過：「人是會思考的蘆葦」。這句話把一個深刻的哲理講得很生動，我很喜歡這句話。

我們生而為人，在浩瀚的宇宙和自然面前，不過是一根蘆葦罷了。然而，人因為具有思考的能力，才有了立於萬物之上的資格。獨立思考的人，不會任由命運擺佈，人的尊嚴就在於：獨立思考。

我思故我在，我思故我成。天勝地一念，這一念就是思考；地勝天一行，這一行就是腳踏實地。把天的靈氣與地的踏實結合起來，就是成功的密鑰。

第 38 章　被動，世界說了算；主動，自己說了算

人生在世，想要的，就自己去爭取。

我們從小就被灌以各種為人處世的大道理，我們性格變得馴服，但是長大以後才發現，世界不會主動給我們什麼，你自己想要的東西，只能靠你自己去爭取。

有一句話是這樣說的：「我們懂得那麼多道理，還是過不好這一生。」道理懂得再多，不自己去爭取，還是什麼也得不到。

一個又一個道理，倒背如流，根深蒂固，反而約束了內心的自我，它讓我們聽不到自己的渴望，看不清自己努力的方向。

其實，很多時候，我們最容易忽視的是自己。世界太嘈雜，以至於我們聽不到自己內心的聲音。當我們傾聽自己內心的時候，這種內心的聲音才可以真正激勵我們前進，激勵我們奮發，催促我們努力去爭取自己想要的東西，喚醒沉睡的自己，想要的，就立刻去爭取。

1987 年，我們的研究室第一次拿到了新出版的 Photoshop 軟體，大家都非常好奇，這個「圖形軟體」的功能太強大了，我們都被深深震撼，因為我自己之前也編寫過「圖形軟體」，所以，當接觸到 photoshop 時，我的內心湧上一股敬佩之情。

之前，我編寫「圖形軟體」，是我一個人獨自完成的，沒有借助團

隊的力量，而現在已經到了一個大合作的時代，個人再優秀，也要尋求團隊協作，才能取得更大的成就。就算 Photoshop 這樣強大的「圖形軟體」，它也是團隊協作的結果。那時候，圖形技術還處於初期，很多技術需要我們自己去研發，恰好我們研究室就有三位世界知名的圖形技術方面的教授，我通過與他們的合作，用數學方程式來建立三維順滑的虛擬空間。我們的圖形技術獲得了重大的突破，吸引了汽車電影等一些業界人士對我們持續關注，他們對於我們研究懷有熱切的期待。

那時，研究生要想獲得更多機會，就要去參加學術大會。除了去學術大會發表自己的研究成果之外，當然也有去學術大會當義工的機會。1987 年暑假，我第一次有機會去洛杉磯參加學術大會，也是第一次有機會去參觀好萊塢和迪士尼。這些活動，極大地開闊了我的眼界，不管以何種身份，去參與到世界頂尖的領域，都會有意想不到的豐厚的收穫。眼界一開闊，看問題的角度就會變得完全不一樣，當時，很多研究室的同學都去，大家一起學習，也一起遊玩，很快就建立起深厚的友誼，這些友誼，對於我個人日後的發展起到了巨大的作用。

那個時期，最讓我興奮的是做大學助教。當第一次為小我四年的大學同學上課的時候，我感覺自己就像真的當上教授一樣興奮。當時，班裡有一百多個同學，我擔心我的英語他們聽得懂嗎？聽不懂不就誤人子弟了嗎？如果他們向我提問，而我不懂，怎麼辦？給大家上課之前，我的內心有無數的擔心與忐忑。但是，真正給大家上課之後，我發現一切的擔心都是多餘的，因為我所教的內容都是我再熟悉不過的，加上我有豐富的實習經驗，這一切知識與經驗的積累，讓我講起課來，既生動又自然，而且乾貨滿滿，同學們對我都非常敬佩，認為我的課講得特別好。掌聲不斷，讚譽不斷。

我也很奇怪，我第一次講課，完全不怯場，我的內心有著強大的自信力。我之前有過音樂表演的經歷，經常登上舞臺，而現在，我登上教

學的講台，自然就不會緊張，甚至是遊刃有餘的。因為我講課很成功，慢慢的，我愛上了這個「教學舞臺」。

我講課，確實讓很多同學受益，但是，最受益的人其實卻是我自己。從那時起，我悟出一個道理，就是要用「輸出」的方式，去做「輸入」的事情。你想更深刻地學會哪一門學問，你在有了一定基礎之後，就要去跟別人分享這門學問，因為你在「教」的過程中，你進一步深化了自己對這門學問的認知。在很多時候，學習知識，只是為了應付考試，知識只是強行塞進腦袋，並沒有得到真正的消化，而通過「教學」的方式，可以再次把這些知識分解、消化、融會貫通，所以，想學好就要去教。

做助教時，我對學生其實是比較嚴格的。在給學生打分時，一點也不鬆，甚至比其他老師更加嚴謹。但是，可笑的是很少有學生因為分數低，來找我理論。因為我打分，基本上是很客觀的，不會出錯，偶然有幾個人會來跟我理論，我就耐心地跟他們討論。其實，我最喜歡這種主動爭取的人，因為他們知道他們自己的價值，不懂的地方，他們會來問，覺得不對的地方，他們也會來爭取。這些懂得爭取的的人，只要他們有理，我都會重新給他們打分。

社會就是這樣，沒有人會自動地送福利，你想要的，就需要自己去爭取，這就是永恆的真理。英文有句話特別好：「No one is entitled.」。

我後來的經歷，也再次驗證了這條真理，世界不會主動給你什麼，你自己想要的，就要自己主動去爭取。那時，因為學校規定碩士生不能擁有超過六學期的工作補助，所以，在 1989 年五月之前，如果我未能完成碩士學業，以後就沒有工作補助了。

其實，我在 1989 年一月已經把畢業論文交給教授，但是，他回饋得特別慢，來來回回都是小改。到了四月份，教授突然又提出了很多的改動，而且，要求我加上新的研究成果。當時，我就很不解，為什麼來來

回回修改這麼多次，本來應該通過了，臨時又要加上一些新的研究成果？後來，我哭著跟他說：「為何到這個關鍵點，你才提出那麼多的要求，我眼睜睜看著好幾個月的時間被浪費掉了。而且，因為論文遲遲沒有通過，我五月就沒有工作補助了。」因為我是自己攻讀碩士，我就要求教授是否可以給我畢業，論文方面是否可以放過我一馬？一天後，教授就告訴我，我的論文，他已經簽字，通過了。

當時，我內心的滋味很複雜，一方面特別高興，另一方面又有一種辛酸。教授說他自己是有私心的，遲遲不讓我的論文通過，他想留著我繼續幫他廉價做研究與出論文。其實，社會上能幹的人之所以很難被提拔，就是因為提拔他，就等於不能再讓他繼續為我所用。很多有才華的人，因此成了別人的「廉價勞動力」。教授說出了一個真理，這個真理讓我受益匪淺。

人要有被人利用的價值，但是，同時又要防止自己的才華一直被人廉價利用。

我看到教授的幾位博士生，都待在那裡超過六年了，六年的苦熬，都沒畢業。我心裡終於知道是什麼原因，這位教授的論文之所以那麼多產，是以犧牲很多學生作為代價的，真是「一將功成萬骨枯」。我慶幸自己懂得為自己爭取，才不至於步那些博士生的後塵。

就這樣，本來五月底畢業典禮可能與我無緣，但是，我自己主動去爭取、去抗爭，所以，五月初，我就接到可以順利畢業的通知。二十五歲的我，就這樣有驚無險地順利結束了大學的生涯，準備踏上人生的第二階段。

努力的意義在於：只要你去做了，為自己去爭取了，那麼你就一定會有收穫。

只要你開始出發，開始去為自己發聲、為自己爭取，那麼，最難的

問題就已經解決了。許多時候，我們努力的結果不是為了證明自己多麼優秀，而是為了證明自己想要的東西，可以通過我們自身的努力去得到。而且，我們本應擁有的，就算他人或世界不想給，我們也可以去爭取、去抗爭。

　　被動，世界說了算！主動，自己說了算！

篇章七

夢想不休不止，腳步永不停歇

第 39 章　愚者錯失機會，智者抓住機會，成功者創造機會

機會只留給有準備的人，這是一個真理。

萬事俱備，只欠東風。機會就是「東風」，而要做到「萬事俱備」，則需要我們默默努力。

世界上機會很多，當機會來臨時，你能不能抓住，抓住之後能不能創造業績，這才是關鍵。機會真是「神奇」，它給「疑無路」的人帶來「柳暗花明」。千江有水千江月，萬里無雲萬里天。有江河一樣源源不斷的才華，才能接得住「千江月」的美景。青雲直上九重霄，一切的成功都源自背後不為人知的默默努力與辛勤的付出。

機遇偏愛有準備的人，中國有句古話：「台上一分鐘，台下十年功。」羨慕別人，不如自己默默努力。

大學畢業後，我到溫哥華的一家公司面試，結果還是蠻順利的，很快就得到了這家公司的一個職位，我之所以應聘這家公司，也是同學的推薦，他半年前就已經去這家公司就職。他跟我說這是一家相當不錯的公司，如果我去應聘的話，不僅專業對口，而且未來的發展前景也會很好，有了同學的推薦，我的心裡就有了底，覺得不妨一試，就去了，沒想到，那麼順利就應聘上了。

應聘成功之後，就去那家公司上班，我又遇到一個貴人，他是這家

公司的主管，是非常優秀的一個管理者。他對我的能力與人品都非常認可，所以，他特別器重我，給我很多機會讓我施展才華。後來，他給了我三個重要的鍛鍊機會。第一個機會是，他指派我去做「棄置老產品」的維護工作，這個工作沒有什麼技術含量，但是，我一點都沒有嫌棄，我總是擅長從平凡的工作中發現一些閃光點。在「棄置老產品」的維護過程中，我發現這些產品曾經都是成熟產品，我可以在這些老產品中發現問題，並給出優化方案，能夠學到很多很優秀的邏輯模型和代碼編寫的範式。老產品被棄置了，但它們的價值卻是不可忽視的。

　　派我去做「棄置老產品」的維護工作，就等於讓我去維修故宮一樣，從中欣賞故宮建築的高深造詣。在旁人看來，只看到老產品的「老」，而我卻從中感受到了「經典」，我不斷吸取這些「經典」產品的精髓，從中學到大量寶貴的知識和前人的經驗。我懷著謙卑之心，認認真真做「棄置老產品」的維護工作，做了半年，工作很出色，得到主管和同事們的認同。於是，公司主管就指派我去做更重要的工作。

　　我又得到一個絕佳的機會，可以參與研發工作。我們要開發一個市場上從未有過的功能。那個時候，很多工具都是用文字指令的，沒有現在很方便的互動性輸入。我們當時的研發工作，就是要彌補市場上的這一空缺，是非常有開創性的。我憑藉「首創精神」，負責設計動態生成的互動性輸入框，正好我之前的設計「圖形程式」的經驗有了用武之地。我設計出的互動性輸入框極大地優化了用戶的使用體驗，是全行業領先的，得到大家的誇讚。

　　那個時期，我除了做研發工作之外，還配合客服部門做技術顧問。因為用戶的許多問題，客服人員無法解答，我就出任「顧問」的角色，為廣大用戶解答各種專業性問題。配合客服做技術顧問，並不是很容易，對一個英語不太好的人是一個很大的挑戰，這種電話交流，沒有眼神的交流，也沒有手勢的交流，純靠聲音，而且，技術性的「專業英語」，

有很多很長的單詞，這進一步加大了溝通的難度。

每次上崗的時候，我都特別緊張。我心裡求神祈禱，希望沒有人來電。不過，這種緊張感，沒有持續太久。經過幾個月的磨練，我戰勝了自己，交流越來越順暢，自己的自信心也慢慢的建立起來。

現實生活中有些人總是坐著等機會，還時常抱怨「懷才不遇」，甘願做一個「守株待兔」的人。殊不知，如果一直這樣等機會，機會永遠不會到來。你一味地等機會，機會就會像滿天星斗，可望而不可及，即使機會真的來到身邊，也發現不了，更不用說去捕捉機會和利用機會了。寶劍配英雄，你首先要成為一個英雄，才配得起這個世界上最好的寶劍。

機會只偏愛有準備的人，不要一心想著機會，而應該為成功默默地做準備，準備好足夠的知識、能力、經驗，才能抓住機會、利用機會。機會只是成功的一個導火索，成功與否，關鍵在於我們自己的準備。

要取得成功，就不能尋求安穩，而要適應變化，成長和舒適不可能共同存在。生活中，你肯定曾聽過這樣的話：「你需要跳出你的舒適區」，這是一個老生常談的話題，但是，這也是一個真理。跳出舒適區的好處，就是可以獲得更大的收益，可以更加快速地成長。跳出舒適區，能夠極大增強你的創造力和隨機應變的能力，進而幫助你成功。

花無百日紅，人無千日好。好景不長，一年後的某一天，主管讓我們做一些很奇怪的操作，讓我們每個人都摸不著頭緒，一時半會不知道他是什麼意思。主管讓我們把所有的軟體、檔、文檔全部做了備份後，然後，就把我們都召集起來，每人發一個信封。我們每個人手裡拿著信封，看到信封裡是錢，就猜到發生什麼事了。主管跟我們說：「今天，是大家在一起工作的最後一天，因為公司倒閉了，以後，大家就另謀高就，各自安好吧。」

1990 年七月，我所就職的公司倒閉了，這一天發生的事，對我的觸

動特別大，顛覆了我對工作的依賴，世界上並沒有一份工作是永遠穩定的。天天上班，過舒適與穩定的日子，但是這平淡如水的日子背後卻蘊藏著很多危機。我領悟到，原來，安全感永遠不能放在公司上，真正的穩定來自於自己的能力與對未來的底氣，安全感是自己的經歷和履歷。從此之後，我會更關注我的履歷的強大，這才是我安身立命的資本。

因為當時我持的是工作簽證，沒辦法與大家慢慢等機會。但是，上帝為你關上一扇門，一定會為你打開一扇窗，幸好我另一個大學同學就職的多倫多的一家公司，那時正好在招聘人才，我又有了一個應聘的機會。而我們公司的副主管在公司倒閉前幾個月，就跳槽去了多倫多那家公司，此時，他正當作多倫多那家公司的總裁。

這位總裁，他親眼看到我的能力和貢獻，而我的同學也向他講述了我的才華和人品，所以，這位總裁非常看好我，就拒絕了一個有多年經驗的工程師，而選我這個只有一年工作經驗的新人。

這位總裁對我說：「信任是最重要的，所以，我願意在你身上賭一次。」

聽他這麼說，我當時暗自下決心，絕不會辜負他的期望。我人生第一次切身感受到，人的履歷非常重要，比履歷更重要的是人自身的實力。工作就是幫公司解決問題，沒有強大的實力是不行的，別人做不到的事，你能做到，這就是實力。

我到多倫多的公司就職後，要做的第一件事，就是要做一個「天荒夜譚」的產品。這是一個前沿產品，之前，行業內還沒有人能做到。整個產品的邏輯模式比較複雜，創新性極高，就是怎麼把一個視頻和虛擬三維空間無縫銜接，這一技術可以用來製作「電影大片」的特效。今天的人們，大片看多了，特效也覺得稀鬆平常。但是，當時，這項技術的確是很前衛的。

我記得在第一個月，我什麼代碼都沒寫，只是去做研究，看相關技術的研究報告，把我學到的各種數學知識都拿出來用，做出一個方程式，足足有四張紙，就像「天書」一樣，有了這些基礎之後，我才開始編程。多年的經驗，使我養成了一個工作習慣，就是做大量準備工作，磨刀不誤砍柴工，有條不紊的工作方式，往往能帶來意想不到的豐碩成果。我全情投入地做這件事，結果，在一個公司的全員大會上，市場經理把我做的軟體展示出來，一下子就震驚全場，大家之前都沒用過如此炫酷的產品，都被震撼了，大家對我讚譽有加，也讓我很快被公司關注和重用。

　　哥倫布創造並抓住「大航海」的機會，因而他發現了新大陸；牛頓創造並抓住機會，發現了「萬有引力」定律，造福全人類。僅僅「徒有羨魚情」是遠遠不夠的，思考如何自己去創造機會才能更快速地走向成功。

　　未來是未知的，我們不能在確知自己一定能成功之後，才去努力，相反，是因為我們足夠努力，做好一切準備，我們才有可能成功。積極準備，以胸有成竹的姿態，創造機會，才能把「機會」變為「成功」。

　　一位哲人曾說過：「機會對於不能利用它的人又有什麼用呢？正如風只對於能利用它的人才是動力。」

　　機會並沒有像很多人想像中的那麼難以遇見，甚至可以說，我們這個時代，到處都是機會。機會更不是可遇不可求的，只是它只留給有準備的人。

　　世事變化莫測，機會雖多，但是稍縱即逝。

　　唯有做好萬全準備，能為自己創造機會的人，才能打開成功大門，看見勝利的曙光。

第 40 章 決定你能走多遠的，是你的思維方式

人一定要跳出條條框框，在更高維度，才能解決當前維度的問題。

互聯網時代有個詞很火，叫「降維打擊」，大概意思是，高維度生物，對於低維度生物，擁有絕對的優勢，一打一個準，低維生物完全招架不住，沒有還手的能力。從思維方式的角度來看，也是這樣，能突破自己的思維方式，就等於把自己提升到一個全新的境界，這叫作「躍遷」，是能力上的質的飛躍與昇華。

要想跳出當前的困境，突破自己，就需要像這樣做降維打擊。

我是一個善於適應變化的人，因為我的思維方式始終在變，應變能力很強，所以，上級也更樂於把新任務交給我去做。

在多倫多公司 Alias Research 工作時，雖然我所在的那個組取得了豐碩的成果，但是公司發展的方向有了新動向，決定解散這個組，合併到一個更大的團隊中去。其實，這也是對我們組的一個認同，讓我們開發的功能擁有「主功能」的地位，能得到更廣泛的應用。因為工作的變動，我也變成跟另一個主管合作。這個新主管，他知道我的能力，所以，又把另一個很有含金量的研究專案，交給我設計。這又是一個千載難逢的機會，所以說，這個世界從來不缺少機會，就看你有沒有準備好。

我們的知識準備好了，能力準備好了，但是「思維方式」是否也準

備好了？

當你用低維度的視角去看某個問題的時候，感覺它無法解決。

但當你站在更高的一個維度去看它，也許就變成一個很簡單的問題，甚至連問題本身也消失了。就像馬車的時代，大家都在尋找更快的馬，但當汽車被發明出來後，這個問題實際上已經不需要解決，它在更高維度已經不再成為問題。

思維層次的差別就是高度上的差別，而高度上的差別帶來的是全方位的差異。

提升我們的思維層次，站在更高的認知維度上，才能解決別人無法解決的問題，思維方式決定了你能走多遠。

當我接到公司給的新任務，開始開發一個全新的功能，我發現要用很多高端數學來構建。當時，設計這個數學模型的架構師是一個高級工程師，水準非常高。我記得很清楚，當時，用戶用四個圓圈，重疊在一起，圍成一個圈，我們的工具就能把這些形狀生成一個實實在在的物體。就是能把用戶的創意，瞬間實現，把簡簡單單的幾個圈，加皮膚變成一個非常生動、實在的虛擬模型。

當時，市場經理說：「我期待的是一個甜甜圈形狀的虛擬模型，但是，你們的工具只能生成一個吊墜的形狀，對於用戶來說，是不可能接收的，是不合理的。」那個高級工程師就解釋說，從數學上來講，這個結果是正確的，而且，用戶要的形狀是數學原理上不容許的，用戶的方案，從數學的角度來說，並不可行。市場經理聽了，就很失望地離開了。說者無心，聽者有意。我聽到後，心想，用戶期望是沒有問題的，誰用這個工具都有這個期待，四個圓圈圍，重疊在一起，為什麼不能是一個「甜甜圈」？

當時，我本可以選擇附議高級工程師的說法，這樣，大家都省事。

但是，我心裡是過不去的。我們的工具做不到客戶的要求，不能滿足客戶需求，我們不能找任何藉口。於是，我花了一個晚上的時間，輾轉反側，反覆思考，終於，我想到了解決方案。第二天，我展示給大家看，市場經理與客戶看了，都非常開心，但那位原高級工程師懵了。我告訴他：「只要把四個圈重複一遍，就有 8 個圈，然後把多餘出來的邊切掉，我們就能得到一個完美的甜甜圈。」那位原高級工程師聽了，這才恍然大悟。這件事讓我領悟到：有時候，方案需要「out-of-the-box」，就是要脫離自己給自己的框架，從二維跳到三維，從三維跳到四維，在更高的維度去尋找答案，就會得到最優的解決方案。從此，這個「甜甜圈」事件，也成為公司口口相傳的佳話。

有一句諺語：「再大的烙餅，也大不過烙它的鍋。」烙餅是產品，烙它的鍋是「思維方式」，思維方式變強了，產品才能相應變得更好。落後的思維方式，限制你的發展；先進的思維方式將成就你。

有的人，面對千變萬化的世界，常常自鳴得意、淺嘗輒止，觸及不到事物的本質，只是在量變上徘徊不前。

要不斷提升自己的「思維模式」，讓自己的思想抵達「通透層」，擁有獨立思考與判斷的能力，突破思維上的條條框框，不斷獲取新的知識，站在更高的維度來思考問題、尋找解決之道。

擁有大格局的人，在人群中會自然散發不一樣的氣質，謙恭卻有內涵，溫和卻有力量。思維不僅決定你思考問題的方式，也決定你做事的效率與處世的風格。讀過的書、走過的路、見過的人，都可以幫助我們提升自己思想的深度，也可以幫助我們開闊眼界，幫助我們突破自己，讓思想的力量彙聚與昇華。

當然，工作中有成功的喜悅，但是，並不是所有工作都是那麼新穎與令人興奮。當我們第一次把新款產品測試發佈後，其中一個功能，就

被很多客戶投訴。客戶發現，輸入一個其他軟體做好的模型進來，有時候一個小時都進不來，就是出現了相容的問題。為了優化這一功能，原創的工程師怎麼調試，都調試不好，於是，我的主管又把這件棘手的事交給我辦。

剛開始時，我也沒有辦法做大幅度優化。後來，我決定要從根源上解決這一問題，我開始重新研究工程師的邏輯和數據結構，終於，發現他選擇的數據結構是最有潛力、最新也是最強大的，理論上是最好的，但是，也正是這個超前的數據結構導致相容問題。這個數據結構太新了，當輸入其他工具做的舊模型，就導致新舊不能相容，效率變得非常慢。於是，我重新設計新的、更簡單的數據結構後，模型的導入速度，提升了一百倍以上。問題得到圓滿解決，客戶對我們讚譽不斷，客戶也堅定了與我們公司長期合作的信心。

這個經歷，讓我更懂得，在設計上不要只是看理論知識，實際操作也是非常重要的，只有結合實際，做出來的產品，才是市場真正需要的。做產品，不能閉門造車。當然，在做任何事情時，都要留有適當的彈性，不然，就像走迷宮，會越走越把自己逼到一個又一個死角。必須提升到更高維度，才能解決當前維度的問題。出路並不是一直走一直走就能找到，而是要跳出條條框框才能找到。想要持續的成功，首先要突破的是思維方式。

「思維定勢」這個詞，相信大家都不陌生，有些人幾年如一日，原地踏步，生活不見起色，罪魁禍首就是「思維定勢」。

形成思維定勢，很大的程度上是資訊的不對稱導致的。一個人常年累月地接觸到固有的、局部的資訊，久而久之會形成慣性思維，認為事情本身就是如此。另一個原因，就是害怕改變，習慣了「舒適區」。因此，改變自己思維的方式，就等於突破舒適區，改變了整個人的狀態。

決定一個人，或一家公司走上坡路，還是走下坡路的，也是思維方式。如果只看到眼前的幾步，不去看遙遠的未來，就很有可能走下坡路。

　　1993 年，有個小插曲，就說明瞭思維方式決定未來的道理。當時，我們公司已經是上市公司，發展前景一片光明。但是，可能因為老闆太貪心，在當年的財務報表上做假，結果被發現，觸犯了法律，幾個股東都被定罪。

　　後來，我們公司招來一個新的 CEO。這位 CEO 一上任，第一天就召集我們全員開會。他給我們看一個鞋盒，他說：「你們看，這個鞋盒是空的，現在我們大家都要省錢，不但如此，我們還要幫公司賺錢。」這位 CEO 把公司的危機透明化，結果大家都全心全意賣力去救公司。所以，在管理上，也要突破思維方式，傳統的說教打動不了人，生動的一個細節，卻把一顆「救公司」的初心，像種子一樣種在大家心中，我因此很欽佩這位新來的 CEO。而且，他自己也動用他的關係借到錢來救公司，果然不到一年，就讓公司起死回生了。所以，思維方式決定一個人能走多遠，也決定一家公司能走多遠。要改變，就先改變思維方式。

　　在當下飛速發展的時代，大家如果想用一年取得別人十年的成就，打破思維定勢是必然要做的事。未來，打敗微信的絕對不再是同類型的社交軟體，打敗抖音的也絕對不是同類的短視頻軟體。打敗你的，只能是更高維度的事物，跨界而來的襲擊，才是致命的。

　　打破邊界的思維方式，突破固有的模式，構建增長型與成長型的思維模式。成長與持續進步，至關重要。摒棄慣性思維，應對變化，才能獲得持續成長。

　　成就一個人的是思維與認知的高度，淘汰一個人的，不是環境的變化，而是自身的思維慣性。

　　固化就走向毀滅，成長走向新生。

人生這盤棋局，思維決定未來。格局決定結局。打破思維禁錮，才能釋放無限潛能。

第 41 章　像天才那樣做事和思考，你就是天才

愛好與才能結合，就能創造出傑作！

是什麼讓我們每天充滿活力？是內心的夢想，同時，也是內在的天賦與興趣。是什麼讓我們的創造力得到發揮？同樣，也是夢想與天賦。所以，要珍視自己的夢想與天賦。

大多數人，終其一生，從沒有真正喜歡自己的工作，所以，他們的潛力沒有得到全面的激發，就不會有重大的成就。我們要避免陷入慣性的泥沼，麻木地重複著機械的行為，當生活的忙碌佔據上風，讓我們在人生征程上沒有時間去思考、反思、評估、調整，那麼，我們的夢想與天賦也會感到窒息。

人應該去感受工作的快樂，去體驗創造的快樂。

1994 年，因為新產品的成功，讓我所在的這個團隊在公司有很大的威望。我們團隊的主管也被提拔到總公司一個很重要的職位，成為總公司新旗艦產品的總裁，而我自己也成為公司最高級別的架構師，名列前五。

這個工作是我熱愛的，也是我的天賦所在，所以，我能把它做得特別出色。然而，此時，公司卻有了新的動向。

1995 年，因為我們公司被大公司合併，很多事情都在調整與延後，一切的計畫都被打亂了。後來，我看到我正在設計的新產品如果要完成的

話，可能要五到七年時的時間，我覺得時間成本太高了，公司耽誤得起，我自己可耽誤不起。所以，我產生了一個想法，想離開這家公司，去尋找新的機會，因為在這家公司，我已經看不到我升遷的路徑在哪裡。

其實，我們對自己正在做的產品，是非常熱愛的，同時，也付出了大量心血，不僅我自己為此夜以繼日努力，而且，整個團隊也為之付出太多太多。

我們主管為了這個新產品，付出很大的心血，以至於得了心臟病，差點要了他的命。皇天不負有心人，大家努力的結果終於沒有白費，這個產品後來穩居業界首位，二十年不變，直到現在，它仍然是居首位的產品。我們主管也因為這款產品拿到了奧斯卡獎。

事實證明，我們可以做事情做得很卓越，可以把產品做到世界一流的程度，我們像天才那樣做事，也像天才那樣思考。發揮天賦，需要熱愛工作，更需要不同常人的思考方式與行動力。如果能發揮天賦，那麼，做起事來就會變得特別簡單，簡單到常常讓我們沒有注意到工作的辛苦。美國著名的「脫口秀女王」奧普拉 · 溫芙蕾說：「成功的關鍵是發現你所愛的東西，然後找到辦法把它給予別人。」

我們每個人都擁有一種獨特的天賦，這讓我們的內心充滿渴望。因為持續的熱愛，而激發的潛能，能促使我們去獲取更大成就。為夢想、為心中的渴望，採取行動以及付出努力。像天才那樣思考，也像天才那樣做事，我們自己也能成為天才。內心對成功的渴望能夠引領我們成就大事，對於我們自己的天賦，不要掩藏它，更不能忽視它。

我的工作很出色，大家對我的能力非常認可，有了大家的認同與公司的認可，我就想升遷到更重要的職位。當時，我的目標是晉升到公司管理層，我有去爭取，甚至要離開公司去外面找機會。後來，主管覺得如果我要離開，是公司巨大的損失，也讓他少了一個好搭檔。非常巧，那時候，

公司買了另外一家公司的一款軟體，但是，對方公司兩個工程師不願意轉過來而離職，造成新款軟體有代碼，沒有工程師。而且，基於這款新軟體，公司還跟日本大公司簽了百萬合同，要一年內完成一個升級版的「定制軟體」。任務重，缺人手，所以，公司高層跟我說有一個主管的機會，如果我要做，就讓我牽頭招聘團隊來做。我思考再三，反覆推敲後，我想：「做得到，我就是英雄。做不到，也不全是我的問題。」進退都有利，所以我就接了下來。這真有點「臨危受命」的感覺，當然如果失敗也可能會耽誤我成為管理這條路。

因為新款軟體已經有代碼，不用再刻意去重新編寫，雖然工作量是不可估計但起碼是可以把所有邏輯都能追索到的。所以，我接下這項任務，雖然壓力和挑戰都不是平常的大，之前的經驗告訴我，有代碼就有底層邏輯，有毅力就肯定能破解。結果找了兩個華裔新工程師加入，我自己也參與編寫很多代碼。最後，只用了一年多時間，就把日本公司的定制合同圓滿完成了。之後，很多人才跟我說，他們不認為有人能成功完成，這個是死路一條，所以，大家見我辦到了「不可能完成的任務」，都非常敬佩我可以把這項任務拿下。從此，我在公司的「技術管理」的職位站穩了腳跟。

設想能走多遠，我們就能走多遠，敢想敢幹，才能成功。

我們擁有一種寶貴的天賦，那就是思考能力，帶著思考做事，在做事中思考。做自己熱愛的事，同時，熱愛自己正在做的事，就能更好地發揮天賦。不要讓自己的天賦，躺在漂亮的身體裡，白等著你去開啟。做人做事，要積極主動，想要的，就去爭取，這樣才能讓自己的天賦得到更好的發揮。

有人問阿爾伯特‧斯維澤（Albert Switzer）：「今天的人類有何問題？」

這位偉大的醫生想了一會兒，說道：「人們根本不思考。」

所以，人們在做事時，有時候需要暫時拋開忙碌，花時間思考，這樣才會知道自己未來要走的路在哪裡。要時常問自己：「上次真正思考、反思自己的生活，是什麼時候？上次是什麼時候在紙上寫下自己喜歡做的事情、自己擅長做的事情，再想想自己應該如何通過做自己喜歡的事情去開創偉大事業？這些，都想過嗎？」

像天才那樣做事，我們會很像天才，如果像天才那樣思考，我們自己就將成為天才。因為對於每個人來說，最重要的是我們的思考能力，是推理、判斷、分辨、創造、想像、憧憬、吸取與發展的能力，這些品質遠比滿腹知識更為重要。思想的高度，決定人生的高度。

亨利 · 福特說：「思考是世界上最艱難的工作。正因為如此，很少有人思考。」

我們除了要埋頭苦幹之外，還要時常抬頭看一看將來要走的路，思考未來應該怎麼走。機會不會主動來找我們，我們要主動去找機會。就算機遇從天而降，我們也要做那個時刻準備好迎接這一切的人。

時刻準備著的人，機會任何時候降臨，都是最佳時機。

1996 年，有一家大公司不但把我們買下，還把兩家我們的競爭對手也買下。所以，公司又有新的調整和重組計畫。非常巧，我在溫哥華就職時的第一個主管，他此時就在被收購的另一家公司就職，但是，那時，他已經被分配到另外一個城市去管理更大的團隊。這樣一來，溫哥華的這個分公司就需要新的領導。

這位主管知道我也在重組後的公司就職，就推薦讓我來管理溫哥華的分公司。這是我第一次空降到一個現成的團隊，管理一個我沒有經驗的產品。對於我來說，這是巨大的挑戰，同時，也是巨大的機遇。於是，

我開始了管理層的職業生涯，怎麼樣才能依靠「懂的人」做事情，是那時的我反覆思考的問題。管理不是因為你會做，才能管，而是怎麼可以調配引領「有能之士」幫你去完成。我之前沒有做過類似的工作，擔任這個職位，我其實沒有那麼容易開竅，但是，感恩有這兩年的機會，磨合地學習，讓我在挑戰中鍛鍊了自己，更好地預備自己將來的發展之路。

人生苦短，要掌握核心、關鍵的知識和能力，找到你人生的「靶心」。

你是不是讓自己的大腦塞滿了「常識性的東西」，而不去思考呢？人不能做「丟了西瓜，撿芝麻」的事。所以，抓住那些能讓你具有核心競爭力的事，開啟你寶貴的天賦，把它們用於你的人生征程吧！改變你的態度，改變你的關注點，關注自己優勢，而不是糾結自己的弱點。那些總是關注自己弱點的人只能掙扎求生，他們的生活充滿挫折和失敗，他們浪費自己的潛能，錯失良機。相反，那些將自己不擅長的事情交給他人去做的人，將自己的時間用於做自己有「核心競爭力」之事的人，他們將感受到「像天才一樣做事，像天才一樣思考」的超凡體驗。

1996 年，我有幸得到大公司很多的管理培訓，其中兩本書影響我很大，影響著我做人做事的原則。其中一本書是《Now Discover Your Strengths》，這本書讓我更瞭解自己的優勢，讓我對以後的選擇和判斷的成功機率有更大的掌控力；另一本書是《Build to Last》，是研究一些成功的企業為何能夠持久，使命感是很重要的，還有就是價值觀的教育，沒有靈魂的企業就沒有持續的生命力量。這些，對我的人生都有重要的啟發。

布萊德・德哈文說：「沒有辛苦的工作，只有錯誤的人做著錯誤的工作。」一個人如果做著自己擅長的工作，熱愛自己的工作，他的天才就能得到持續的發揮，他的內心充滿著喜悅，不會覺得工作是辛苦的，只會覺得工作所帶來的快樂是無窮無盡的。

每個人，一天都是二十四小時，二十四小時並不長，而且還被劃分成工作、玩樂、睡眠等時段。你是把玩樂的時間用來工作，還是把工作的時間用來玩樂，結果就會完全不同。如果你覺得工作能發揮你的天才，那麼，工作也是一種玩樂，是很愉快的事情。能讓工作變成一種娛樂的人，一定是某一方面的天才，他一定能把事業做得非常出眾。

　　天才，不只做事方面很出眾，更是思考方式很出眾。

第 42 章　只要自己有才華，人生就存在無數可能性

什麼是有才華？愛好遇上天賦，並堅持做下去，就是才華。

喜歡做的事情，同時，又是擅長做的事，在別人眼中就會和才華關聯起來。在多元化發展的今天，才華不再是學富五車，也不再是博學家的天下，而是專才的天下。我們一定要在某一個領域做到極致。琴棋書畫樣樣精通，固然讓人羨慕，但是，能在某個領域獨樹一幟，也可以是「才華橫溢」的一種表現。一直把喜歡的事和擅長的事堅持做下去的人都特別有魅力。

一個有才華的人，往往會有一種向上的力量，這種力量本身就是一種吸引力。持續地用心去做事，數年之後，那些沒有被現實的瑣碎打敗的，經歷過歲月沉澱之後，「才華」就會昇華為「天才」。

愛因斯坦說：「只要你有一件合理的事去做，你的生活就會顯得特別美好。」

1998 年，我們的總公司決定把溫哥華分公司關閉，同時，把溫哥華的員工都調到美國去。我盡了全力，說服員工，結果有百分之八十的人願意調到美國去。但是，因為個人原因，我自己決定不去美國總部，所以，我成為最後關燈的人。

因為我的離開，很多公司向我伸出橄欖枝。我被一家本來我們考慮

收購的公司的 CEO 看中了，他主動聯繫我，想讓我去他們公司當任技術副總裁。而且，那是一家初創公司，會給我原始股，這樣優厚的條件，我沒有理由拒絕，於是，就這樣，我就去那家公司就職，就搬到三藩市了。

三十四歲的我，就成為一家有股權的公司高層。這家公司規模雖然不大，但是，卻也是大有來頭的。這家公司的創始人，是參與過《星球大戰》影片的一個著名的技術總裁，就是專門為《星球大戰》電影做很多特技的工具。進入這家名不見經轉的公司，讓我在不同層面看到公司日常運作的方式，為我打開視野，也累積了不少寶貴的新經驗。

新公司中，有不少「妙人」。當中有一個小夥子，他只是來做兼職的，但他渾身上下都是才華，我通過與他短期的接觸和看他編寫的代碼，就看出他的能力很強。這個小夥子，年紀輕輕，閱歷肯定淺，但是，他編寫的代碼卻非常成熟。我心中驚歎：「才子就是才子呀！」

後來，這個小夥子去讀斯坦福的碩士，畢業後，就去了一個初創的孵化期公司當任要職，成功做了一個非常棒的系統，被大公司看中，出重金買了。再後來，他躍升成了公司的總裁，又被挖牆角做火狐流覽器的主管，不久，他又被「臉書」招到旗下，成為第三把交椅的 CTO，年收入兩千萬美金。他在 2021 年就正式退休了，徹底實現財務自由，從此過上享受人生的生活。從這個小夥子的身上，我看出一個人的潛能是無限的，只要自己有才華，人生就存在無限的可能性。

我所在的新公司，除了那個天才般的小夥子，還有許許多多人才，可以說是人才濟濟。一大群天才在一起，矛盾也就自然而然很多，因為大家都是很有個性的人。有一次，兩個工程師吵架，甚至發展到人身攻擊的程度，我看見他們爭吵，就把他們喝止住，讓他們回家冷靜冷靜。第二天，他們回來，就互相道歉，其中一個工程師謝謝我的介入，不然結果不堪設想。才華重要，但也要管理好自己的個性，這樣，才是一個擁有大智

慧的人。

在新公司，還發生了一件我覺得並不值得說，但是卻是必須做的事情。有一天，公司高層跟大家說：「下週公司就沒錢了，如果還不能出新產品的話，公司會很困難。」

當時，我們都已經瞭解公司的狀況，急於出新產品。在這緊要的關頭，我的 QA 卻不能接受現在的軟體品質，不願意簽名。我當時作為公司高管，要均衡各種關係，考慮到公司的狀況，我決定讓 QA 先回家，由我把新產品發佈出來。同時，我代表公司答應在四週後，再給客戶更新，對於某些客戶，有新功能，總比沒有強，就算有時候會 crash 掉，他們也是願意的。我的想法是，雖然這麼做，在工程品質管制是不及格的，但是為了全公司員工的飯碗，也為了客戶的利益，我只能違背原則，得罪了 QA，做了這個決定。這個決定雖然有瑕疵，但是也是需要勇氣去做的，我也不會為這個決定後悔。

這件事，使我認識到，自己除了在技術方面有才華，而且，在管理方面也挺有才華的，我是一個懂得變通的人，能夠均衡各方的利益。我做出的決定，能照顧到各方的利益，讓各方都滿意。

2000 年初，《星球大戰》被提名奧斯卡，當年雖然輸了給《駭客帝國》，雖敗猶榮。也因為這個提名，我們公司成功被一家著名的電影剪輯系統的科技公司收購，因此，我手中的原始股一夜之間成為非常值錢的回報。同年，我也跳槽到另一家公司，結束了我十年在「電影特技軟體行業」的歷程。

那時候，我在思考，互聯網的「創新風暴」已經到來，未來十年，將會怎麼發展？我突然領悟到未來科技的大方向。直覺告訴我：「未來，不應該是台式電腦的天下，而應該是小型設備的崛起時代。」有了這樣的想法，所以，一個機緣巧合下，我又加入到小型機領域。我職業生涯

第一家公司的老上級，我敬重的那位技術主管聯繫到我，希望我加入此時他所在的一家做互聯網動畫技術的公司，希望我來帶領一個新的團隊，目的是把 Flash 的動漫技術移植到智能小設備裡。

當時，我覺得這是未來的發展方向，就欣然答應了。那個時期，小設備只包括一些電視機頂盒或者手提電子助手。但是，經過一番努力，又正好碰到智慧手機的飛速發展，世界前沿的移動運營商和廠家對我們開發的技術產生濃厚興趣。終於，在 2003 年，日本的運營商 NTT DoCoMo 率先跟我們制定了全日本新手機的用戶體驗標準，把 Flash 制定為標準軟體配件。從此，我們公司就正式成立了移動方案部門，我也被晉升為部門的高級總裁。最盛時期管理三個團隊，共 40 名工程人員。這是我人生中的一個高光時刻。

那時候，我也迎來了職場生涯第一次大苦惱和糾結，為了做好一個新產品的設計方案和工程佈局。我們對未來有很多的風險和疑惑，這讓我舉棋不定，很難做決定，導致我精神時不時就崩潰，壓力山大。我當時曾經問副總裁很多意見，但是都沒什麼作用，還是不知道怎麼做決定。

後來，某一天，我想通了，就像「頓悟」一般，突然就釋懷了。我想，如果我做了一個決定，讓整個團隊失敗，可能以後永遠不能在高科技領域立足，這就是最壞的結果。那麼，我還能做什麼？我妹妹在澳門有琴行，我可以回澳門幫忙，教鋼琴、教聲樂、做指揮都可以，幫她們建立一支優秀的歌詠團。

這些雖然不怎麼賺錢，但是也可以糊口，而且，這些也是我熱愛與擅長做的事情，這樣的最壞的結果我都可以接受，還有什麼是無法面對的呢？於是，我的勇氣就來了，我反而不再畏首畏尾，相信我過去的經驗，帶領團隊做一些更創新的事情，結果我們申請到專利，而且成功創新，在移動方案領域做了一個很大的躍升。而且，我們的技術專利非常領先，

我們的技術領先到，後來成為蘋果的喬布斯極力想要摧毀的技術，因為它強大到成為蘋果軟體霸佔全球市場的唯一的絆腳石。我為我有這樣出色的團隊感到自豪。我也為我自己感到自豪。在做那個艱難決定的過程中，我也在自我矛盾中學會了勇敢和自信，決策真的很難，但是，只要有遠見、勇敢、不畏懼，決策通常是對的，正確決策加出色執行力，才會做出一番大事業。

我發現，只要自己有才華，人生有無數的可能性。當歷經世事，我們變得才華橫溢的時候，我們的機會就會呈現指數上升的趨勢，機會越來越多，人生的可能性也越來越多。我可以做音樂，可以做技術，也可以做管理，我的身份越來越多，我的人生也越來越豐盈。

我始終覺得，人生有幾個節點很重要。第一個節點是：你搞清楚自己的天賦之後，你就知道自己在哪個領域可能可以做到極致。做自己擅長的事，誰都有可以是天才。第二個節點是你想明白，自己應該做什麼的時候。當你明白整個行業未來的趨勢時，你就知道自己做什麼事情是最有價值的，那麼，你的整個人生也將是極有價值的。做符合趨勢的事，站在風口上的你，你的才華會源源不斷變現，把你送上人生的高光時刻，助你實現自己的夢想。

有時候，人搞清楚一直以來追求和想要的東西是什麼，這一點，真的至關重要。因為你心之所向，同時也是你身之所向，人生大方向一定要非常清晰。

未必人人都是天才，但是，人人都可以才華橫溢，只要能找到自己準確的人生定位，在適當的位置上，人人都可以發光。

「才」是我們身上具備的優勢與過人之處，「華」是「才」持續投射出的耀眼光芒。

只要有才華，持續發光，人生就存在無數可能性，生命就變得無比豐盈與美好。

第 43 章 川流不息的世界，永遠不要停下前進的腳步

人生就是永不止息的「生命星河」，永遠也沒有停下來的一刻。

天行健，君子以自強不息。可以說人生沒有終點，沒有預設的里程碑，沒有贏了以後就可以停下來的道理。一個成就，後面還有更大的成就，前進的步伐永遠沒有停下來的時刻。人生可以有片刻的休憩，但是，卻不可能有長久的安逸，因為任何安逸都可能讓事業毀於一旦。

只要生命不息，奮鬥就不會停止。每天都被新的夢想喚醒，迎向新的風雨，去創造更大的成就。只要生命不息，就不能停下前行的腳步。

進入 2005 年，因為公司的狂飆突進，取得了豐碩的成果，也讓我們被最大的競爭對手，世界五百強企業 Adobe 高度關注。經過多輪談判，我們公司最終被 Adobe 收購了。被這樣的國際級大公司收購，管理層面自然會有大的變動。我作為當時留下來的唯一的高層，我心裡知道，之所以把我留下，為的就是過度交接，估計半年就會讓我離開了。

人生不可能全是華彩樂章，一切的華彩樂章可能都隱藏在委頓之後，我們要堅持到底，熬過陰暗，就會見到陽光。

人生，要積極主動，要麼你主動地往前走，要麼你被時代推著往前走。所以，我始終選擇主動，積極主動是強者的姿態，逃避與被動只能淪為弱者。

當時，公司把我管理的團隊都撤走，沒有團隊，我知道我只有半年時間證明我的價值。為了有機會證明自己的價值，我就跟新管理層要求：

第一點：讓我有特權參與高層策略會議，這樣一來，可以讓我所管理的部下看到我得到公司的重視，看到我是一步一步往上升級，以此平定軍心，穩住基本盤

第二點：讓我有個好聽的職位名稱——特別專案總裁，保持一個神秘感與權威感，讓我在員工中間更有感召力

第三點：給我自由決策權和出差的經費，讓我可以尋找新的方向。

以上三點他們同意後，我能夠在每週高層會議學習到高層決策的方式和細節，這對我以後管理很有幫助，而且，也讓我可以出去跟前線的業務員更多地交流，這一點也至關重要，因為產品做好了，但是一線人員還不知道怎麼銷售，所以，我出差現場指導，會幫助他們更出色地完成銷售，同時，對我自己來說，我也開始理解銷售人員和客戶需求，以及瞭解到我們產品缺乏的東西，反過來，把產品進一步打造好。

皇天不負有心人，經過 2006 年的努力，我環繞世界兩圈，辛苦奔波，換來出色的業績。彼時，我經常出差中國、日本、韓國去開拓市場，到年底，世界運營商們紛紛向我們招手。業務越來越多，公司就成立了環球三個移動方案戰略地區，而我就被派到亞洲管理亞太區的移動技術版塊。

2007 年我就搬到北京出任我的新職務，也算是我在高管的路上登上了一個小高峰，同時，這也是第一次要管理亞洲不同地域的業務。其實，這個崗位讓我管理上有了新的嘗試，因為第一次走在一線，對於自己開發的產品有更深層的瞭解，對客戶的需求也有同理心，這也奠定了

我之後創業的一些基礎和根基。那時，我每季都要回美國總部彙報，因為產品是我過去帶團隊研發的，對於需要改進和加強的功能，我可以直接跟團隊溝通，省了很多的時間，所以，在三個區域的管理模式下，亞太區的成績是以壓倒性的優勢，始終穩居第一。

人生，有時候選擇只有兩個，即前進或後退。還有別的選擇嗎？沒有！就算你想躺平，總有一天命運也會把你轟起來，被動前進，被命運所驅使，那將是更痛苦的事。所以，積極主動，才能讓自己更有力量。這個世界上沒有誰可以贏了以後就停下來休息，只有不停地往前走，才能實現夢想。人生之路危機四伏，只有不斷前進，才能避開所有的危機，走向人生的通天大道。夢想並不是虛無的東西，是需要不斷落實的。你以為你贏了，可以放鬆了、不用拼搏了、不用學習和進步，這是很危險的想法，人生就像處於一條河裡，川流不息的世界，沒有任何人能停下前進的腳步，時間不會停止它的流動，全世界的人都在跟時間賽跑，停下來就意味著落後，所以，奔跑著，去奮鬥，去突破傳統，去主動迎向未來，做時間的主人，更做自己的主人，贏不是贏在過去，也不是贏在現在，而是永遠贏在未來。

在我兩年的出色管理下，我成功幫助臺灣中華電信的第一代 3G 手機服務上線，還有日本 NTTDoCoMo 以 Flash 為基礎的手機推出，南韓電信 SKT 把用戶介面都採用可以用戶交互的 Flash，以及聯合中國移動推出的手機遊戲下載平臺，還協助各個手機廠商內置 Flash 解讀軟解的支持。業績一波又一波，不斷刷新了公司的記錄。

隨著 2008 年北京奧運的舉行，我也親眼目睹祖國的繁榮進步，讓身為遊子的我，能在這個歷史意義強大的時段親身見證這一切，特別感動自豪。時代在不斷進步，這也催促著我們以更高昂的鬥志迎向嶄新的未來。

與時間賽跑，我始終能取得勝利。時間一直往前流，不為誰停留。

不要以為一時的成功了不起，一輩子成功才值得驕傲。時間，對每個人都是公平的，但只有珍惜時間的人，時間才變得有意義。機會也是一樣，機會不會偏愛任何人，只有抓住時機的人，機會才會產生意義。不然的話，再好的機會，也會成為浪費。人與人之間的差異，剛開始時是很小的，一兩天，一兩個月或者幾年，差距就慢慢越拉越大，逼得你不得不重新審視自己的初心，自己是否堅持自己的夢想，是否每天腳踏實地地為自己的夢想奮鬥？

人才一代又一代，世界不缺乏人才，缺的是堅持下去的勇氣與信心。止步不前的人，不是輸給他人，也不是輸給世界，而是輸給自己。止步不前，會讓你與世界脫鉤，你接受不了新事物，你的理念也太陳舊，怎麼可能不敗呢？科技時代的特點，就是永不停歇，永遠向新，永遠向前。

2008 年暑假，我回美國參加每年一度的公司銷售大會，當時有全世界的銷售代表來參加，大概有五千人，我被安排在台上做 15 分鐘的演講。這個可能是我第一次對著那麼多人做這麼重要的演講，非常緊張的預備，不斷重複的背稿，終於，當天的演講非常成功，產生了很大的反響。一些華裔的員工後來跟我說，從那天起，我成了他們的偶像，在一個美國人作為主流的公司，我為了中國人長臉了。從那個時候開始，我突然意識到，其實我們黃皮膚的人在美國主流社會的確是屬於少數族群，既然我在這裡有個機會為華人表現，我就要盡力為國人爭光。因為這件事情，之後，我對公眾演講有了新的好奇和認同，以後很多時刻我都會把握公眾演講的機會。

因為我的職位，也經常有機會被邀請到一些高峰會論壇發表意見。有一次，在一個移動手機的高峰會上，有人問我對於觸屏手機的前景怎麼看，當時，要知道我們的大客戶諾基亞和摩托羅拉，都在發佈一些有全鍵盤的智慧手機，而且，當時用戶們不看手機也可以用按鍵輸入短信，在這樣的情況下，如果都改成觸屏，用戶就要被逼看著手機螢幕輸入，所以，

我對觸屏手機的前景表示並不樂觀。結果，蘋果幾年後的崛起讓我打臉，所以，從此以後，我都不敢以傳統和現在趨勢來推算以後技術的發展，有時候，突破傳統才是未來，而非繼承傳統。其實，我看到很多大咖們都很容易犯錯，在二十年前大家都沒想過智慧手機會成為每個人必備的工具，十年前也沒想到中國是第一個可以做到全民不用現金交易的國家，所以，越能放棄傳統，越能洞悉商機，掌握未來。

對於未來，就是要不斷突破傳統，永遠向新。

人生在世，激流勇進，不斷激發自身的創新活力，以創新驅動自己的人生，突破才是未來，沒有創新的繼承，是沒有前景的。創新是引領發展的第一動力，不斷推進科技創新，無論理論的創新，還是實踐的創新，都意味著更新與改變，意味著「再創造」。因此，我們亟須注重積累、智慧、勇氣、理性、合作與擔當，大力發揮自己的創新能力，奮力譜寫未來的華彩樂章。突破一切，才能創造新未來。

無論漸近式創新還是突發式創新，無論顛覆性創新還是革新性創新，都需要依靠不斷的奮鬥與積累。提升自己的知識儲備，增進技能積累，而這一過程可能是漫長的與持久的，需要腳踏實地、一步一個腳印，但是，為了一個全新的未來，一切都是值得的。

創新與創造，不是簡單知識的傳承與沿襲，而是再創造及再發展，必須具備智慧。

智慧是思考、判斷、分析、決策的綜合能力，可以讓人把握時代的過去、現在和未來。我們對自己的人生要有一種「頓悟」，通過大智慧，來確定人生的大方向，再通過大智慧，打開人生新格局。長久的努力，帶來的不僅僅是成就，更是智慧和靈感的迸發。知識累積和智慧之光可以給人帶來靈感，面對未來，我們更有底氣，也更有勇氣。

人生路漫漫，我們不能希冀輕而易舉地獲得成功，一勞永逸、一蹴

而就地實現夢想。我們需要永遠向新和遵從規律、需要腳踏實地和埋頭苦幹、需要堅持不懈和持之以恆,更需要不斷突破的勇氣與信心。

　　川流不息的世界,永遠不要停下前進的腳步。永不停歇的步伐,會帶我到任何想去的遠方。

第 44 章　突破平庸是卓越，突破極限無極限

　　打工是劣中選優，是從平庸者中找出卓越者；成功是優中選優，是從卓越者中選出最優者。

　　人生最怕的不是打工，而是打工者心態，習慣了與平庸者做比較的優越感。人生，一定要警惕平庸。

　　人不可能靠「打工」發家致富，取得人生成功。打工只是一個過程，不是結果，更不是目的。通過「打工」磨練出自己的「人生功力」，從而走向更大的成功，這才是我們人生的真正目的。打工可以，但是，千萬別有「打工者心態」。做一天和尚撞一天鐘，最後，只能成為虛度光陰的人，成功是一種修行，不斷進步與昇華，「成長」是最好的通行證，時時刻刻不斷成長，隨時都可能躋身成功者行列。

　　誠然，人人都可以努力工作，可以掙更多錢，但是，那並不是你的事業，也不是你的成功。為別人一天工作八小時並無大礙。為自己一天工作八小時，是遠遠不夠了，為自己而奮鬥，應該是一天二十四小時不停地成長。

　　即便你畢業於知名大學，進了家頂尖公司，一小時能賺幾千美元，但等你將開支計算在內，最後能賺到三分之一就已經很好了。所以販賣自己的時間，時間會變得特別不值錢。

販賣自己的時間不會使你獲得成功，只有不停的成長，才有成功的希望。打工是在平庸者中尋找卓越者，而成功是從卓越者中尋找更卓越者。從一眾矮子中尋找高個子，和從一眾高個子中尋找「巨人」，這是兩個完全不同的概念。劣中選優與優中選優，顯然是兩個不同的世界。

因為 2007 年美國次貸危機引發持續的金融風暴，在 2008 的夏天，我們總公司已經透露準備有大批量的裁員計畫，作為高層領導，我必須要保守秘密。但是，各種危機，總是我們這些高層人士首先獲悉，也是我們承擔著最初的與最大的壓力。

記得在 2008 年十二月三日，當時我身在韓國，總公司給我來電，告知了相關訊息。

我問：「是今天嗎？」

對方說：「是的。」

我說：「今天需要我做什麼嗎？」

對方說：「所有員工都需要被解雇，而且為了安全考慮，將立刻關閉所有帳號。」

事態是空前嚴峻的，大家的命運迎來一個重大的轉折。因為時差的原因，我們亞洲是走在前頭的，所以，裁員也是從我們開始做起。花了四到五個小時，我終於通過電話，把所有屬於我的員工都解雇了。這是一個艱難的工作，內心是沉痛的，但是，不得不這樣去執行。

下午三點左右我打電話給總公司，彙報所有事情，然後我問總公司：「交代給我的所有事情都辦妥了，現在是輪到我自己了嗎？」

對方說：「是的。」

就這樣，我也把我自己解雇了。心裡會有一種失落感，感到自己為

之奮鬥這麼久的一個事業，一夜之間戛然而止了。但是，這也結束了我的「打工生涯」，是我人生中的重要里程碑，聽起來有點壯烈，但是這就是血淋淋的事實。

幸好，我在多年前，第一份工作的時候，那時公司解體，我就領悟到，打工永遠不是最安全的職業，你自己的履歷、經驗和能力才是你的價值，才是你可以在社會立於不敗之地的資本，才是你自己的安全線。世界千變萬化，沒有哪一個位子是絕對安全的，不斷前進、不斷超前，這才是不變的真理。

雖然我不能改變世界，但我可以改變我自己，用自己的改變去適應與對抗世界的改變。

托爾斯泰說：「世界上只有兩種人：一種是觀望者，一種是行動者。」。

大多數人都想改變這個世界，但很少有人想改變自己。想改變世界的人，最後，會心灰意冷，一事無成；想改變自己的人，才是真正的「行動派」。一切的改變，都是從觀念開始的，學會適應變化，並嘗試自動創造變化，在不斷變化中尋找成功機會。

西方哲人柏拉圖告訴弟子們自己能夠移山，弟子們於是紛紛請教方法，柏拉圖笑道：「很簡單，山若不過來，我就過去。」，這就是改變自己的道理，自己改變了，你所面對的世界也就改變了。就像當你走向山峰的時候，山峰沒有動，但是，你與山峰的距離卻被你改變了。登山也是一步一步，不斷超越，才最終抵達人生巔峰的。

我們不能夠回到過去，去改變過去，我們可以做的是改變未來，改變未來就要從改變現在開始，腳踏實地，改變自己要做的事，進而改變習慣，甚至改變性格，不斷深入地改變，讓自己越變越好，讓自己越變越強。未來是不確定的，但是，因為我們有足夠的能力和勇氣，未來的成功卻越來越確定。

「公司大裁員」這件事有一個有趣的小插曲，總公司的人事部門當天告訴我，讓我提前得知了公司大裁員的訊息，同時，他們也再三叮囑我，讓我不要透露公司裁員的事情，因為時差的關係，美國要十幾個小時後才公佈訊息。可是，裁員後很可能就斷聯了，當時，我對公司立刻切斷所有帳戶，覺得是有點過份的。大家共同奮鬥了這麼久，像戰友一樣，相處那麼久了，貢獻那麼多，如果真的有小人要偷代碼，也不會等到這個時候呀！沒必要郵箱也立刻封閉，公司太謹慎，也缺乏一種人情味。

　　這件事給我一個啟發，就是在公司管理方面，要有人情味，就算面臨再大的困難，不要忘了同事之情，人性化管理才是未來的趨勢。當時，因為怕失聯，我向總公司的同事們發了「再見」的函件，並留下我私人的郵箱，很快很多同事都來慰問我，但是，我心裡知道風暴只是暫時還沒到他們的頭上，等他們第二天上班的時候，他們的命運如何，也很難說。第二天，一些給我發慰問的同事也接到通知被裁員。

　　後來，我才知道這次裁員是把公司的移動方案部門和所有跟移動產品有關的工程都停掉了，所以，大部分跟我一起並肩作戰的同事們都一夜之間沒有了工作，這就是技術公司裁員的真實和殘酷。業務一停、專案停擺，所有人員就隨著專案的消亡而解散了。這跟職能型組織有很大差異，專案型組織，業務決定一切，專案與人員命運是一體化的。

　　有人認為「人性化管理」就是員工福利，其實不全對，人性化管理是為員工提供成長空間，這樣一來，就算公司解體了，每一位員工依然可以在這個世界更好地發展。公司不僅僅是員工用勞動換報酬的地方，更是他們用時間換成長的地方，進公司時可能是職場小白，但出公司那一刻已經成長為行業大咖，這才是真正的「人性化管理」。

　　很多人誤以為「人性化管理」就是要創造寬鬆、自由和開放的工作環境，並以微軟、谷哥等一些 IT 類企業的時髦做法說事。在這些企業裡，

員工可以穿休閒服上班，辦公室如歡樂世界或遊樂園般美好，上班時間還可以帶上心愛的寵物……，這些寬鬆的工作氛圍，讓千千萬萬的金領、白領們羨慕著。但實際上，工作本身、工作環境本身都不是最重要的，最重要的是通過工作，員工有沒有成長；工資不值錢，成長後得到的能力才是最值錢的。一家好的公司，也像是一個好的學院一樣，不僅創造有形的財富，同時，也創造更多無形的精神財富。

現在，剛好因為疫情和通貨膨脹導致新一輪的高科技公司裁員，我也知道當中有很多夥伴們會被逼面對人生的選擇，我對他們有著深刻的理解與共情。面對危機，我們有沒有一種底氣，能否臨危不亂？這就要靠自己的能力說話，那些始終在成長的人，面對任何危機，都毫無懼色，因為危機對於有能力的人來說，就是另一種機會。

面對危機，也許很多人因此而憂愁與煩惱，壓力山大。突如其來的危機也可能讓很多人一蹶不振。所謂危機，就意味著「危中有機」，只要能夠克服危機帶來的恐懼心理，振作精神，冷靜思考，大膽抓住危機中難得的機遇與機會，就有可能在未來收穫超乎尋常的回報。

面對危機，要堅信辦法總比困難多，路是人走出來的，辦法是人想出來的，車到山前必有路。

一朵花並不值得留戀，成功者往往渴望一片花海，有了水滴石穿的意志力，也就不難尋得一片汪洋的大海。

公司大裁員之後，因為美國當時風聲鶴唳，我如果搬回美國也是很難找工作的，所以，考慮再三，我決定留在北京嘗試創業。但是，四十四歲的我知道要創業必須要等待時機，不能第一個機會出現就投身進去，我自己給自己一年時間去探索。

在這一年時間裡，我總不能在等待期間無所事事，所以，當時稍微

肥胖的我決定鍛鍊我的體魄。新的減肥的計畫就此開始實施，因為創業必須也有一個強健的身體才能應付各種挑戰和壓力，我選擇了游泳，每天規劃出一小時的時間游泳。剛開始一口氣遊六百米，慢慢就達到了一千兩百米，其實，我發現最難就是扛過六百至八百米的難關後，後面反而變得輕鬆起來。

突破極限，也就沒有極限。

就這樣，訓練兩個月體重就下降二十斤，後面的十斤要剩下的一年才慢慢減下來，以後的十年都沒有大幅的回彈，而且，運動所帶來的改變，也讓我可以啟動我人生另一個領域的愛好，為我的人生創造出更多的可能性。

人生就是這樣，只要積極主動地生活，做任何事都會收穫滿滿。

鍛鍊帶來更積極的生活態度，同時，也是一種修身養性，是通過鍛鍊肉體進而磨練心性的絕佳方法。

逆境與順境看胸襟，心小了，所有的小事就大了；心大了，所有的大事就小了。身體強健與否，看問題的角度與態度也會不一樣，強健的身體，帶來樂觀的心態，做任何事情都信心滿滿。

鍛鍊身體的好處有很多，鍛鍊能促使人做出更多積極行為，比如，更樂於進行有意義的社交。

人在鍛鍊之後，會進行更多的社交活動，達成更多目標，還會參與一些對自己更重要的活動。通過鍛鍊，迸發出來的活力，也會疏解焦慮，進而冷靜思考，成功者首先是心態與狀態的成功。

人們常說只有擺脫了困境之後，心情才會好起來，但是，實際上只有心情與狀態變好了，才能擺脫困境，走向成功。通過鍛鍊帶來積極情緒，從而讓人去做更多積極行為，從而奠定自己成功的基石。

鍛鍊的是身體，改變的是精神，收穫的是未來。

第45章 翩翩起舞的日子，才不會辜負璀璨綻放的生命

我有一個「藝名」，叫作「骨頭」。「骨頭」是我舞伴幫我起的，因為讀「Guno」不會讀，就取諧音叫我「骨頭」，很有趣，這也契合我的心意，我對於舞蹈與藝術的愛，確實是刻骨銘心的。

如果沒有藝術，人生最多只能做到圓滿，有了藝術，人生才有可能做到完美。

每個不曾起舞的日子，都是對生命的辜負。生命是律動的，歌唱與舞蹈都是生命的律動。舞動的人生，像最燦爛的煙火。

燈光亮起，舞步開始旋轉律動，無拘無束，熱烈奔放，用舞蹈語言賦予每一個作品以生命。我深深熱愛舞蹈，像每一個鏡頭下的舞者那樣，將舞蹈靈魂注入自己的生命裡，做自己真正的「藝術生命」的支配者，藝術沒有止境，追求也永無止境。

我不羨慕舞池裡的光芒四射，我只鍾情於舞池裡的活力四射，舞蹈本質上是生命活力的彰顯。在熱情的舞步中，就像人與城市共舞、人與世界共舞、人與時代共舞，在舞動中，彷彿一個新世界的大門正徐徐向我敞開。優雅至極，美好至極，舞起來，就能點亮人生。

在平凡無奇的日子裡，日復一日的訓練，在光芒四射的舞池裡，盡情展現訓練的成果，展現出驚人的體態、自信和優雅的力量。體悟「美」

是世界上古往今來最偉大的力量。

做一個執著的舞者，人生華麗的轉身，激情起舞，努力保持自己的優雅與知性，畫面中定格的每一個瞬間，都更令人過目不忘。舞蹈，為我的人生注入激情，更注入源源不斷的活力。

讓舞蹈點亮人生，無處不起舞，無論心情好壞，處境順逆，唯有藝術可以使人從凡俗中起飛。翩翩起舞，有中年人的沉穩，也有「少年郎」的飄逸與俊朗，有大江大河的澎湃，也有鏡湖小溪的婉約，在舞蹈中體會風花雪月，也體會歲月如歌，人生絢爛如生命中不一樣的煙火。

盡情地舒展身體，綻放出生命最美好的模樣，用盡全力和全情，以最完美的姿態、最激情的舞步，彷彿在天地之間盡情地展現「生命之美」。越是面對苦樂參半的人生，就越是要翩然起舞，忘情忘返，也忘憂忘愁。

2009 年五月，當我被帶到北京三里屯的一家拉丁酒吧，這個機緣使我與藝術再度結緣。藝術對於我來說，是一生的愛好與追求。我在這個拉丁酒吧，看到一種古巴舞蹈，叫薩爾薩舞。古巴人熱情奔放，他們的這種舞蹈，跳的時候，也顯得激情洋溢。雖然不是在古巴當地看的，可能並不十分正宗，但是，那種熱情是非常有感染力的。我邊聽著動感的音樂，邊看著奔放的舞蹈，自己也跟著舞動起來，彷彿身上每一個細胞都再次被喚醒了。

那時的我，還從來沒有正式上過舞蹈課，沒學過，也沒怎麼跳過。當天，我上第一節舞蹈掃盲課，就產生了深厚的興趣，就像在沙漠裡看到綠洲一樣。人的生命力，是需要不斷被啟動的，藝術就是生命的催化劑，也是活力的源泉。從來沒有學過跳舞的我，那天的舞蹈課就激發了我跳舞的興致，之後，每週我都花十來小時去學舞蹈。我對舞蹈的熱情被徹底點燃了。舞動的生命、舞動的人生，才是精彩的人生。

我學習舞蹈，不到一年時間，就有一個表演機會，得到了許多認可與

讚美，這進一步增強了我學習舞蹈的信心。三年後，我有機會去香港參加比賽，初次參加這樣比較大型的舞蹈賽事，雖然被淘汰了，但是也是一個功課，讓我累積了最初的參賽經驗。那時候，我就已經有一個念頭，想在世界錦標賽拿到一枚獎牌。這種感覺，似曾相識，我中學的時候，總想拿獎牌，現在又想拿世界級的獎牌。我對「頂尖水準」的追求，彷彿是刻在我骨子裡的一種執念，人就是要不斷突破自己的極限，才能創造人生更多的可能性。

2014 年，我回到美國後，因為拿舞蹈世界錦標賽獎牌的這個夢想，我就開始尋找老師。我要尋找一個在世界級舞蹈賽事拿過獎杯，而且能訓練學生也拿到獎盃的教練，我相信名師才能出高徒。因為只有這些世界級的教練才能知道怎樣去贏得世界級的賽事。後來，我終於找到這樣的好老師，經過三年的重新學習，把舞蹈過程中的壞習慣改掉，把錯誤的動作糾正過來，通過日復一日的學習，得到老師的系統化真傳。我的舞技已經達到爐火純青、行雲流水的水準。我對自己的信心，也跟著水準的提升而不斷增強。

之後幾年，我陸續參加了一些賽事，2015 年參賽得到亞軍，2016 年參賽終於得到了冠軍，實現了我拿冠軍的夢想。好像拿獎牌，對於我來說是非常輕鬆的事情，但是，這背後付出多少默默的努力，只有我與我的恩師知道。正所謂「臺上一分鐘，台下十年功」，鮮花與掌聲的背後是無數的汗水，這個奪冠的經歷，讓我領會到只有冠軍才能理解的心態和感悟，當你站在世界頂尖的位置時，你看問題的角度、深度和廣度都會完全不同。

作為舞蹈世界冠軍，我覺得要奪得冠軍，達到世界頂尖水準，要具備四個元素，第一個元素，你必須熱愛，熱情 (passion) 是少不了，沒有 passion，你是沒辦法完成第二元素。

第二個元素，就是在有了激情之後，要能沉下心來，要艱辛努力，心血付出多少，就能收穫多少，這是每個冠軍必經的過程。我記得為了一個九十秒的參賽舞蹈，我每天都練幾小時，汗水淋漓，因為有些動作，需要的是肌肉記憶，就算再有天賦，努力是少不了的，刻意練習的作用是不能用天賦來替代的。經常有人說想成為某方面的專家，你就要花上起碼一萬小時做這事情，這個就是真理，就是「一萬小時定律」。

　　第三個元素，教練很重要，教練很重要，教練很重要，重要的事情要說三遍。自己探索要花很長時間，有高人指點，一兩句話，就能切中要害，就能解決大問題，讓我少走很多彎路。我很幸運找到了一個貴人，他不僅是世界冠軍，而且也是一位很會教導別人也成為世界冠軍的老師。自己是冠軍，不稀奇，能教出冠軍，才是真正的高人。當年，加上我那個冠軍獎盃，我們整個團隊就贏得二十個獎盃。所以，教練的級別決定選手的表現，世界級的教練，教出世界級的冠軍。我很早就領悟到這個道理，所以，這也是為何我自己一直不懈地在職場上提高自己的級別，因為我要讓跟隨我的夥伴們也能有優秀的成績，這是「強將手下無弱兵」的真理。

　　第四個元素，就是策略。中學時，我選擇參加三級跳比賽，而不是參加競爭激烈的一百米短跑，這是一個「藍海戰略」，同樣，我跳舞比賽選擇「年長男生獨舞」，而不是跟年輕人比雙人舞，也是一個「藍海戰略」。任何比賽，都是一種競技，要知道自己的優勢在哪，也要知道自己的「勝算」在哪，這樣，才能讓目標更接近實際，更有贏的機會。還記得半決賽的時候，我看到對方的作品，知道與對手相比，自己作品難度不夠，這個時候，我就必須加強難度，才能贏對方。當晚，我立刻就改動作加難度，努力不懈地練了六個小時後，終於在決賽的時候有不錯的發揮。

　　這些事前的策略、準備，與臨場的隨機應變，都決定了最後的結果。在現今千變萬化的世界裡，我們要優異，就必須隨時隨地保持狀態，知己知彼，適時調整方向，不斷學習強化，不然很容易被社會洪流沖走。總之，

一切都是為了應對變化，一切都是為了最終結果。本事在身靠日常積累，臨場表現靠對變化的適應能力。腳踏實力是為了積聚力量，善於做策略，懂得變通，是為了取得最終勝利。

舞蹈是我的愛好，經過我長久的努力，也成為我的一個驕傲。自由的靈魂究竟有多美？靈動的舞步，柔軟而堅韌，剛柔並濟，激情在一個個完美的動作中優雅綻開，吸引無數觀眾的目光。

舞蹈之美，在於舞者將自己的靈魂注入作品，同時，也在於與觀眾情感相融，用藝術的力量感動人心、也震撼人心。做一個旁若無人的，用心翩翩起舞的舞者，我在舞池中，也在天地之間展現自己無窮的魅力。我是舞池的主角，也是人生的主角，也會成為世界與時代的主角。耀眼的是星辰，還有翩翩起舞的自己。

舞者的厲害之處，就在於能讓我們覺得，每一個動作都完美無缺，並且，每一個動作都是信手捏來，遊刃有餘的。舞池裡的毫不費力，來自於背後日復一日辛苦的練習，付出一百分的心血，得到一百分的喝彩。一舉一動，透露出的自信和從容，是最吸引人的地方。

舞蹈讓生命更有張力，讓人生趨近完美。因為人生只是圓滿還不夠，還要用藝術的力量，讓人生發出光來，不斷接近完美，人生才會更加精彩。

2017 年因為剛領悟到冠軍的真諦，我除了參加舞蹈賽事之外，我也有機會參加一個業餘歌唱大賽。我領悟到的冠軍真諦，再次發揮作用，同樣是在初賽，看到別的參賽者的參賽歌曲，相比之下，知道自己挑的歌曲肯定不能進三甲。所以，我立刻大膽地做了改變，選了難度更高的「百老匯歌曲」。因為我重新選曲，與其他參賽者形成差異化，而且，「百老匯曲目」讓我相應地可以在造型上有新鮮感，終於榮獲亞軍。後來，我得知如果不是其中一個評委的「黑幕操作」，我本來應該是冠軍。不過，

這次事件後，我反而得到了總裁判的賞識，她是一位優秀的歌唱老師，她通過這場比賽，看出我是全場最優秀者，擁有很大潛力，便收我為徒，讓我日後的流行歌曲的唱功上接近專業水準。

藝術，是一片絢麗的花海，多姿多彩，美麗處處可見；藝術，是雪後的世界，潔白、清純讓人永生難忘；藝術，是絕美的天地，蘊藏著無數啟示與博大的時空；藝術，是日月星辰，為我們照亮前進的路；藝術，是萬有引力，將我們深深吸引，讓人沉醉癡迷……。

藝術是高雅的，她是生活的昇華，是生命的綻放，是精彩人生釋放出來的耀眼光芒。酷愛藝術的人，氣質也跟著改變，談吐間使人不經意地就感受到其不凡的氣度。藝術用「美」的方式，啟迪心靈，從思維、靈感、境界與情感等方面讓我們全面提升，在「頓悟」中實現快速成長。藝術，讓我們更加熱愛生活，更加懂得生命的真諦，懂得享受人生，也更加憧憬美好的未來。

熱愛、熱情與熱烈，星河滾燙的生活，與藝術結伴同行；人生絢麗的煙火綻放在藝術的天空，璀璨的光芒與星辰交相輝映，讓我們感歎：生命竟是如此美好、藝術竟是如此完美。

藝術永無止境，翩翩起舞，縱情歌唱。未來無限美好，律動生命，舞動人生。

第 46 章 創業的華彩樂章，每個樂章都擁有震撼人心的力量

第一樂章：抉擇。

2009 年，我開始創業。多年的積累，讓我在創業的這一年有了很多選擇的機會。那時，我考慮過幾個機會，一個是臺灣的舊同事們向我招手，讓我做公司的 CEO。而他們自己則負責技術部門的管理，他們非常有誠意，所以，為了這件事，我還跑去臺灣跟他們商討，後來，回北京後，我得到消息，發現他們各自都找到了全職工作，而讓我當這個 CEO，是為了讓我全職管理公司，而對於新公司的經營，他們只想兼職一點技術方面的管理。

這樣一來，我是負全責的，而他們的參與度是比較低的，考慮再三，我覺得這樣的模式，不容易成功，就拒絕了這個機會。當夥伴們不願意全職，不能全力投入，不能同心創業，這個公司是沒法做的。創業前期是需要投入大量時間、大量精力和金錢的，沒有破釜沉舟的決心，創業必定失敗。創業最難的部分是決策，做出正確的選擇，才會有正確的結果。

向左走還是向右走，有時就直接決定了未來是向上還是向下。

選擇決定了方向，方向決定了未來，可見，對於創業來說，選擇是至關重要的。

尋找自己真正的正確方向，需要豐富的經驗與冷靜的思考，還有做

決策時的魄力；遵循自己內心的聲音，而不是人云亦云。創業，是對市場有清晰的把握，同時，也是對自己的忠誠，聽從理性的分析。重要的不是你最終到達哪個位置，而是在出發的那一刻，就能預知結果，失敗與成功，不是在過程中確定的，而是在最初決策時就已經確定了。

做正確的決定，出發，還是不出發，只要決定正確，未來就正確。

人生的成功，一部分來源於自己的努力，大部分來源於選擇。兩者相加的總分便是你的成功程度。每一次做選擇，就是在書寫自己的人生和命運，因為選擇決定方向，方向決定命運的走向。現在的每一個選擇，都將決定未來的成敗。謀事在人，成事也在人。

成功與失敗是賦予每個人公平的待遇，成功上不封頂，失敗也沒有穀底，唯有珍重現在的每一個選擇，才能創造更美好的明天。

在創業中跋涉，每個人都有自己的故事，我選擇以激情創業，以理性決策。

第二樂章：捨棄

之後，一個在北京發展的美國女模特聯繫我，希望我跟她合夥創立一家新公司。她打算讓我做商業計畫，然後進行融資，做一個以技術和時尚相融合的公司。我覺得這個模式不錯，就很快幫她做了一個商業計畫書，其中談到怎麼融資，怎麼分配股份，是一個非常完善的商業計畫書。她看了我的商業計畫書，就說創辦這家公司，她沒有打算讓出股份，也不準備將來把公司賣出去，融資的性質其實就是募捐的方式，就是靠她自己的名氣，吸引大家捐錢給她做事情。

我覺得她這種想法，雖然不錯，但是，也很天真，完全沒有一個「分享經濟」的意願，完全沒有「利」的事情，誰會來捐錢給她？當時，我覺

得她的想法不切實際，就及時退出她的專案。現在，十幾年過去，她還是經營她的「一人公司」，她的使命很清晰，也有持續的專案方跟她合作，但是看不出來是一個盈利的商業模式。這個結果，是在我的預想之中的，當初我就覺得她的商業模式不會盈利，利益要分享出去，才會有好的發展前景。現在大部分時間，這位女模特都是靠接拍電視劇來過日子的，所以，我果斷地退出她的專案，也是一個非常正確的決定，所謂「道不同，不相為謀」，這也是一條真理。

創業路上，有一種「得到」叫作：放棄。

得到不易，放棄更難，這就需要在創業中，時刻保持一份清醒，捨棄錯誤的，留下的才是全部正確的。

放棄是一種智慧，不要太執迷，也不要太貪婪，學會放棄，結果反倒是出人意料的。而放棄，也包含了清醒與覺察一切的敏銳。對物、對事、對人多一份洞察，就少一份危機。

有些繁華，只是口頭上的表象，創業要深入到事物的實質。從本質上，把握創業，才能準確到位。

想當然的人，會想像未來一定會滿園春色、姹紫嫣紅，一路風景，令人沉迷、令人留戀，可是，創業哪有那麼簡單？天時、地利與人和，樣樣具備了，才更有可能成功。

第三樂章：橫空出世

2009 年底，過去參與過《星球大戰》大片的那家公司的老闆向我拋來橄欖枝。當初，我們分開後，他去了微軟發展，有一番大作為，後來，因為微軟的重組，他重新走出來。之後，他結識了一個本地設計師，又結識了一個在微軟工作的很出色的專案經理，還和我們以前的同事聊過，

大家一拍即合，就一起在北京成立了紅辣椒 (Red Safi) 軟體外包公司。這家公司剛剛成立時，最缺的是優秀人才，他們讓我管理技術部門，利用優秀而成本較低的中國工程師，完成一些高價值的美國大公司專案。

當時，我們起碼開了一個多月的會議，而且在公司結構、股份分配、工作角色和投票權等各個方面，都做了一輪又一輪討論。我們都是著名企業中很有經驗的人，大家都知道錢多、股份多的情況下，不一定要投票權，也一樣可以有很高的收益。在一些大企業，往往有些人是用錢買投票權，但是，一家公司的成敗也要看經營者付出的心血。當時，我和設計師都是用血汗換股份。

其實，創業就是這樣，有出錢的，有出力的，大家協手合作，大家一條心，才能把公司辦好，由於我與設計師是出力的一方，我們是執行層面的，所以，對於具體事務的決策權的爭取就變得尤為重要。將來，公司肯定會面臨各種挑戰、矛盾和紛爭，在決策權方面，我們管理執行者肯定是比間接參與管理的投資者更清楚的，所以，當時我們費了很多唇舌才把投票權平分給每個股東。

我們的投票權分配，不是按照投資的數目，而是按管理上的需要來進行分配。我勸合夥的創業者在公司架構上必須花時間做好合約文檔，剛創業時，誰都是一條心的，但是，創業過程中，肯定會有很多挑戰和需要調整的地方，甚至會受到創業夥伴的反對，從而產生各種矛盾，很多公司，重重危機就是這樣出現的。為了公司後期能健康發展，前期必須不怕麻煩，把工作做得越細緻，後期的紛爭就越少。創業應該是「先難後易」，而不是「先易後難」。

創業這方面還是要提前做好準備，從天時、地利、人和多個方面進行準備。「天時」的這個層面，就是我們的業務必須是現在需要的，而且是正處於風口與趨勢上的，這個方向我們可以多去考慮，因為它具有決定

性意義；另外一個是「地利」，就是我們現在的一些市場情況、大環境、資源等等；「天時」決定了這件事有沒有價值，「地利」決定了我們能走多遠，而「人和」決定了我們能不能幹成這件事。「人和」就是側重我們每個人自身有什麼優勢，以及我們團隊有什麼優勢，自己以及團隊在哪方面有優勢、有熱情，協作精神怎麼樣，團結起來的合力大不大？三者同時具備，才能讓事業儘快走向成功。

創業，不能等「萬事俱備」，才出發，一切有利條件的獲得，都將在創業路上完成。自己努力往前走，成為成功者，追隨的人也多了，擁有的資源也多了，天時、地利、人和也就自然都具備了。所以，一旦團隊集結完畢，大家一條心，鎖定目標，我們就立刻出發。

第四樂章：沖上巔峰

紅辣椒公司的誕生，正好在蘋果 iPhone 觸屏手機帶動起來的新趨勢的「時間節點」上，所以，我們公司一誕生，就幸運地處於風口之上。這是幸運，也是我們事先決策的結果。當時，美國各大公司都需要在智慧手機上建立 app，所以，我們公司的業務的應用前景非常廣闊。當我第一次被要求做蘋果 app 的時候，客戶問有沒有人會做，我就很肯定地說有，就這樣我們就接了第一單。

事實上，我們是沒有經驗的，但是，憑我那麼多年經驗，學習一個新平臺是不難的，經驗在於演算法方面很有底氣，而編碼語言只是工具，就更不成為問題。這也讓我想起 Bill Gates 當時跟 IBM 說，他有一個電腦軟體操作系統，然後，Bill Gates 先跟 IBM 簽約後，Bill Gates 才去找到寫 DOS 的軟體工程師，高價買下他的軟體，這個軟體就成為微軟的第一個操作系統。其實，我們的情形跟 Bill Gates 是一樣的，創業就是要先把事情做起來，才去尋求解決方案。邊奔跑、邊調整姿態、邊開槍，三者同

時進行，不能等到一切準備就緒了才開始瞄準目標。

機會錯過，可能錯過一單生意；時機錯過，可以錯過一個時代。

創業最應該具備的是勇氣，勇敢地邁出第一步，才有以後的輝煌。因為我們就站在風口上，趨勢和需求都非常契合，因此，短短的兩到三年內，紅辣椒公司接業務接到手軟，完成的蘋果 iPhone app 超過一百個，大客戶也非常多，包括有迪士尼郵輪、福特車、NBC 新聞等等。紅辣椒公司規模也越來越大，做到有 40 個工程人員。當時，公司在北京建立起聲望，成為一家知名企業，後來，也是國內大公司比如阿里巴巴、騰訊、新浪等挖角的目標，公司漸漸成為頭部企業，引領行業發展的風向標。

紅辣椒公司始終堅定不移地朝著既定的願景穩步前進，旗下業務在市場波譎雲詭、瞬息萬變，機遇與挑戰並存的大環境下始終保持快速穩步的發展。「遠見、卓越」構成紅辣椒公司專業化運營的核心。突破傳統狹隘的經營觀念，形成全新的商業模式與發展模式。紅辣椒公司總是能先人一步，看到行業趨勢與商機，並且依託強大實力，把它們轉化為商業實踐，形成出色的商業運作，公司的技術專案是非常有說服力的，口碑也越來越好，能吸引更多合作者，也使紅辣椒公司在行業中具備了舉足輕重的地位。

紅辣椒公司作為「行業先行者」，要做別人沒有做過的事，成就別人沒有成就過的事業。紅辣椒公司就是這樣，卓而不群，永遠走在行業最前列。人無我有，人有我優，搶得先機，才能立於不敗之地。

創業，就是一群追光者，成就一家偉大的公司。遠見、卓越，領跑行業，也領跑時代。

第47章　擁有學習力，才擁有這個時代終極競爭力

世上沒有蠢才，也沒有全才，人與人的區別是「學習力」上的區別。

有人說：「多數人為了逃避真正的思考，而願意做任何事情。」，這話是有幾分道理的，也可以起到警示的作用。一個人拒絕學習與成長，就等於放棄了自己的核心競爭力，隨便一個挫折都會把他打倒。

我們都對「知識改變命運」這句話耳熟能詳，然而改變命運的不再是知識的數量，而是認知的深度。認知不同，境界就不同、眼界就不同，最後，結果也就完全不同。

互聯網時代，日新月異，新事物不斷湧現，打破了知識獲取範圍的邊界。過去在少數圈子裡傳播的專業知識，現在需要更多人來學習。專業知識要學習，跨界知識也要學習，全面而又專注的學習，才能夯實自己的核心競爭力。

要時刻關注新的思想理念，如果認知深度不夠，很多產品和創業方向可能會越來越同質化。對於個人來說，也是這樣，你會的，別人都會，你的競爭力就不強。

我記得，在 2012 年初，因為一個主要客戶突然撤單，給我們公司帶來很大的影響。作為一家技術型的公司，本身就是跟著專案走的，重要客戶突然撤單，就等於相應地那個專案就沒有了，其影響可想而知。因

為客戶撤單，讓我們剛剛招聘的十個工程師，面臨工作不飽和的問題，他們一下子變得無事可做，但是工資得照發。財務推算如果不能儘快拿到新單子，我們可能在四週後，就會出現財務問題，工資就發不出來了。

財務問題是一家公司的生命線，這一問題，讓我們管理層非常緊張。我們幾個高管就果斷地執行公司創立以來第一次裁員，這麼棘手的一件事，還是落到我的手裡。

按照公司的決定，我的目標是要裁掉八個人，留下兩個人完成剩下的專案。因為過往企業管理的經驗，我果斷地裁掉了五個人，然後我推算有三個人會自己離開，我的裁員計畫進行得很順利。剩下的兩個人，我做了很好的人力資源管理，設置了一個些新的激勵機制，用很誘人的「完工獎金」讓他們留下來奮力完成專案。而且，我還保證在公司新職位方面，留給他們一個高級職位。結果，雖然只有兩個人，管理層卻很驚訝地看到專案的目標完全按計畫出色完成。

之後，我們公司改變了經營方向，因為微軟 Xbox 需要技術團隊協助，支持商家對他們平臺的開發和驗證工程。基於這樣的新需求，我轉頭就重新招聘六位元新的微軟系統工程師，短期內憑著優異的管理和研發，我們公司也成為微軟頭三名的推薦商家，也因此受到某些公司的關注，讓公司的業務得到不斷的拓展，合作的客戶越來越多。

我覺得，人要有自己的核心競爭力，就要不斷學習，甚至要跳出專業限制，讓自己由專才向全才方向發展。高效的學習，一定要學習與解決某一類問題相關的所有核心能力。如果一個技術人員只會寫代碼，這是遠遠不夠的，要讓自己有更全面的能力，有更大的舞台，就必須突破專業限制。這個世界並不是按照你劃分的標籤單獨運行的，軟體不會是單獨的軟體，它是市場環境、社會文化下的軟體，所以，軟體之外的知識也要學習。

又比如，一個市場行銷的問題，背後往往涉及法律、政治、歷史和

文化的因素，專精於一個領域，並廣泛學習周邊的知識，讓自己漸漸成為一個全能型人才。要讓自己有競爭力，除了有高超的技術外，你要學好產品、價格、管道、行銷、市場細分等概念，不必學得太深入，但要大概知道這些系統知識，尤其是管理層，更應該涉獵更廣泛的知識領域。

在公司的經營過程中，我學到一些創業管理的功課。老闆必須身體力行，很多經營環節都要過問，有些事可以指導、監督，而有些重要的事就要親歷親為。比如，我發現財務喜歡買假發票去抵稅，當我發現這一點時，我有些驚訝。在我的觀念裡，公司賺錢就該上稅的，結果，財務居然說她個人認為交稅是不應該的，可以合理避稅。

在她的觀念裡，既然所有公司都這麼做，我們也應該這麼做，她說她是為了公司利益才做這個決定。但是，我覺得不能只看短期的利益，應該看得長遠，正規經營，才能長久收益。因為我發現了公司財務的問題，後來每一季度的帳我都要看得緊緊的，生怕出什麼問題。因為人的價值觀是很難改變的，就算你是老闆也沒有用，發現有價值觀問題，就是大問題，就要高度關注，以免出問題。

又比如有個架構師，我把一個專案交給他，以我過去的經驗來說，必須把很多方面都要考慮進去，不然以後會出問題的，我考慮得很多，也很全面，但是，專案到架構師手上，他就不會考慮得那麼全面。

後來，我放手讓架構師去做，結果真的出了問題，出貨的時候，我問他為何沒有把一些關鍵因素考慮進去，是我早先就反覆叮囑的事情，他說他真心覺得我說的那些，在他看來都太多餘，只是增添了麻煩，沒有這個必要，當問題發生後，他就認識到自己的錯誤，向我道歉了。

有時候，人都是要撞了南牆之後，才知道自己錯得有多離譜。明明給了一個明燈，讓你不要走彎路，但是偏偏就是不聽話，結果還是公司付錢讓他從錯誤中學習與吸取教訓。還有一個更不能原諒的事情，就是

一個比較簡單的演算法，我把演算法的研究文案給了工程師，兩週過去，沒做好，我用五分鐘時間在網上搜索，找到源代碼給他，又過了兩天，他還是做不出來，我再用十五分鐘看他的代碼，找到了一個地方是正負相反，代碼存在低級錯誤，最後，還是我親自把代碼寫好了。這件事，公司付了他兩週半的工資，結果，最後還是用我自己寫出來的代碼。當時，我就知道這種只會寫代碼而不會思考的工程師，在將來人工智慧崛起後，是肯定無法生存的。當然，信任是很重要，沒有優秀人才幫公司處理各種專案，公司也根本沒法立足，因而公司信任員工，員工也必須足夠努力，值得公司信任，信任是雙向的，是相互成就的基石。

在職場中，我們要打破習慣性的思維，認為別人是這麼做的、過去是這麼做的，所以，我們現在也這麼做。這是不對的，這樣，不僅不能體現我們存在的價值，而且，也會讓事業出現各種問題。當我們感到自己的觀點可能會受到挑戰時，我們的第一反應，應該是思考自己是否有問題，要遵從對的想法與做法。

這時候，我們的習慣性思維，就是因為不學習導致的。人都有惰性，習慣了一些做法，就很難去改變。但是，如果一個人學習力很強，他就會成為一個擁抱變化，善於改變的人，他也將成為一個更容易成功的人。在創業過程中，或是工作過程中，我們每時每刻都可能面臨各種各樣的挑戰，我們只有不斷加強自己的學習力，才能讓自己擁有戰勝一切的競爭力。如果我們一直陷入習慣性思維而不自知，恐怕學習再多的新觀點、新方法都是無用的。學習知識，要不斷內化為我們的能力，同時，要不斷改變過去的錯誤想法與做法。所以，要提高學習效能，第一步就是要打破習慣性思維。

那怎樣才能打破這種習慣性思維？答案是：建立成長型思維。什麼是成長型思維？成長型思維是，當我們遇到新觀點或者不同意見時，第一

反應是：這是一次思想碰撞的機會，是一次難得的成長機會，而不是排斥新觀念。要善於學習與成長，在工作過程中充分溝通，善於理解和傾聽，也是和員工建立信任的過程，能夠增加團隊的凝聚力。一個人學習與成長，不如整個公司學習與成長，那樣，公司才會更有力量。

我們公司有個非常優秀的技術經理，他才三十歲出頭，卻已經接受不了新鮮事物。當時，QQ、Facebook 是非常流行的社交軟體，我讓他好好鑽研這些新平臺，他卻對我說，這些都是年輕人玩的，我這些年紀大的人不喜歡。當時，我就楞住了，身為一個技術主管，就必須心存一份童心與好奇心，才能跟上潮流，才能理解客戶心理。只有這樣，我們開發的產品才能同步社會，跟上時代。我的年紀比他大十五歲，我都在努力適應著各種新事物、新平臺，我也奉勸各位想成功的人士，必須打開懷抱接受和適應新事物。

作為公司的老闆或管理層，除了要有一個開放的心態，善於接受新鮮事物外，還必須自律、內省，不僅要做到每天都不遲到，遵守規章，而且，要帶頭學習、帶頭成長。如果員工都在加班，老闆也要跟著加班，加班到深夜也要陪著自己的員工。因為我也明白員工是看老闆多用心，他們才會對公司多用心的，創業永遠沒有不勞而獲的道理，如果自己不夠優秀，不懂技術，不懂管理，就要盡力把欠缺的方面都搞懂，不需要精，但是必須會，知識與經驗都很重要，不然就會吃虧。

後來，我有個朋友投錢開餐館，她自己不太懂，就由她親戚管理，她太信任自己的親戚，但是她的親戚也不懂管理，對市場也不懂，結果，她欠了政府很多稅款，導致她自己要承擔責任而破產了。可見，創業需要不斷學習和成長。我們已經到了一個新時代，在這個新時代，本質上來說不管是打工，還是創業，每個人都需要不斷學習和成長。

作為管理層，善於反思，是一種重要的技能。反思不是簡單的總結，

而是不斷複盤、洞察與內省。總結是對結果的好壞進行分析，而反思是對產生的結果的原因進行分析。知其然，也要知其所以然，這才是管理層要做的事情。我們成功了，為什麼成功？下次還能不能成功？這些都想清楚了，不僅這次能成功，下次還能繼續成功。「底層邏輯」搞清楚了，比做成一兩件事更重要，這其實也是「授之以魚，不如授之以漁」的道理。從這一點上來說，學習力比知識更重要；成長力比做成一兩件事重要，我們要的不是一時的成功，是一輩子的成功。

比較重要的大事發生後，當然應該複盤與反思，決定你在關鍵時刻表現的，是學習力與成長力。同樣是做事，能不能在做事的過程中學到更多知識與經驗，這才是關鍵，這將決定下次的臨場發揮與做事的結果。因此，想要在關鍵時刻有更好的表現，學習力與成長力是最重要的。

學習力與成長力，本質上就是競爭力。

當今世界是一個充滿競爭的時代，被《財富》雜誌列為世界 500 強的大公司，堪稱全球競爭力最強的企業，然而，這些公司每過十年，就會有三分之一的公司銷聲匿跡，深究其根本原因，就是這些公司沒有學習力與成長力。人與人有「天賦」的差異，公司與公司之間有「稟賦」的差異，而能不能用好這些優勢，其決定性的力量就是學習力與成長力。

風起雲湧的新科技革命和新經濟的產生，迅速切換或淘汰傳統產業，這是一個大趨勢。這是一個知識大爆炸的時代，更是一個瞬息萬變的時代，沒有學習力，就等於沒有競爭力，就不可避免被淘汰的命運。

創業的核心關鍵，是要有學習力與成長力，要與時俱進，跟上時代的節拍而不被時代拋棄，甚至要超前時代與引領時代。實踐證明，企業凡是通過自我超越、心智模式、團體學習等提高學習力的修煉，都能在原有基礎上重煥活力，鑄就輝煌。

學習，是最低成本最高回報的投資；學習力與成長力是個人與企業最大競爭力。

第46章　人生有不期而遇的挫折，更有生生不息的希望

　　幸福，因為愛；成功，為了守護愛。

　　我時常想：「此時此刻的我，是不是十年前期待的樣子？」，這麼多年來，我始終在不斷成長，不斷蛻變。熱愛生活的人、追求卓越的人，無論遇到多少挫折，都會將自己的生命變得更加豐盈。

　　西方哲人柏拉圖說：「無論你從什麼時候開始，重要的是開始後就不要停止；無論你從什麼時候結束，重要的是結束後就不要悔恨。」。

　　渴望幸福與渴望成功，是我們不斷前行的動力。關於幸福，我們都有自己的定義，但家庭幸福與事業成功，是我們人生追求的兩個主方向。2013年由於媽媽的病情，我的家庭幸福的追求遭遇挫折，2014年由於事業上的變故，我又面臨轉型的處境，人生總是有不期而遇的挫折，但是，只要我們堅定信心，人生更會有生生不息的希望。

　　人生路上，我們會經歷挫折、失望與悲傷，但是正因為經歷過這些低谷，才更能體會到幸福與成功的甜蜜。希望永遠都在，追逐的腳步從未停歇。

　　因為有所期待，我們才會有前進的動力，因為足夠努力，一切都會變得充滿希望。因為有愛，才會有期待，每一次的改變，都讓我們更加接近幸福與成功。

人生充滿無常，在得到幸福與成功之前，總會遭遇一些不期而遇的挫折。

2013 年，是另一輪苦難的開始，我的母親可能因為我爸生病後她獨自支撐整個家的那段艱苦歲月而熬壞了身子，積勞成疾，身體不太好。但是，她一直以來都非常注意養生，每天游泳，只是身體出狀況後，她需要定期吃抗凝血藥，因為心率不齊，怕會有血栓，媽媽必須定時吃藥。那個暑假，她帶著親戚去三亞旅行，因為碰到颱風，需要多留三天，她的藥帶少了，因為缺藥，導致血栓跑到腦部，她因此中風癱瘓了。當時，因為處在一個島上，沒有民航機，我只好包一架醫用飛機，花了四十萬人民幣，把她送回澳門看病。到現在，十年過去，母親還是不能說話、不能自己移動，需要全天候的照顧。

我記得，那時候，為了給媽媽的治病，每到週五下班，我就乘飛機從北京飛到澳門去照顧媽媽，週一早上再從澳門飛回北京工作，直到她一年後出院回家，可能也是身心疲憊，讓我後來決定賣了公司回美國發展。

也許很多人會問，澳門醫療不是免費的嗎？我告訴你全世界所謂「免費醫療」都只是政府津貼，每個政府津貼都是有上限的，當你超過了這個上限，現實就會告訴你，很多事情，除了靠自己，誰也靠不住。

我母親在公立醫院治療兩個月後，醫生居然跟我們說，你們媽媽的病沒法醫治，他們告訴我，從他們的經驗來說，我媽不會活得太長，讓我們領她出院。這對於我們來說，就是晴天霹靂，當時，我跟妹妹商量，私立醫院肯定是願意收治的，只是醫療費用肯定不會低，而且需要長期的支出。

我母親聽了後，用一個眼神看著我，當時，我看出她的意思，但是，我們不可能同意她要離去的意願。她是曾經照顧中風的我爸十幾年的那個人，她知道發生什麼事情，她的眼神告訴我不要花錢了，就讓她走吧。

我看著她說，我們愛你，會盡全力幫你，不會讓你走的。每次我聽到有人不負責任地說，死了算了，不會拖累後人，我都會覺得這句話是最自私的一句話，不是出自愛。如果真的愛你的後人，就應該買好保險，讓後人不會因為你而受苦，要知道除非你的兒女恨你，愛你的人必定不會放棄你的。可能這些經歷是導致我回美國後致力於做保險理財事業的動力吧！

不管生活發生多少困難，出現多少傷心難過的事情，我們的內心一定要心存一份希望。有了對未來的期許，我們總是能一往無前，就像江河一樣，一直往前，然後流入幸福與成功的大海。勇敢的人，總是心懷希望，卻永遠活在當下，看向自己內心，接受一切，又試圖去變得更好，活出自己，擁抱變化，最終成就自己，也成就自己身邊的親人與朋友。

選擇正確的做法，而不是最舒適的做法；選擇信任自己，而非懷疑自己；選擇去愛，而非抱怨。時刻讓我們自己充滿正能量，是我們能度過人生一切低谷的密鑰。永遠不懼怕失敗，哪怕失敗了一次、兩次、甚至是三十次都沒關係，為愛前行，前路充滿希望與無數機會。

有些時候，幸福會遲來些，但只要心中有希望、有夢想，幸福與成功遲早會到來。

每一個人心裡都有一個理想而美好的世界，但是，我們在得到幸福與成功之前，必然要承受挫折的打擊，欲戴王冠，必承其重。

人有時努力了很久，卻沒有換來想要的結果，內心天翻地覆，臉上還是要保持微笑，做個不動聲色的大人。但是，只要時刻努力學習與成長，就不會有措手不及的時刻。人生可能會有突然的轉向，卻永遠也不會停下前進的步伐。成功不是天上掉下來的，是一路披荊斬棘才換來的。前路漫漫，學著嘗試、學著接納，獨一無二的你，值得世間所有美好。

人都一樣，有時，想要得到一些什麼，就必定會先失去一些什麼。

2014 年底，因為國內連續幾年的通貨膨脹，工程師基本都被大公司高價挖角。我們公司培養出來的人才，特別被各大公司虎視眈眈。這些大公司，都以雙倍以上的工資誘惑他們跳槽。人才危機特別嚴重，如果大量流失人才，這樣的環境下，我們公司很可能轉盈為虧，形勢非常嚴峻。在這樣的大環境下，我們公司要麼從北京搬到二線城市，降低經營成本，要麼我們開發新的爆款產品，用產品的火爆來度過危機，但是要開發新的爆款產品，就需要大量資金。還有一個選項，就是關閉業務，把公司賣出去，憑藉公司曾經的輝煌去尋找適宜的買家。

當時，股東們各持己見，討論了很久，都沒有共識。幸好我們的投票機制派上用場。對於我們管理團隊，在這樣的轉捩點，最關注的是員工的何去何從，所以，我們希望能有個公司把我們買下來，保證員工能繼續工作。因為我們曾經非常出色地服務過微軟和蘋果這樣的大公司，強大的實力引起行業關注，有一家很大的外包公司正想進軍微軟的業務，所以，順理成章地，把我們公司收購了。公司被收購後，唯一不能留下的就是我，因為他們認為他們有很強大的技術管理人員，不需要我。所以，我當時就賣掉了股份，成功變現，回到美國。這樣的結果，還算不錯，至少也算是對我們的員工一個最佳的安排。

凡是過往，皆為序章；凡是未來，皆可期待。

人這一生總是需要往前走，這樣才能夠讓苦難與失敗不斷往後退，也只有不斷向前看，才能夠看到人生的希望。如果我們總是沉溺於過去，看到的只是過去的成就。停下腳步，就會與新的希望失之交臂，那麼，也只能一直深陷於現實的泥潭之中。

人這一生，總是要經歷酸甜苦辣，一時的成敗與轉變，可能帶來一生中更大的希望。

每一個人都想要一個完美、順利的人生，小成功需要順利，大成功

需要挫折與苦難，因為唯有挫折與苦難能讓我們變得更加強大。人生需要不斷轉變，在轉變中才有更大的機會。

挫折對於天才是一塊墊腳石，對能幹的人是一筆財富，對弱者是一個萬丈深淵。當我們足夠努力，我們的天賦、知識、經驗與底氣，會讓我們對未來有著非常確定的預期。

2015 年初，當時我對於「虛擬現實」，就是現在所謂的 Metaverse，已經有所關注，所以，用了半年時間自己做了一些研究和分析，做了一個報告，結論是 Metaverse 的技術基本成熟，但是商業模式和內容投入還不是時候，因為還需要把硬體和平臺普及化後，才能得到生態鏈的支持。那時候，我預估，Metaverse 崛起的期限是大概五年後才會開始，結果 2020 年因為疫情問題有些拖延，但是，同時也看到 Facebook 很快改名為 Meta 專注於 Metaverse 的開發，Intel 也全力以赴在硬體配合下做了很多創新，還有蘋果剛宣佈轟動全球的 Vision Pro 眼罩硬體推出，這些事情也讓我對技術發展的預測都得到了充分的實證，我的預言應驗了。我所判斷的未來趨勢，在基本方向是出奇準確的。從入行到現在，我都是在技術領域最前沿翻騰，不能不說我可能有著一種特別的敏銳度，就如同「特異功能」一般。

世界充滿不確定性，人生無常，但是，只要我們自己做自己的「擺渡人」，其實，一切不確定也可以變得確定，一切無常也可以變得安暖。幸福與成功靠的是我們自己的堅持與努力。

拉丁諺語說：「因為這些都是不確定的，而且僅僅是靠運氣，並不是智慧。」，人生所追求的財富、智慧、健康、名聲與榮耀……，都有不確定的成分，但是，命自我立，運自我求。雖然，有時一切都是天定的，但人力也有「改運立命」的作用，越努力，才會越幸運。

世界充滿不確定性，你今天以為是最好的工作，很可能在未來的某

一天，終被「人工智慧」所取代；你今天以為是正確的知識或觀念，很可能在未來的某一天，會被新知識、新觀念所顛覆。即便如此，瞬息萬變的世界，依然有千種萬種精彩，人生因為無常而有無數的可能性，這何嘗不是人生的一種魅力。

如果你從無限中移走或添加一部分，剩下的還是無限。只要我們以積極的心態過自己的人生，做自己的「擺渡人」，那麼，對我們來說，想像力和創造力都是沒有邊界的。

不放棄夢想，把不可能變為可能，廣袤的世界，心懷希望，堅定地重新啟航。

當我們遇到困難的時候，一定要往前看，以終為始，自己要做自己的「擺渡人」。

第 49 章 選擇有爆發力的行業，是成功的秘訣

有些行業似乎一直以來都是風口，因為市場需求永遠都在，而且需求量巨大。

行業與行業之間，是有優劣之分的，有些行業既是熱門行業，而且，有非常廣闊的發展前景，這樣的行業是擁有「爆發力」的。

有些行業正處於黃金期，其強大的發展潛力正積聚爆發力，我們進入這些行業，就等於站在了風口之上，就能享受到發展紅利。

人生無常，需要一份保障，這是我一直以來的觀念，這也是我與保險行業結緣的基礎。

保險不是用來改變生活的，而是防止幸福生活被動改變，鬥轉星移，不變的是幸福，因為有保險在背後默默做保障。當幸福已經成為你生活的常態，多一份保障，才能讓你更心安。

我們常說「未雨綢繆」，這就是保險的意義，而更多時候，保險是為了「居安思危」。保險就是：平常當存錢，有事少花錢，理財錢生錢。做保險行業，其實往往帶有一定的公益性。

保險，是你快樂時最容易忘記的朋友；是你痛苦時第一個想去找的朋友。有了一份人生的保障，自然能一生無憂。保險就是您門上的一把鎖，意外不一定會來，但您還是得上鎖，保險是守護美好家園的一把鎖。

人生是一次單程旅途，一個人無論多有本事，遭遇意外和疾病時，也往往措手不及，利用保險來規避風險是明智的選擇。帶著一份大愛之心做保險事業，其實是很快樂的事情，這也是我進入保險行業的初心。

　　2015 年，偶然的機遇，在一位老同事的介紹下，我進入了保險行業，從此展開新的征程。經過我不懈的努力，短短一個月，就考到了執照，而且，同時我把所有的基本訓練課程都上了一遍，讓我對保險行業有了全面的認知。

　　從我親身體驗來說，我認為學習最快的方法就是去教課，就是用「輸出」倒逼「輸入」，不斷地輸出知識，也是對自己所學到的知識的鞏固與強化。因為有了這樣深層次的認知，所以，在第二個月聽課的時候，我就開始關注講師是怎麼教課的，教課的過程其實是對知識系統化的解構，通過聽課，我學習到講師的邏輯語術等等各種細節。在第三個月，我就自告奮勇地開始講課了，果然不出所料，短短的半年時間，從入行之初的「行業小白」一下子就成為公司裡一名「金牌講師」。

　　孔夫子說：「言不順則事不成」，孔子有弟子三千，賢者七十二。作為聖人，孔夫子一生都在不停地說話，傳播他的理念，可見表達能力有多麼重要。人一定要有豐富的內在，也要有流暢的表達，胸中藏有一個朗朗乾坤，星光通過語言折射出來，這才是一個成功人士應該具備的姿態。

　　古人還說：「一人之辯重於九鼎之寶，三寸之舌強於百萬之師」。想成為行業領袖或職場精英，一定要有出色的演講能力，人人爭當「金牌講師」。通過多年的職場打拼，我的演講能力被訓練出來，我能把內在的知識經驗分享給更多人，得到他們的共鳴與認同，我也能通過演講，讓更多人願意追隨我去開創更宏大的事業。

　　在現代的商業社會當中，演講能力就是你的領導力。丘吉爾曾說一個人可以面對多少人演講，並讓大家認同自己，這就代表這個人的人生

成就有多大。言為心聲，內秀的人，如果不善於表達，也只能是對自己才華的一種浪費。

有效表達是你成功不可或缺的核心元素，一言可以興邦，一語可以暖心。一個沒有思想的人，很難有未來，一個不懂表達的人，很難獲得成功。演講是思想的有效輸出，你的想法決定你未來的方向，你的思想被多少人接收到，並產生共鳴，決定了你的事業能做多大。

長久以來，在我的心裡有一個期盼，因為俗語有雲：「人要是行，幹一行行一行，一行行行行行。」，所以，我就想既然進了保險行業，我就要熱愛這一行，成為這一行的翹楚。

然而，計畫有時永遠趕不上變化。在這家公司，我經歷了兩件事情，這兩件事給我的觸動非常大，導致我在一年後就選擇離開了。當然，每個人的決定和選擇都不一樣，而每一個選擇都有可能決定日後的發展路徑。我過去的選擇也成就了現在的我。

第一件事情，我參加了公司的大型年會，當時，這場年會有兩萬人參加，聲勢浩大，照理應該對人是鼓舞和震撼。但是，我的夢想是要當行業的領先者，我看到的是一個三十多年歷史的大公司，已經有很多的頂尖領導在臺上分享他們的經歷，台下兩萬多人都是我將來的競爭對手，這不是最典型的紅海嗎？我要在這家大公司脫穎而出的幾率真是太小了，可以說，我要做到拔尖程度的可能性幾乎等於零。

第二件事，是直接讓我決定離開公司的導火索，因為公司鼓勵業績，舉辦了一個競賽，說要達到某些業績才能贏到一個特殊的學習機會，結果我所屬的團隊中只有我勝出，本來這是一個非常開心與自豪的事情，但是，當天我那個團隊的領導卻帶來十多名沒有贏到資格的夥伴來受訓。當我質問緣由的時候，他給我的答案是因為我勝出，所以，給團隊領導一些額外名額參加。這個本來是我贏得的獎勵，怎麼反而是由領導決定

誰能去受訓？這樣一來，我不就只是他手中的一樣工具而已？我因此沒有任何自豪感，覺得自己被利用了。所以，這樣的激勵機制與企業文化簡直是管理的失敗和羞恥，不久後，我就決定離開了這家公司。

入對了行，做對了事，但如果跟錯了人，或進錯了平臺，結果往往也是不順利的。因為行業好，不代表公司好，公司好也不代表人好。天時、地利、人和都要通盤考慮，才能取得成功。

多年的職場生涯，讓我領悟到一點：選擇在大多數情況下，比努力更重要。只有正確的選擇，才能讓每一份努力都有相應的回報。

通過勤奮改變自身的人，他們的認知是一致的，那就是：別人在努力，我就要更努力，這樣，我就能超過別人。但是，事實上，「選擇」比「努力」更重要，因為「努力」只是「量」上的增與減，而選擇是從「質」的層面做出飛躍或躍遷，一次正確的選擇，就足以讓自己提升到一個新的境界。

有人會覺得，我已經很勤奮了，可為什麼還是不能成功？與其怨天尤人、自艾自憐，不如正視自己，審視自己的選擇是否正確，自己的方向是否正確，因為這些才是成功與否的關鍵所在。

當我們已經處於實力「大爆發」的臨界點，做出正確的選擇，再努力一把，就會出現新機遇。所以，比勤奮更重要的，是你要做對的選擇。選錯了，即使你是金子，也難以發光；選對了，即使你遇到各種挫折，也能不斷超越，抵達夢想的彼岸。

2016 年，我再次做出新的選擇。我接到了另一家公司的邀約，這家公司也有十來年的歷程，可是，跟之前的大公司相比，它的規模小了十來倍。當我研究了這家公司的企業文化和獎勵制度後，明確看到，在這兩個方面，要比之前的大公司強太多了。而且，通過前期的瞭解，我已經看到如果我入職這家公司，可以有機會在這個規模不大的公司嶄露頭角，登上巔峰。後來，我就入職這家公司，為公司帶來培訓技能和經驗。

我在這家公司，的確提升得極快，一年多就升到高級經理，而且，還在年會上獲頒當年十大業績冠軍殊榮，我在講臺上熠熠生輝。

人生，格局要大，才有爆發的可能；執行力要強，才能走得遠。每個人都有自己的夢想，堅定不移地走下去，才會看到曙光。

選擇行業、選擇公司、選擇合作的對象，不管是平臺還是人，一定要看對方的格局。還要看對方與自己的匹配度高不高，更要看價值觀能不能同頻共振。

山不在高，有仙則名；水不在深，有龍則靈。公司不必太大，關鍵是看有沒有發展潛力。格局大、有遠見的小公司比格局小、目光短淺的大公司更有前途。有潛力的公司，總有「爆發」的一天，而且，價值觀正確的公司，能走得更遠。

歲月中，我們留下足跡；人生路，我們逐夢而行。

星辰大海，征程漫漫，有我一如既往的初心，新年勝舊年，明日勝今日，時時刻刻成長，一天一天變得強大。

希望未來，夢想之光依舊奪目，天空依舊湛藍，陽光依然安暖。未來充滿無限的希望，每一盞燈都在為你點亮，滿天的星辰都在為你閃爍。

黑暗散盡，星河長明，逆光而來，美夢成真。

奔走在自己的熱愛中，慢慢理解世界，慢慢瞭解自己，奔赴山海，重登巔峰。

願未來，所有美好都能與我們不期而遇，星光不問趕路人，時光不負有心人。

星空沒有落幕，它會在未來繼續造夢。夢想永不落幕，它會在人生路上繼續發光。

第50章　完美人生的三大標準是：健康、財富、幸福

　　完美人生的三大標準是健康、財富與幸福。什麼對我們是最重要的？現在，大多數人都認為健康是最重要的，因為健康是對一個人影響最大的因素。互聯網上有人用這樣一組數字「100000000000」來比喻人的一生，這是一個很神奇的數字，這裡的「1」代表健康，而「1」後邊的「0」分別代表生命中的事業、金錢、地位、權力、房子、車子、家庭、愛情、孩子等等。只有擁有健康，其他一切才會有意義。如果失去健康，其他一切都將一一清零。

　　我就曾經因為工作與自身的原因，而生病，這讓我對健康的意義有了更深刻的認知。每家公司都有它的問題，可能是我太高調而引起夥伴們的嫉妒，後來，我發現有很多關於我的閒言碎語，別有用心的人散播對我不利的謠言，導致我在公司變得非常孤立。加上我的身體狀況開始出現問題，心臟開始心律不齊，有的時候很容易就會暈眩，醫生建議做微創心臟手術。那時候，身心都會有一種疲累感，身累尚可忍受，心累就讓人覺得很痛苦。

　　發現心臟的病症後，在 2019 年夏，我做了手術，手術還算挺順利的，因為父母親以前的經歷，讓我知道保障是非常重要的，在我入行之前已經有很強保險意識，入行後更加強化了這方面的觀念，所以，當時走進手術台之前，我早就已經買了保險，那時，我是多麼的平靜無牽掛，這就是有

保險所帶來的平安。當我知道中國有個平安保險，這個名字，我覺得特別能解釋我當時的心情。微創手術後，雖然康復很快，但是手術畢竟讓人元氣大傷，體力精神都不比以前，過去跳舞可以連續二至三小時不停地跳，手術後的我，跳了四至五個曲目，就明顯體力不支了。

健康面前人人平等。一江春水向東流，分分秒秒不回頭，日出日落一天，春夏秋冬一年，生老病死一生，保持健康是人生頭等大事。

我在康復大半年後，剛好碰到了世紀新冠大疫情，被封在家裡好一段日子，這也是一個新的危機。在這樣的情況下，很多人可能就什麼都不做，坐以待斃，收取政府一點點的補助金，就苟且度日、虛度光陰。可是，以我的性格來說，是不可能接受躺平的，危機來臨，我卻把危機當成一個良機，在短短的半年時間裡，我花了一萬多美金，在網上報讀了專業理財策劃師，把平常需要兩年完成的科目，用半年時間就全部修讀完畢，而且，僅用一次考試就拿下了CFP®這個註冊理財策劃師的執照。並且，我乘勝追擊，一口氣拿下另外三個牌照CLU®、ChFC®、CFEd®。

在疫情這個全球性的大危機下，我積極改變自己，成為更優秀、更專業的我，給自己疫情後的發展以更多的選擇。能力越多，機會越多，夢想終有實現的一天。

學了理財，讓我理解了投資理財的真正意義：人在休息，錢在生錢。富者越富，明白投資理財的本質，精準投資可以使一個人的財富錦上添花，越來越富。相反，不投資理財，在高通貨膨脹率的影響下，財富將隨著時間的流逝變得越來越少，這就是「富者越富，窮者越窮」的真諦。

你不理財，財不理你，這真的是實踐中總結出來的真理。

現在的年輕人「月光族」居多，他們沒有投資理財、讓錢生錢的意識，只能靠出賣時間來賺錢，這並非長久之計。一個人要讓自己的人生幸福，就要向著「財務自由」的方向努力，而投資理財是通往「財務自由」最

短的路徑。

　　一個人的智商、情商與財商都很重要，智商與情商能間接轉化成財富，而財商能直接轉化為財富。投資理財的底層邏輯就是「複利」思維，也就是「錢生錢」的遊戲。我們耳熟能詳的億萬富翁，無一不是精明的投資家，如股神巴菲特、金融煉金師索羅斯等，他們的財商與投資理財能力在全球來說，都是首屈一指的。巴菲特六歲開始儲蓄，每月存三十元。到十三歲時，他有了三千元，開始買股票賺錢。此後，他堅持儲蓄，堅持投資理財，堅持了幾十年。最終，靠著投資理財的能力，他成為全球最有名的富豪之一。

　　愛因斯坦曾經說過，「複利」是世界第八大奇蹟。「複利」是非常偉大的法則，也就是把所賺到的錢再進行投資，讓錢再生錢，如果能讓「複利」效應充分發揮作用，形成錢生錢的「財富閉環」，那麼，即便你天天都在休息，你的錢也會自動生錢。從短期看，複利與單利相比差額並不太大，可時間一長，差異就會非常驚人。

　　讓金錢為你工作，而不是你為金錢工作。

　　因為經歷了全球性的疫情，我對自己的人生有了新的思考，又因為進修、因為學習，讓我覺得自己更加有底氣，對未來更加有信心，我需要一個更大的平臺去施展我自己。恰好一個現任公司的領導跟我討論創立新公司的理念，他需要我的專業培訓能力，用理財教育的理念來培育優秀與專業的創業人士。我覺得，這是一個非常好的機會，可以把我學到的理財知識融合進工作，也融合進公司的發展之中。

　　後來，我入職這家公司，經人介紹認識了另一位出色的夥伴，發覺他也有一些非常前衛的市場策略，但是，需要做技術開發去落實這些策略。理念在他腦海已經好幾年，但是沒有人可以幫他實現，我就說：「讓我試試看。」，簡簡單單的一句話，讓我與他形成完美的合作關係。

世界就是那麼奇妙，當天時、地利、人和都具備的時候，想擋也擋不住。經過我的一番瞭解後，找到一個優秀的技術團隊幫忙，兩週後就實現了這個創新方案，憑藉我過去的經驗，我也成功把這套技術成功申請到專利。

就這樣，我凝聚了我二十五年技術管理、理財專業知識與創業的經驗於一身，和其他幾位優秀的夥伴成立了「九鑫財富集團」。為我的後半生繼續創造絢麗與精彩的每一頁。「九鑫財富集團」的橫空出世，直接或間接地幫助更多企業家找到他們的一片天地，幫助他們書寫屬於自己的華彩樂章。

很多人或許會覺得理財是有錢人做的事情，我們普通人與投資理財沒有關係，其實，這是錯誤的觀念，不是因為有錢了才去投資理財，而是因為投資理財了，才有錢，才能真正實現財務自由。

投資理財始於：規劃。這是在理財中最核心的部分。俗話說「沒有規矩，不成方圓」，在理財中也是如此。有了規劃之後，開源節流、降低風險，錢生錢才會自然發生。

對於投資理財來說，投資者切勿盲目追求高收益，要從個人實際情況出發，謹慎評估及分析風險，並做好全面規劃與預案，根據自身及環境因素的變化，由專業人士指導，及時調整理財戰略。以隨機應變的理財策略，管理好自己的財富，讓自己的理財規劃匹配自身狀況和未來願景，最終走向財務自由。

人生除了健康與財富，最重要的是幸福，幸福源於愛。

時光荏苒，生命短暫，抓緊時間去愛，去創造幸福，只有這樣，美好年華才不會被辜負。

愛，是世間最美好、最溫暖的字眼。一生三萬多天，有什麼能比「愛」

與「被愛」更值得的事情？

人生在世，要有愛的能力。愛是一種幸福，被愛也是一種幸福，建立和身邊人的良好關係，永遠保持對這個世界的好奇心，以大愛之心，為人處世，為愛前行，永不休止。

此外，人生要從「小愛」走向「大愛」，憑藉一顆「真善美」之心，做利他之事。把事業經營好，就是對社會的貢獻。取得成就之後，就要思源感恩，回饋社會，為大眾與全社會做一些力所能及的公益事業。

通過自己的努力，讓世界增添一份美好，讓未來增添一份希望。

願未來一切皆美好。美夢都成真。健康恆久，財富複利，幸福安康。

第51章　逆光而來，逐夢前行，我對未來的幾點思考

　　創業，什麼時候開始都不晚，最重要的是：開始。

　　打工，有時候是讓別人來決定自己的命運，而創業，是自己決定自己的命運。

　　從某種程度上來說，命運有的時候就是當機會來臨的時候，你自己有沒有能力去承載，這就是關鍵，機會從來只給有準備的人。

　　經過多年的職場打拼，以及能力與經驗的累積，遇到一些合適的小夥伴，大家一拍即合，就決定創辦一家公司，這家公司就是：九鑫。核心成員，之前都是在不同領域打拼的精英，就因為一個機緣巧合之下，大家有幸相識，同頻共振，決定凝聚成一個團隊，去開創一番事業。

　　對於創業來說，自己所學到的知識能用上，自己的經驗與能力能用上，有合適的人才，有合適的市場環境，這些就是天時、地利與人和，當這些都具備的時候，我們在創業之初就能預判其結果一定走向成功。

　　在九鑫公司，我的角色是首席執行官，因為我既懂技術，又懂財務，還懂管理，做執行官的位子是再合適不過的。

　　經過小夥伴們攜手努力，現在的九鑫已經成功運營近兩年，投資成本都已經收回，旗下有一萬多會員，公司已經初具規模，並且，發展潛力巨大。

創業，不必過於關注年紀，即使自己年紀偏大、沒有存款、人脈與背景，也可以通過多種方式去獲得。創業，最重要的是要一個好的點子(Idea)。而那些所謂的關係、經驗及人脈都是在實踐中慢慢積累起來的。我們在創業之初，可以憑藉自己過往的經歷、知識和能力，來預判未來的結果，然而，並不是等到「萬事俱備」才開始創業，有了最核心的東西——點子(Idea)，與基本的團隊基礎，就可以開啟創業的征程。

　　許多創業者都是在一無所有的情況下萌發創業念頭的，一個人的初心與願力，是非常重要的，心中有了夢想，通往未來的路會越來越清晰。有經驗、有知識、有能力、有智慧和力量，幹嘛不去闖一闖，拼一拼？我們這個時代，「創業」就是一個大主題，而且是主流。創業不能單打獨鬥，我最初的創業夥伴，大家都沒有見過面，當時組建的是「虛擬團隊」，因此，我們非常重視溝通，團隊成員不在同一座城市，但是，大家的心始終是在一起的，這就是我們後來成功的基石。

　　現在過舒適的日子，未來一定會吃苦，相反，現在過苦日子，將來一定能享受成功的喜悅。創業不是一勞永逸的事，持續的付出，才能帶來持續的收益。要想未來不吃苦，現在就去奮鬥、去吃苦。主動吃苦與被動吃苦，這是兩個完全不同的概念，所帶來的也是兩個完全迥異的結果。有時，我們要用「結果倒推過程」的方法，來規劃自己的創業過程，因為一切過程都是由結果倒推出來的，就會更加準確無誤。而有時，我們要先把事情做起來，再去考慮哪個方案是最優的，創業的思維模式有很多，方式方法也有很多，所以，我主張不拘一格的創業方法，不要被條條框框給框住，而應該學會變通，隨機應變，而不是以不變應萬變，因為在創業過程中，不變是應付不了萬變的。

　　唯有變通，才能一通百通，最終取得成功。

　　出發，可以是任何時候，不要等到天亮，不要說時機不到，不要找

任何藉口。

有壓力才有動力，有夢想才有希望。開始時，我們懷著不同的初心，有的是想養家糊口，有的是想實現財富的躍遷，有的是想名利雙收，大家的初心可能不完全相同，但是，大家的目標是一致的，就是把事業做成，然後，一起分享勝利成果。而所有的這些都需要大家攜手努力。

沒有奮鬥支撐的夢想，只是空想。不努力，一切的一切皆是浮雲。

創業與自己的經歷、知識、能力和經驗都有關，而且它也與自己的天賦和興趣相關。一個熱衷創業的人，往往也是熱愛工作的，有時候我會想：我的興趣就是工作，我要在工作中尋找成就感。你的興趣是什麼？如果是吃喝玩樂，那你就要好好反省一下，自己適不適合創業？因為創業並不是只有鮮花和掌聲，那些是創業成功之後才能擁有的，創業過程中，更多的是持續付出，是血汗，甚至是咬牙堅持。

創業非常不容易。但是，心有多大，舞台就有多大。這個舞台可以是自己創造，也可以是自己為別人創造。創業不僅可以使自己受益，而且，可以幫助到更多人，這當中有終端的客戶，也有合作夥伴。從這一點上來說，創業是一種利他的行為，不斷創造新價值，規模化經營，讓越來越多的人因此受益。

只要你有夢，只要你敢想，沒有什麼不能實現。出發吧！什麼時候都不晚。

如果你是一隻大鵬，就不要在乎小鳥怎麼看你，因為你們之間存在認知上的巨大差異。因為你飛行的速度、高度、力度與角度，對於小鳥來說，它看不見，也看不懂，小鳥也許只會在鄉間活動，就像「坐井觀天」的青蛙一樣，只看到井口那麼大的天，它們不關心外面的世界，也不會想著去改變什麼。所以，人生最重要的是認識自己，知道自己的目標、方向和實力，而不要在乎別人的想法，更不要在乎別人對你的評價。

我們要具備無與倫比的夢想，並且為這個夢想奮鬥到感天動地。

我們永遠不要試圖改變別人，也不要試圖改變世界，我們要立刻去做的是改變自己，因為我們的目標一次又一次不斷升級，相應地，我們的知識、能力與眼界等等，都要相應升級。這種不斷的成長與提升，對於未來我們創業成功是起到決定性作用的。

認知有多高，成就就會有多高。不是你的能力決定了你的命運，而是你的選擇，改變了你的命運。還是那句話：「向左還是向右，決定了未來向上還是向下。」，世界上有兩個詞，一個叫用心，一個叫執著，用心的人改變自己，執著的人改變命運。立刻出發，自然比別人先到達目的地。

人生在世，前路漫漫，創業不止，初心不變。成就一番功業，讓親人引以為傲、讓孩子以我們為榜樣。讓自己在創業過程中不斷成長，成為更好的自己。創業過程中，不斷給合作夥伴與朋友們輸出正能量，大家一起同頻共振，一起奮鬥、一起成功、一起喜悅。

創業，其實是正能量滿滿的事情，積極陽光，全力以赴，追光而行。

市場競爭越來越激烈，不確定性越來越高，創業者應該更加勇敢與堅定，應該捨棄過去傳統的經理人角色認知，將自己視為創始人，不管是自己一手創辦企業，還是與人合夥創辦企業，都應該有「老闆思維」，自己對所有事情負全責，自己就是企業的主人。

智慧時代已經來臨，科技發展的速度越來越快，在外部環境變化無比神速的情況下，除了企業的營運模式必須隨著市場環境變化而有所調整之外，更重要的是企業管理者的心態與思維模式也要跟著時代改變。沒有絕對正確的理念，能夠即時適應市場變化的理念，才是正確的理念。企業領導人不應該再將自己視為經理人的角色，而是應該重新調整自己的思維和領導方式，讓自己有「老闆思維」，也引導更多合作夥伴，培

養大家的「老闆思維」，大家都把自己當成企業的主人。當大家做到「企業因我而興旺」時，最終實現「我因企業而成功」。個人成就企業，企業也在成就個人。其實，企業與團隊成員結成這樣的「命運共同體」是非常重要的，只有大家一條心，才能讓企業走得遠，登上夢想的巔峰。

未來，企業管理者必須具備四大管理法則：

1. 思考你的產品可以幫助哪些人解決問題

培養自己的互聯網思維，其實，就是要培養自己的「用戶思維」。「用戶思維」其實是互聯網時代中較為先進的思維模式，以用戶為中心去思考問題，很多棘手的問題都將迎刃而解。一家企業擁有大量的用戶，擁有用戶的忠誠度與美譽度，就一定能持續成長，成為一家規模更大的企業。以用戶為中心，做高品質產品和服務，這就是經營企業的核心要義。

過去，企業家思考模式是從產品端出發，去想有哪些潛在目標消費族群會購買你的產品或服務，但是，結果往往很難做到高度匹配，而從用戶端出發，就能使這一問題迎刃而解，用戶的需求，就是產品與服務的方向。

2. 只要有百分之七十的資訊便可以開始行動

工作時，要遵循百分之百原則，即把要做的全部事情都做好，但是，管理者做決策時，為了降低風險，往往會進行過多討論，反覆徵求他人意見，時間一拖延，結果很容易錯失商機。 因此，我們只要有百分之七十的確定性，就可以做決策，一件事情，已經有百分之七十的確定性，再加後期全力以赴的強大執行力，就沒有不成功的。

當然，股東之間可以經常爭吵，最好的企業管理，就是在股東們的爭吵過程中，持續改進，不斷推進的。股東們之所以會爭吵，是因為大

家都關心企業的前途命運，都把企業的事情當成是自己的事情，這一點，也是我們取得成功的關鍵。所以，一家企業，要有「帶頭人」豐富的資源與決斷的魄力，也要有股東們的廣泛參與，這樣，在經營過程中，才能做到即時糾偏，讓企業始終在正確的軌道上可持續發展，當機會來臨時，不要浪費時間說服所有人，也不必全員贊成，要給予充分的「嘗試空間」。

3. 沒有一步到位這回事

小事業也許可以一步到位，但是，大事業往往是長期的、分階段的、系統化的，是不可能一步到位的。創業過程中，我們要讓自己的創業激情燃燒起來，同時，也必須具備壓得住激情，沉下心來做事的能力，必要時，要快速做出決策，穩步執行。當今的外在環境不確定性越來越高，沒有人有確定的答案，必須先採取行動。有時，是走一步看十步；而有時是走一步看一步，事情往往不是一成不變的，做事的方法當然也不是一成不變的。

不可能一步到位，實際測試市場的反應，才能知道最後的答案。

從某種程度上來說，嘗試是最快速，也是最實在的學習方法。關鍵不在於做到最正確、最完美，而是嘗試後快速調整的應變力，有複盤、總結與改進的能力。

哈佛商學院教授艾蒙森表示：「首先必須辨識失敗的原因，哪些是可以避免的或是不應該發生的，這類型的失敗必須被檢討或是咎責。」

有些事是可以預判的，而有些事情是無法預判的，比如說一些客觀與隨機的因素，就沒辦法預測，誰也不知道那些因素會不會發生，也不知道它們何時可能會發生。對於一些誰也無法確知的風險，只要做好相應的應急儲備，就可以減輕風險所帶來的危害，產品或服務正式推出之前，做小規模前期測試，也可以起到降低風險的作用。

多做小嘗試，就不會有大失誤。

4. 不要用傳統的財務數字衡量初創企業

對於初創企業來說，僅從業績財務數字來衡量企業的發展程度，這是不公平的。因為在企業初創時，是各種資源累積的過程，比如說用戶的累積、口碑的累積及技術資源的累積等，這些資源可能一時半會還做不到全面變現，因此，僅從財務數字衡量企業發展程度是不準確的。一家企業的發展，往往來自前期的積累，揠苗助長是沒有用的，穩中求快，才是企業發展最好的方式。

對於企業來說，應該以用戶參與度和滿意度為優先指標，而非傳統財務報表上的數字，數字只展示了收支方面的訊息，並不能直觀反映出企業的發展潛力。對於初創企業來說，必須先有一群死忠用戶群的支持，才有繼續發展的可能，因此，用戶的意見和訴求是最重要的。

面對企業未來發展，不要只談營收或獲利，這些衡量企業成長的指標是不全面的，未來的主要指標是什麼？是用戶數量、忠誠度與美譽度。

古語雲：「變則通，不變則壅；變則興，不變則衰；變則生，不變則亡。」就算是天上的恆星，也會不斷變化它在天空中的位置。世上的事物，都是不斷發展變化的，只有把握住事物發展變化的規律，才能把事情做好。

市場的本質是什麼？就是變化。每個用戶的需求都在不斷發生改變，各類用戶群體也會隨著時代的變化而重新組合，展現出新的特徵。在創業過程中，會碰到許多不確定的因素，這些不確定的因素，有一些是使企業變得更強的機會，而有一些是我們要盡力減輕的風險。經營企業，風險與困難都是不可避免的，必須通過出色的企業管理，把不利與困難轉化為有利條件。

市場是不斷變化的，我們要保持成長型思維，而不是僵化型思維，需要通過思考去調整、去適應市場。創業很難，成功有法，要想獲得成功，就要學會思考，突破思維定勢，善於變通與借力。通過變通，整合技術資源、人力資源、財務資源，整合借力，不但能使自己克服重重困難，而且，能使企業邁向發展的快車道，實現了經濟效益、社會效益的雙贏。

偉大的力量存在於我們的內心。存在於我們的夢想與奮鬥。更存在於我們身邊得力的團隊。

未來已來，學習與成長是個人的主旋律，發展與盈利是企業的主旋律。

後　記

過往已往，未來已來。凡是過往，皆為序章。

習慣了用行動證明，用結果說話。創業，一旦開始，就永不停歇；愛，一旦啟程，就永不休止。

逆光而來，循光而行，我們的初心從未改變。打工，就做最卓越的「打工皇帝」，創業就致力打造最偉大的企業。凡事，本著平常心，追求非凡成就。有遠大的夢想，也有腳踏實地的努力，一切質疑都將不堪一擊，我們會用結果說話。堅定信念，勇往直前，繼續奮鬥。

一路走來，一路成長，立於風口，創造傳奇。永遠不錯失機遇，因為我們時刻準備著去迎戰未來。緊跟時代的步伐，不斷突破自我，讓思想閃光，讓夢想結果。以正能量的價值觀吸引一群志同道合的夥伴，形成一支強有力的團隊，心在一起，夢在一起。

從零做到今天，雖然這一路走得有點辛苦，但是很值得，與光共舞的日子最浪漫，與夢想同行的光陰，熠熠生輝。我們要做前瞻者、領跑者，才能比別人更強大。

新征程上，不管亂雲飛渡、風吹浪打，我們都要追光而行，以夢為馬，奮鬥不息；以堅如磐石的信心，只爭朝夕的勁頭、堅韌不拔的毅力，一步一個腳印。創業，念念不忘，必有迴響；持續付出，必有收穫。

一位西方哲人說過：「一個人如果沒有找到甘願為之付出一生的目標，他就無法獲得真正的幸福人生。」，這個目標可以是一個夢想，可以是一種信仰。現代人心靈雞湯喝得夠多了，成功學也不再新穎，只有

日復一日的奮鬥，才能讓生活更加充實，才能讓夢想越來越近。

有夢想，有目標，是人生一大幸事。雖然，有時理想很豐滿，現實很骨感，我們就不能試著「左手現實，右手夢想」嗎？牛奶和麵包要追求，詩與遠方也可以有。

你還記得小時候的夢想嗎？

有的人會說：「我小時候的理想是當一名小學教師，教師是一根蠟燭，燃燒自己，照亮了別人；教師是一位辛勤的園丁，守護著祖國的花朵；教師是春蠶，奉獻自己，溫暖別人；教師是一根粉筆，犧牲自己，留下了知識……。」。

有的人會說：「我小時候的理想，是成為一名科學家，探索未知世界，用科技造福全人類……」。

有的人會說：「我小時候立志要成為一位音樂家，讓自己的歌聲傳遍五大洲、四大洋，去溫暖每個人的心靈，只要歌聲縈繞，幸福也會縈繞每一個人……。」。

一人有一個夢想，一人有一個世界。

夢想，是世界上最美好的事物，我們最初的夢想，全都實現了嗎？

夢想不休不止，奮鬥永不懈怠。夢想之光，奮鬥之力，永遠引導我們不斷前進。

人們永遠只會記住第一名，所以，追求卓越成為我的習慣。在夢想與奮鬥交織的交響曲裡，需要一聲巨響來成為它的「大韻」。在我人生的歷程中，需要無數的高光時刻，成為我追夢路上重要的里程碑。我們的血液裡流淌著五千年的文化脈動，像一聲聲驚雷震憾著心靈，我們憑藉自己堅韌、勤奮與睿智的品質，也震憾了每一顆想打拼出一番事業的夥伴們蠢蠢欲動的心。一群同頻共振的奮鬥者，必定震驚時代。

有夢想的地方我們就成長，有汗水的地方我們就勝利。

有了夢想，奮鬥不再與辛勞劃等號，而等於激情；有了奮鬥，夢想不再是水中月、鏡中花，不再是高不可攀的空中樓閣，而成了我們手中可以徐徐鋪展的壯麗畫卷。一家有潛力的企業，一定是一家由夢想驅動、由奮鬥成就的企業。

個人與企業的發展，其實是一個「夢想」與「奮鬥」的交織體。

有夢想，自然信念堅定；有奮鬥，自然渾身是勁。用夢想定義奮鬥，奮鬥才變得更有價值；用奮鬥實現夢想，美夢才能成真。

今天的時代，瞬息萬變；今天的世界，融合發展。這是一個催人奮進的時代，也是一個開放包容的世界，正是創業、追夢的絕佳機遇。夢想與奮鬥的光芒處處閃現，我們要自己書寫自己生命的華彩樂章，逆光而來，卓而不群，為自己爭得一席之地，也把發展的機遇帶給更多人。

就讓我們用激情去刷新激情，用奮鬥去再創傳奇吧！

夢想將告訴我們什麼是「遠方」，奮鬥將告訴世人什麼是「巔峰」。美好的未來和一個又一個巔峰，召喚著我們一路同行，心中激情滿懷，眼中閃耀星光。

隨筆 1
人生不存在完美的演算法

對我們來說，現在處在一個非常有趣的時間節點。此時此刻我們的社會在跨步向前跑，而不再是一步一步往前走。科技並不像藝術那樣，追求完美，我們的生活也不是像藝術那樣，精雕細琢。不完美，才是人生的本質。人生不存在完美的演算法，也不存在完美的結果。沒有什麼一勞永逸的事，只有不懈追求，才能擁有更美好的未來。

很多人會發現我們的人生似乎找不到完美的「演算法」，而且，似乎也不需要完美的「演算法」，因為每個人的人生答案並不相同。只要我們積極生活，未來的一切就將會是我們想要的。成為更好的自己，而不是與所有人比較。

我們終其一生所追求的生活，也許並不是我們的最終目的，相反，這一路走來的過程，才是我們真正的人生。成功的喜悅，與失敗的憂愁，同樣是我們人生中無比珍貴的財富。在千姿百態的世界，必然匹配以千差萬別的人生軌跡。

我有我的精彩，你有你的精彩，這才是精彩的世界。

我們可以用「完美主義」的方式去做事，但卻不能用「完美主義」的方式做人，做事重在嚴謹，而做人卻重在「寬嚴相濟」，人生的智慧，決定了我們不必去追求人生完美的「演算法」。在學校裡我們需要標準答案，但是，走入社會後，社會不會給出標準答案，而且，也沒有必要設置標準答案。最適宜自己的，就是最好的答案。

過於完美的東西，往往只存在於藝術世界，它是用來裝飾生活和引導人生，卻不會是生活的全部。真正的生活，往往是樸實無華而又璀璨奪目的，是一種細水長流的精彩，也像是一種雲捲雲舒的淡然。

　　有縫隙的地方，才能照進陽光；有缺憾的人生，才能理解生活的真諦。月亮因為有了「陰晴圓缺」，才變得更加動人；夜空因為有了黑暗，才顯出星辰的曼妙。不知道「完美」是不是心靈世界的止境，但是，激情澎湃的人生，不懈的追求一定是永無止境的。

　　抬首，是滿天繁星；遠望，是無垠大海。

　　人生，從來不完美，各有各的追求，各有各的悲喜；人生，從來沒有一帆風順，各有各的不足，各有各的難處；人生，從來不是純粹的喜劇，各有各的無奈，各有各的煩惱。我無法擁有世上一切美好事物，三千弱水，屬於我的也許只有一瓢。三千大千世界，我亦是一粒隨著命運飛揚的塵埃，然而，一花一世界，一葉一菩提。完美，是一種心靈狀態。

　　人生，沒有完美的演算法。所以，不用想著和誰比，你有你執著的追求，他有他平凡的快樂。沒必要盯著別人的生活，羨慕別人的過程中，你將錯失滿天繁星。要想過得幸福，就要聽聽自己內心的聲音，和自己和解，比和世界和解還重要。

　　人生的不完美，使愚者痛苦，卻能使智者頓悟。

　　人生，從來不完美。關鍵看你以什麼樣的態度去面對。因上努力，果上隨緣，就是非常曠達的人生態度，做事全力以赴，就算最終結果是不完美的，也了無遺憾。

　　過去的，一切都會隨風而逝，留在記憶裡的一切，都如同星辰一般在腦海的星空裡閃耀，這何嘗不是一種完美。完美來源於感恩與知足。未來，一切皆有可能，這何嘗不也是一種完美。一切都還來得及，我們正

走在通往完美的路上，而這一路上的不完美，正鞭策著我們不斷前行。

生命只有一次，或長或短，人生只有一回，或喜或悲。誰都無法預知，每一步路都需要自己去體會，親身經歷過的一切，曾經全力以赴、全情投入，結果是什麼，都不必強求，因為未來一定會善待「追光而行，逐夢不息」的人。

接受人生一切不完美，追求生命完美的狀態，綻放的生命就是永恆的春天。

隨筆 2
互聯網與智能時代，
共享才能共贏

　　互聯網時代的本質就是資訊與知識的共用，智慧時代的本質就是智慧與能力的共用，未來已來，未來是一個開放的時代，共用才能共贏。

　　共用經濟蓬勃發展的浪潮下，很多人覺得共用經濟是新事物，其實，互聯網本身就是一種共用經濟。資訊與知識的共用，讓數據成為核心的資源，也讓「數位化」成為新的經濟增長點。資訊與土地和財產一樣，是我們全體人類最為珍貴的寶藏，這一寶藏是開放性與共用性的，成為引爆經濟發展的一個關鍵性資源。

　　以「共用理念」，探討人們生活方式的共用、融合與創新，可以創造更多的新風口，與其跟隨潮流，不如主動去創造新潮流。在共用的理念下，把越來越多人群聚集於旗下，共同去創造一個更美好的未來。

　　共用理念已成為經濟的新引擎，創業者一定要有共用精神，才能帶動更多夥伴加入你的事業，也才能吸引更多用戶使用你的產品與服務。共用理念是與服務精神密不可分的，服務精神昇華到共用理念，就有了更大的開放性，足以吸引海量的受眾，引爆經濟發展。

　　共用理念也促進了「跨界融合」，互聯網的實質就是一種跨界融合，傳統行業一旦和互聯網融合，就爆發出前所未有的發展潛力。而工業、

農業與第三產業，三大基本產業與互聯網的融合，將全面提振經濟，共創一個可以預知的更美好的未來。

人工智慧的出現與發展，並不是一個危機，而是重大的機遇。人類的過人之處，正是人類有能力創造出比人自身更強的工具。過去，人創造比自己更強的武器與生產工具，未來，人類繼續創造比自己思想與算力更強的人工智慧，這些都極大地提升了人類的生產效率，使人類離夢想中的幸福越來越近。

當智慧可以通過人工智慧，實現共用，那麼，未來不再是少數人的共贏，而是全人類的共贏。

新的時代，讓我們每個人都不能是封閉系統，開放的心態，才是勝利者的狀態。我們不能保證自己或團隊永遠是全行業最優的，只有保持開放的心態，才能不斷吸收新的理念、技術與管理知識，在反覆的反覆運算過程中，我們才能變得越來越強，最終在行業競爭中勝出。我們勝出的關鍵就是明晰了「資訊與知識」共用的理念。我們這個時代，每個人，每一個團隊身後都有一個資訊與知識的寶庫，它是全人類共有的精神財富，用好了就是勝利者，忽視共用，就有可能走向失敗。

專利與知識產權，有利於鼓勵創新，從而推動時代的發展。從這一點上來說，專利與知識產權，是另一種形式的共用，就是付費共用。互聯網時代，主流是免費共用，但是付費共用也是不可或缺的。世界正走向多元化，單一模式無法適應所有場景，共用理念的落地方案也是多種多樣的，多元、開放、共用與融合，這就是我們這個時代顯著的基本特徵。

人類社會的發展，本質上是從「小協作」走向「大合作」，而大合作的時代，必然需要「共用理念」保駕護航，共用理念並非僅是生產工具與生活工具的共用，更有「價值的共用」，是資訊、知識、智慧、能力等各種核心資源的共用。共用理念下，強強聯手，試問，天下誰能敵？

共用理念，讓價值無限放大，也讓越來越多人從中受益。星空，是每一個人的星空；未來，是每一個人的未來。

隨筆 3
等待未來，不如創造未來

有的人，他們在等待未來；而有的人，他們始終在創造未來。

創新是一個民族進步的靈魂，是一個國家興旺發達的不竭動力，也是一個創業者永葆生機的源泉，如果我們不去改變世界，那麼，世界終將把我們改變。

我們要走向一個自己想要的未來，就必須讓自己時刻保持創新能力，不斷創造未來，而不是被迫接受未來。創新涉及的領域非常廣，各種戰略、戰術、策略、產品、方法及元素等等，一切的一切都可以創新。而創新的根本，就是我們自己的「起心動念」，我們要時刻覺察自己的「起心動念」有沒有突破思維定勢，符合不符合未來的需要？僵化的思維，將被無情淘汰，成長型思維才能適應未來的變化。

人生並不完美，生活中大多數事物也不完美，正是因為這些不完美，創新精神才有了用武之地。再好的產品與服務，也不能讓客戶百分之百滿意，只有持續優化，不斷創新的產品與服務，才能讓客戶在不斷提升的消費體驗中產生滿足感。

人的發展也是自我創新的過程，真正的創新，就是突破自我，突破現有的一切束縛，尋找更多的可能性。一個懂得創新的人，未來充滿了無限的可能性。創新是人自我發展的基本路徑；創新，作為一種驅動發展的巨大動力，也成為人的核心競爭力；創新是對於重複與簡單方式的否定，是對於實踐範疇的更高維度的超越；創新需要信念、積累，更需要邁出

第一步的巨大的勇氣，做第一個吃螃蟹的人，成為引領者，而不是甘心做一個跟風者。

從辯證法的角度說，創新是肯定與否定的綜合體，在肯定中傳承精華，在否定中創造新的差異性與優勢，並凝聚新的發展動力。所以，創新從這個角度來說就是一種「懷疑」，是不斷突破，否定舊的，才能成就新的，創新就是一路向新，永無休止。

創新是人們為了發展需要，運用已知的資訊和條件，突破常規，發現或產生新穎與獨特的有價值的新事物、新思想與新模式的活動。創新，首先是思維觀念上的改變，創新的本質是突破，即突破舊的思維定勢，突破舊的常規定律。

世界上最難突破的是思想觀念，最容易突破的也是思想觀念。

創新活動的核心是「新」，突破舊的產品結構、性能和外部特徵，突破舊演算法與編碼思想，突破舊的管理方式方法，一切的一切，只要思維與觀念改變了，做法自然會跟著改變，而結果也自然會變得完全不同。

創新不容易，創新意味著改變，推陳出新的過程難免會有各種各樣的阻力。改變總是需要付出一定代價的，創新意味著付出，因為「慣性思維」的作用，沒有外力是不可能有改變的，這個外力就是創新者的付出；創新意味著風險，創新會帶來更多的不確定性與機遇，是通過創造變化來改變未來。「積極」、「勇氣」與「睿智」是創新者應該具備的基本素養。

未來世界需要的是創新型人才，創新型人才除了專業知識及技能外，要具備什麼個性心理特徵呢？首先，要有自信，相信自己有能力改變未來；其次，要有激情，為實現目標不懈奮鬥，堅定不移直到成功；再次，要勇於擔負起未來的責任，滿懷希望，排除萬難，最終走向成功。

創新者，用新思想開創新未來。與其等待未來，不如持續創新，創造新未來。

追光錄

張思源創業語錄

1. 生命有張力，追光而行，逐夢思源。

2. 夢想像光芒一樣，照亮一切，讓我們洞察一切，知己、知彼、知世界，贏過去、贏現在、贏未來。

3. 「光」不需要動力，卻是宇宙最快的。「內驅力」強於一切外力。

4. 持續創造價值，最終會獲得議價權；如果只關注收益，是無法長久的。

5. 世界有規則，思想卻沒有規則；戰略像星辰一樣遠大，戰術像步伐一樣穩健。

6. 只要客戶繼續給你提意見，就證明客戶對你心存期待。

7. 熱資訊要冷處理。沒有調查就沒有發言權，人人都能得到資訊，冷靜思考，才能直達本質，進行必要的調查、分析、研究後再及時決斷。

8. 張揚天賦、冷靜思考、追溯本源。懂得成功，更懂得成功背後的底層邏輯。

9. 限制思想，就等於限制了未來的路。

10. 有字之書，學到的是基本的知識；無字之書，學到的是核心知識。

11. 遇到問題，最佳解決方案往往不在腦中，而在未來的路上，往前走，現在的很多問題就不成為問題。

12. 只要不放棄，人生就一直在通往最終成功的路上。

13. 堅強，就是能從最黑暗的角落看到最耀眼的光芒。

14. 先做人，後做事；先付出，後回報。

15. 人生張弛有度，每臨大事有靜氣，追求卓越，思源感恩。

16. 不要讓自己太忙，太忙只能證明，要麼能力不行，要麼工作沒有規劃好。

17. 失敗者會以為世界上所有人都是自己的敵人，成功者會認為世界上所有人都是自己的朋友。

18. 經營公司，不是小愛，而是大愛。社會責任、時代使命、未來願景，這一切都是大愛的體現。

19. 偶爾抱怨，沒什麼關係。千萬別讓抱怨成為一種習慣，因為習慣直接與命運相關。

20. 做到「知行合一」的好處就是：不管你說了什麼，別人都會記住，同時，不管你做了什麼，別人也會記住。因為「你所說」與「你所做」是同一事物的兩個方面。

21. 上帝說要有光，於是便有了光。我想：對於我們每個人來說，這「光」就是我們心中的夢想。

22. 成長型的員工是公司最大的財富；躺平的員工是公司最大的負債。

23. 工作時，要時刻帶著微笑；收穫成功時，反而要冷靜及淡然。

24. 把企業經營好，就是最大的慈善，如果世界上都是偉大的公司，全世界的人都將享受社會發展帶來的紅利。

25. 老闆不必是全公司最聰明的，也不必是能力最強的，但必須是心胸最廣闊的，且視野最大、格局最大、氣度最大。

26. 學習、學習、再學習，才能前進、前進、再前進。

27. 別輕易承諾，承諾了就要做到，人與人最好的聯結紐帶就是：信任。

28. 用結果說話，用過程總結，用初心表達。

29. 被迫的努力，往往是無效且痛苦的。努力是源自內心的需求，心中有夢，腳下才有路。

30. 只要出發，再遠的未來，也有到達的一天。只要追逐，再遠大的夢想，也有實現的一天。

國家圖書館出版品預行編目（CIP）資料

生命逆光而來 / 張思源著 . -- 初版 . -- 臺北市 ： 匠心文化創意
行銷 , 2023.08
　　面 ；　公分
ISBN 978-626-97301-2-4（平裝）
1.CST: 自我實現　　2.CST: 成功法
177.2　　　　　　　　　　　　　112012721

生命逆光而來

作　　者　張思源
總 策 劃　洪豪澤、賈雯雯
內文編輯　全球創業人物實錄總編 - 周夫人
採訪編輯　全球創業人物實錄總編 - 周夫人
封面設計　全球創業人物實錄品牌總監 - 丁丁
總　　監　全球創業人物實錄
圖書出版　匠心文化創意行銷有限公司
發 行 人　張文豪
出版總監　柯延婷
執行主編　郭茵娜
執行編輯　郭珊伶
圖片提供　張思源
美術設計　宛美設計工作室

全球創業人物實錄
歡迎掃碼關注微信公眾號
聯繫方式：1713006978@qq.com

總 代 理　旭昇圖書有限公司
地　　址　新北市中和區中山路二段 352 號 2 樓
電　　話　02-2245-1480（代表號）
印　　製　藝霖印刷股份有限公司
初　　版　2023 年 8 月
定　　價　新臺幣 380 元